V&R

Dieses Buch ist meinen Eltern gewidmet.
In Liebe und Dankbarkeit für ihre Weise,
mich aufwachsen zu lassen und bis heute zu begleiten.

Martin Baierl

Familienalltag mit psychisch auffälligen Jugendlichen

Ein Elternratgeber

Mit 18 Tabellen

2. Auflage

Vandenhoeck & Ruprecht

Ich bedanke mich bei Frau Dr. Andrea Mönk für das unermüdliche Prüfen und Verbessern dieses Ratgebers sowie bei Herrn Dr. Wilfried Huck für die Beratung bezüglich Sucht und Traumatisierungen.

Bibliografische Information der Deutschen Nationalbibliothek

Die Deutsche Nationalbibliothek verzeichnet diese Publikation in der Deutschen Nationalbibliografie; detaillierte bibliografische Daten sind im Internet über http://dnb.d-nb.de abrufbar.

ISBN 978-3-525-40413-3
ISBN 978-3-647-40413-4 (E-Book)

Printed in Germany.

Schrift: Minion
Satz: KCS GmbH, Buchholz/Hamburg
Druck und Bindung: Books on Demand, Norderstedt
Gedruckt auf alterungsbeständigem Papier.

Inhalt

Vorwort

Glaubt man wissenschaftlichen Untersuchungen, ist je nach Autor jeder zweite bis jeder zwanzigste Jugendliche von einer psychischen Störung betroffen, zeigt also mindestens einmalig die Symptome einer psychischen Störung. Selbst wenn nur jeder zwanzigste Jugendliche betroffen wäre, würde dies bedeuten, dass in jeder Schulklasse durchschnittlich ein bis zwei Schüler betroffen sind. Die Vorhersagen gehen davon aus, dass dieser Anteil sogar noch steigen wird. Trotzdem gelten psychische Störungen nach wie vor bei den meisten Menschen als Tabuthema. Symptome wie Auswirkungen psychischer Störungen sind den meisten unbekannt und machen daher Angst. Zudem wird »gestört« oder »krank« häufig mit »schlecht«, »böse« oder »gefährlich« gleichgesetzt. In Romanen und Filmen wird nach wie vor das Bild des »gemeingefährlichen Irren« gepflegt, was die Wahrnehmung der Öffentlichkeit bestimmt, obwohl es falsch ist. So werden nur circa fünf von 10.000 Schizophrenen (aller Altersstufen) wegen Gewalttätigkeiten polizeilich erfasst. Dem gegenüber stehen 10 bis 20 % aller Jugendlichen (ob gestört oder nicht), die ebenfalls wegen Gewalttätigkeiten polizeilich erfasst werden. Betroffene Jugendliche ebenso wie deren Eltern versuchen daher häufig, eine entsprechende Diagnose zu verheimlichen. Dadurch fallen wichtige Möglichkeiten der sozialen Unterstützung weg. Soziale Unterstützung ist jedoch ein wesentlicher Faktor dabei, dass ein betroffener Jugendlicher sich wieder fängt und in ein normales Leben zurückkehren kann.

Je früher eine psychische Störung erkannt und behandelt wird, desto besser sind die Chancen, dass der Jugendliche langfristig ein ganz normales Leben führen kann. Werden auftretende Schwierigkeiten als Störung erkannt und behandelt, entlastet dies alle Beteiligten. Zum einen wird zuvor Unverständliches erklärbar. Zum Zweiten kann nun ein angemessener Umgang mit dem betroffenen Jugendlichen gefunden werden. Dieser kann sich je nach Störungsbild deutlich vom bisherigen Umgang unterscheiden. Zum Dritten führt die richtige Behandlung in Verbindung mit einem neuen Umgang im Alltag bei 60 bis 90 % aller Betroffenen zum dauerhaften Verschwinden der Symptomatik. Bei anderen wird die Symptomatik verringert und dadurch für alle besser handhabbar. Wird eine psychische Störung nicht erkannt, werden die daraus entstehenden Probleme und Dynamiken nicht verstanden. Sie bleiben dadurch nicht nur ungelöst, sondern verstärken sich über die Zeit.

Das frühzeitige Erkennen einer Störung bei Kindern und Jugendlichen wird jedoch durch mehrere Punkte erschwert:

- Psychische Störungen beginnen teilweise mit ganz unspezifischen Symptomen wie Gereiztheit, innerer Unruhe, Müdigkeit, Lustlosigkeit, Schlaflosigkeit, körperlichen Beschwerden, sozialem Rückzug und Ähnlichem mehr.
- Die meisten Menschen erleben diese unspezifischen Symptome immer wieder, ohne dass sie Zeichen einer psychischen Störung wären.
- Die ganz normalen Veränderungen in Trotzphasen oder später der Pubertät entsprechen vielfach den ersten Anzeichen einer psychischen Störung.
- Psychische Störungen zeigen sich bei Kindern und Jugendlichen oft durch andere Symptome als bei Erwachsenen. Sie werden daher auch von Fachkräften, die sich nur mit Erwachsenen auskennen, oft nicht erkannt.
- Durch die Tabuisierung scheuen sich viele Ärzte, Erzieher, Lehrer, Eltern und weitere Bezugspersonen, den Verdacht einer psychischen Störung auszusprechen.
- Die erste Anlaufstelle ist für viele der Haus- oder Kinderarzt. Diese haben in der Regel kaum oder wenig Wissen über psychische Störungen.

Wirkliche Experten für Diagnose und Behandlung psychischer Störungen bei Kindern und Jugendlichen sind Psychologische Psychotherapeuten, Kinder- und Jugendlichenpsychotherapeuten sowie Fachärzte für Kinder- und Jugendpsychiatrie. Sofern Sie also vermuten, dass bei Ihrem Kind eine psychische Störung vorliegen könnte, sind dies die richtigen Ansprechpartner. Als erste Ansprechpartner eignen sich auch der Hausarzt oder Erziehungs- und Familienberatungsstellen, die dann gegebenenfalls weitervermitteln sollten. Sie können sich von Ihrer Krankenkasse eine Liste der zugelassenen Behandler schicken lassen. Leider sind die genannten Experten oft überlastet und haben entsprechend lange Wartezeiten.

In diesem Buch werden mögliche Symptome psychischer Störungen benannt. Die Darstellung reicht nicht aus, um eine entsprechende Diagnose zu erstellen oder zu verwerfen. Sie soll lediglich verdeutlichen, welche Veränderungen auftreten können. Die Empfehlungen der einzelnen Kapitel beziehen sich auf Jugendliche, bei denen die entsprechende Störung durch eine Fachkraft diagnostiziert worden ist. Haben Sie aufgrund der Symptomdarstellungen die Sorge, dass bei Ihrem Kind eine psychische Störung vorliegen könnte, sollten Sie die Diagnostik durch einen Spezialisten veranlassen. Bei Vorliegen mehrerer Störungen sind die Empfehlungen der entsprechenden Kapitel zu kombinieren. Die Gewichtung im Einzelfall ist mit dem behandelnden Therapeuten zu besprechen.

Die veränderten Erlebens- und Verhaltensweisen der Betroffenen können dazu führen, dass Menschen in deren Umfeld sich auf diese Veränderungen einstellen und daher unübliche Verhaltensweisen zeigen. Ansteckend sind psychische Störungen jedoch nicht.

Alle Störungen und die Alltagsgestaltung mit betroffenen Jugendlichen sind in »Herausforderung Alltag. Praxishandbuch für die pädagogische Arbeit mit psychisch gestörten Jugendlichen« (Baierl, 2008) noch ausführlicher beschrieben.

Teil I: Hintergrundwissen

1 Pubertät, der ganz normale Wahnsinn

Mit Eintritt der Pubertät, bei Mädchen meist zwischen 12 und 14 Jahren, bei Jungen etwa ein Jahr später, ergeben sich große Veränderungen. Eventuell kommt Ihnen das eigene Kind plötzlich fremd vor. Den betroffenen Jugendlichen geht es diesbezüglich übrigens ganz ähnlich. Sie machen Erfahrungen und haben Erlebnisse, die so gar nicht mehr in das bisherige Selbst- und Weltbild passen.

Während der Pubertät verändert sich das Gehirn sowie dessen Arbeitsweise dramatisch. Außer bei Säuglingen kommt es in keiner Lebensphase zu so umfassenden Veränderungen und Erweiterungen der Gehirnkapazität. Der Umgang mit den dadurch entstehenden Denk-, Wahrnehmungs-, Erlebens- und Verhaltensweisen ist für keinen der Beteiligten einfach. Die Hirnveränderungen führen unter anderem dazu, dass für ein bis drei Jahre Gefühle und Verhalten weniger gut gesteuert werden können. Zudem verlangsamt sich zeitweise die soziale Wahrnehmung und sie wird auch ungenauer. Pubertierende brauchen zum Beispiel deutlich länger, Gefühle in Gesichtsaudrücken zu lesen. Sie interpretieren das Gesehene häufiger falsch als Kinder vor oder Jugendliche nach der Pubertät. Entsprechend schwer fällt es ihnen, zwischen spaßigen und ernsten Reaktionen ihrer Eltern zu unterscheiden. Hinzu kommen starke Hormonschwankungen, die für schnell wechselnde, sehr intensive Gefühle sorgen. Besonders bei Jungen führen Testosteronschübe häufig zu innerer wie äußerer Unruhe und stark aggressiven Verhaltensweisen. Explizit sexuelle Gefühle treten zum einen als Neuheit auf und sind zum anderen besonders intensiv.

Körperlich sichtbare Veränderungen während der Pubertät sind vor allem die Ausbildung der primären und sekundären Geschlechtsmerkmale (Wachstum der Geschlechtsteile, Körperbehaarung u. Ä.). Bei Jungen bildet sich vermehrt Muskelgewebe, ihr Körper wird männlicher und kantiger. Bei Mädchen bildet sich vermehrt Fettgewebe und sie beginnen weiblichere Körper mit den dafür typischen Rundungen zu entwickeln. Pickel können für einige Jahre zum ernsthaften Problem werden.

Im menschlichen Miteinander müssen die Jugendlichen einen neuen Platz und eine neue Rolle finden. Sie sind eindeutig keine

Kinder mehr – obwohl sie noch viele kindliche Züge haben. Sie sind aber auch ganz klar noch keine Erwachsenen – obwohl sie bereits viele erwachsene Züge haben. Es wird Zeiten geben, in denen sie sich bereits ganz erwachsen fühlen und jedwede elterliche Einmischung als Kränkung erleben. Zu anderen Zeiten sind sie noch ganz Kind und fühlen sich komplett überfordert, wenn erwachsenere Verhaltensweisen und Entscheidungen von ihnen erwartet werden. In Familien kommt es beständig zu Konflikten, wenn Jugendliche sich gerade als Kind fühlen und erwachsen behandelt werden oder umgekehrt. Die Eltern verlieren zudem ihre Rolle als allwissende und allmächtige Entscheider. Immer mehr wollen Jugendliche eigene Wege gehen, eigene Entscheidungen treffen und sich ganz bewusst von den Eltern, die häufig als altmodisch und peinlich erlebt werden, distanzieren. In Krisenzeiten kann es dagegen sein, dass sie noch ganz selbstverständlich erwarten, dass ihre Eltern oder andere Erwachsene alle Probleme lösen, in die sie geraten sind. Die körperlichen und geistigen Veränderungen führen zu immer größeren Handlungsspielräumen. Die Jugendlichen können und müssen ihren Aktionsradius erweitern, Orte, Verhaltensweisen und Rollen übernehmen, die ihnen als Kinder verschlossen blieben. Es gilt die eigenen Grenzen zu erkennen, zu überwinden und neu zu definieren. Dass dabei alle Autoritäten und Regeln hinterfragt werden, ist ein notwendiger Lernschritt. Die Erfahrung, selbst und bewusst eigene Erkenntnisse zu entwickeln, ist für viele Jugendliche überwältigend. Sie sind sich sicher, alles zu wissen, alles zu können und für jede Frage eine einfache, aber passende Lösung zu haben. Visionäre, revolutionäre oder oppositionelle Ideen und Verhaltensweisen scheinen in diesen Jahren oft die einzig gültigen Wahrheiten zu sein. Andererseits können Niedergeschlagenheit, Verzweiflung und Suizidgedanken zeitweise oder dauerhafte Begleiter der Pubertät sein. Dies auch deswegen, weil Pubertierende sich häufig als Zentrum der Welt wahrnehmen, alle Erlebnisse ganz unmittelbar verarbeiten, viele Erfahrungen gänzlich neu und ohne Vergleichswerte sind und sie entsprechend zwischen Begeisterung und Verzweiflung pendeln.

Während der Pubertät und späteren Jugend müssen Ihre Kinder unter anderem die folgenden Entwicklungsaufgaben bewältigen:

- ein sicheres Gefühl der eigenen Identität entwickeln und aufrechterhalten;
- ein eigenes Werte- und Glaubenssystem entwickeln, das als Orientierung für das eigene Verhalten dient;

- einen eigenen Lebensentwurf und Lebensstil entwickeln;
- den eigenen Körper akzeptieren, dessen Grenzen einhalten und dessen Möglichkeiten nutzen;
- sich emotional von Eltern und anderen Autoritäten distanzieren und eigene Standpunkte entwickeln, innerliche und äußerliche Ablösung vom Elternhaus;
- sich einen Platz in der Gleichaltrigengruppe schaffen und neue, reifere Beziehungen zu diesen aufbauen;
- eine Identität als Mann beziehungsweise Frau aufbauen und sich mit den diesbezüglichen Geschlechterrollen auseinandersetzen;
- Auseinandersetzung mit Freundschaft, Liebe, Sexualität, Partnerschaft, Ehe und Familie;
- sich mit den Unterschieden zwischen Visionen und Wirklichkeit auseinandersetzen;
- die Spannungen und Schwankungen zwischen Begeisterung und Niedergeschlagenheit aushalten lernen;
- sich um Berufsperspektiven und eine Berufsausbildung kümmern;
- lernen, in einer Gemeinschaft zu leben sowie sozial verantwortliches Verhalten zu entwickeln.

All diese Aufgaben und Veränderungen führen dazu, dass sowohl das eigene Selbst wie auch das gesamte Welterleben in Frage gestellt werden. Alle bisherigen Erfahrungen werden hinterfragt und nichts scheint sicher. Dies führt zu Unsicherheiten, Orientierungssuche und über die Jahre zu einer Neustrukturierung des eigenen Denkens, Fühlens und Handelns. Bis es so weit ist, brauchen Jugendliche die besondere Unterstützung und Begleitung durch wohlmeinende Erwachsene. Die große Herausforderung für Sie als Elternteil ist, einen Erziehungsrahmen zu setzen, der einerseits genügend Freiraum lässt, um sich selbst, die Welt und die eigenen Möglichkeiten erkunden zu können, andererseits aber genügend Sicherheit bietet, dass bei diesem Erkunden keine allzu schlimmen Gefahren drohen. So ablehnend sich Jugendliche auch manchmal verhalten werden, so wichtig ist ihnen dennoch, sich gerade jetzt und auch in ihrer Ablehnung von den Eltern akzeptiert und gehalten zu wissen. Eine Überbehütung gilt es nun ebenso zu vermeiden wie die Gefahr der Vernachlässigung, Verwahrlosung oder Ausstoßung. Meist ist es sinnvoll, zunehmend weniger Vorgaben zu machen und dafür mehr Absprachen zu treffen, deren Einhaltung aber eingefordert werden sollte. Auch wird es zunehmend wichtiger, eigene Entscheidungen und Forderungen begründen zu können, statt diese unhinterfragbar aufzustellen. Fehlverhalten sollte weiterhin angesprochen, aber eher mit logisch nachvollziehbaren Konsequenzen als mit Strafen belegt werden. Dies bedeutet auch, sich neue Möglichkeiten des Umgangs mit Konflikten anzueignen. Ihr Kind wird ein zunehmend gleichberechtigteres Gegenüber, mit dem Sie sich im Guten wie im weniger Schönen ernsthaft auseinandersetzen können sollten.

Die inneren wie äußeren Veränderungen und Anforderungen führen bei Pubertierenden zu Erlebens- und Verhaltensweisen, die sonst häufig mit psychischen Störungen in Verbindung gebracht werden, aber ganz gesunde und normale Pubertätsprobleme darstellen. Einige davon sind:

- schnell wechselnde, intensive Stimmungen (Niedergeschlagenheit, Aggressivität, Überschwang etc.);
- wechselnde Interessen, Vorlieben, Zukunftspläne und Berufswünsche;
- Identitätskrisen;
- sich in Traumwelten aufhalten oder das Vertreten von Visionen;
- Selbstüberschätzung und/oder Selbstwertprobleme;
- bizarres, verrücktes, außergewöhnliches Verhalten oder Kleiden;
- Schwankungen der Schulnoten;
- In-Frage-Stellen von Normen und Autoritäten;
- Rebellion/Aufsässigkeit;
- Ablehnung der Eltern;
- Rückzug aus Familienaktivitäten;
- Delinquenz im kleinen Rahmen (Kleindiebstähle, Schwarzfahren u. Ä.);
- Ausprobieren von legalen wie illegalen Drogen.

Stimmen die Rahmenbedingungen (siehe Kapitel 4), brauchen Sie sich, wenn diese Probleme auftauchen, zunächst wenig Sorgen machen. Treffen auf Ihr Kind aber mehrere der in Kapitel 4 genannten Risikofaktoren zu, sollten Sie die Augen offen halten, um mögliche Fehlentwicklungen frühzeitig zu erkennen und aufzufangen. In den Kapiteln zu einzelnen Störungen werden meist erste Symptome oder Hinweise benannt und Umgangsweisen damit angesprochen.

Umfassende Informationen sowie Ratschläge für den Umgang mit pubertierenden Jugendlichen finden Sie in »Pubertät: Das Überlebenstraining für Eltern« und »Grenzerfahrung Pubertät. Neues Überlebenstraining für Eltern«, beide von Peer Wüschner.

2 Grundlegende Gedanken zu Erziehung, Haltung und Werten

Erziehung sollte zum Wohl des Kindes geschehen. Dazu gehört, dass die Grundbedürfnisse abgedeckt werden sowie körperlicher, geistiger und seelischer Schaden abgewehrt wird. Zudem gilt es die Entwicklungsmöglichkeiten des Kindes zu fördern, sodass es sich zu dem Menschen entwickeln kann, der seinem Wesen entspricht. Ein Jugendlicher sollte darauf vorbereitet werden, das Leben zu meistern und eine eigenständige Lebensführung zu entwickeln. Dazu gehört die Fähigkeit, eigene Bedürfnisse zu erkennen und angemessen zu vertreten, ebenso wie die Fähigkeit, sich in eine Gemeinschaft einzufügen und einen wertvollen Beitrag für diese zu leisten. Hilfreich auf diesem Weg ist, wenn Ihr Kind fühlen kann, dass Sie es aufrichtig lieben und mit all seinen Eigenheiten wertschätzen. Zeigen Sie Ihr Interesse daran, was Ihr Kind beschäftigt, und nehmen Sie Teil an dessen wichtigen Lebensbereichen. Es geht nicht darum, 24 Stunden am Tag präsent zu sein, sondern sich ganz selbstverständlich gemeinsame Zeit mit dem eigenen Kind zu nehmen und zu gönnen. Jugendliche, die bei ihren Eltern Wärme und Geborgenheit finden, von diesen Ermutigung, Anerkennung und Wertschätzung erfahren, entwickeln sich deutlich besser als solche, die darauf verzichten müssen. Haben Sie Ihr Kind sowie dessen Verhalten im Blick. Zeigen Sie ihm vor allem über Lob und Anerkennung, dass es gesehen und geliebt wird. Reagieren Sie aber auch auf Fehlverhalten und grenzen Sie dieses ein. Vor diesem Hintergrund gilt es dann, Ihr Kind zu ermutigen, eigene Wege zu gehen. Geben Sie ihm die Erlaubnis, auszutesten und zu erleben, wie es ist, eigenständige Entscheidungen zu treffen und was dies alles bewirken kann. Aus den daraus entstehenden positiven wie negativen Konsequenzen lernt Ihr Kind, sich selbst und seine Wirkmöglichkeiten in der Welt besser kennen. So kann es sich sicher fühlen und auch den Mut für manches Wagnis aufbringen. Es ist gut, wenn es im Notfall auf Ihre Unterstützung rechnen kann, aber Sie sollten ihm nicht die Chance nehmen, aus eigenen Fehlern ebenso zu lernen wie aus eigenen Erfolgen. Niemand ist vollkommen. Daher ist es hilfreich, zu erleben, dass Fehler geschehen dürfen und ein Umgang damit gefunden werden kann.

Es gibt ebenso Wege der Wiedergutmachung und Entschuldigung, wie es auch Wege des Verzeihens gibt. Helfen Sie Ihrem Kind, den eigenen Träumen auf die Spur zu kommen, Lebensziele zu entwickeln und Wege zu finden, diesen zu folgen. Überlegen Sie sich, welche Werte und Leitlinien Sie Ihrem Kind vermitteln wollen, und überprüfen Sie, ob diese in Ihrer Lebensführung und Ihrem Erziehungsverhalten wirklich zum Ausdruck kommen. Ob Sie wollen oder nicht, wird Ihr Kind Sie zum Vorbild nehmen. Dabei spielt das, was Sie tatsächlich tun, eine wesentlich größere Rolle als das, was Sie sagen. Wenn Sie zum Beispiel Lebensfreude vermitteln wollen, sollten Sie sich fragen, wo Sie Ihren Alltag und besondere Anlässe freudvoll begehen, wie Sie Ihre Lebensfreude zum Ausdruck bringen und wie Sie Ihr Kind darin unterstützen können, wenn es Wege und Möglichkeiten sucht, die eigene Lebensfreude zum Ausdruck zu bringen. Jugendliche beschäftigen sich meist stark mit dem Sinn des Lebens. Können Sie auch diesbezüglich ein guter Ansprechpartner sein? Haben Sie Antworten darauf, was Ihrem Leben oder dem aller Menschen Sinn gibt? Gibt es ein religiöses oder anders geartetes weltanschauliches Fundament für Ihr Leben? Es ist wertvoll, auch diese Themen anzusprechen, sowie Ihren Alltag so zu gestalten, dass die Antworten auf diese Fragen darin spürbar sind.

Die meisten Jugendlichen lernen die Grundlagen ihres Sozialverhaltens aus dem Umgang, der innerhalb der Familie gepflegt wird. Wie wird bei Ihnen damit umgegangen, dass Zusammenleben nicht immer aus harmonischen und konfliktreichen Zeiten besteht? Wie werden schöne gemeinsame Erlebnisse geschaffen und gewürdigt? Kann über Konflikte und unterschiedliche Wünsche geredet werden? Werden die Bedürfnisse aller anerkannt und wird nach Lösungen gesucht, die möglichst allen gerecht werden? Spielen wir »heile Welt«, obwohl unterschwellig die Konflikte schwelen? Wichtig ist auch, sich mit dem Partner über wichtige Erziehungsziele abzusprechen. Ideal ist es, wenn Sie es schaffen, eine einheitliche Richtung vorzugeben und gemeinsam an einem Strang zu ziehen. Wo dies nicht möglich ist, hat es Ihr Kind deutlich schwerer, eine eigene Orientierung zu finden. Zudem wird es immer wieder in Loyalitätskonflikte darüber kommen, wessen Maßgaben es nun zu folgen gilt, oder alle elterlichen Rahmensetzungen in Frage stellen. Selbst wenn Sie sich nicht einigen können, gilt es, Wege zu finden, die es Ihrem Kind erlauben, zu sehen, dass es in Ordnung ist, unterschiedliche Vorstellungen und Ziele zu haben, dass es aber auch möglich ist, sich trotz dieser Differenzen auf gemeinsame Vorgehensweisen zu einigen.

Eine Entwicklungsaufgabe von Jugendlichen ist es, die eigenen Grenzen zu testen, zu überschreiten und zu erweitern. Damit dies gelingt, ist es auch notwendig, dass Sie als Eltern Grenzen vorgeben, deren Einhaltung Sie überprüfen und einfordern können. Die Grenzen sollten so weit gesteckt sein, dass Sie genügend Spielraum für die eigene Entfaltung lassen und so eng, dass Sie ausreichend Sicherheit bieten. Setzen Sie die Grenzen so, dass Sie damit umgehen können, wenn Sie hinterfragt oder überschritten werden. Je älter ein Jugendlicher wird, desto mehr muss er lernen, die eigenen Wege zu gehen und dennoch die Grenzen seiner Umgebung zu achten. Grenzüberschreitungen sollte dann zunehmend mit logischen Konsequenzen begegnet werden statt mit Strafen, die in keinem Bezug zum ursprünglichen Fehlverhalten stehen. Es ist gut, wenn Sie klare, nachvollziehbare und altersgemäße Regeln aufstellen und deren Einhaltung konsequent einfordern. Ein solcher Rahmen bietet dann genügend Sicherheit, um da, wo es angemessen ist, flexibel auf die Wünsche und Bedürfnisse Ihres Kindes ebenso einzugehen wie auf besondere Anlässe oder die eigene aktuelle Situation. Ihr Kind sollte abschätzen können, mit welchen Folgen es bei welchen Verhaltensweisen zu rechnen hat. Inkonsequente Regelsetzung und willkürliche Bestrafungen sind dabei ebenso schädlich wie starre Muster, welche keine Möglichkeit zur eigenen Entfaltung lassen. In Verbindung mit einer liebevollen Beziehung wird solches Erziehungsverhalten als autoritativ bezeichnet und gilt als Schutzfaktor gegenüber psychischen Störungen. Trauen Sie sich, auf diese Art als Autorität aufzutreten, Sicherheit zu geben, aber auch zuzulassen, dass sich Ihr Kind an den Vorgaben reibt und diese hinterfragt.

Wertvolle Anregungen für das eigene Erziehungsverhalten finden sich auch in »Wie man ein Kind lieben soll« von Janusz Korczak und anderen Büchern dieses Autors.

3 Der Begriff »psychische Störung«

Eine befriedigende und umfassende Definition des Begriffs »psychische Störung« ist kaum möglich. Wird dieser Begriff benutzt, geht man immer von einer Norm aus, die letztendlich gesund ist, und Abweichungen von dieser Norm, welche als gestört angesehen werden. Die Definition dessen, was »normal« oder »gestört« ist, hängt stark von der Kultur und der Weltsicht des Urteilenden ab. Von der Weltgesundheitsorganisation (WHO) wird »Gesundheit« als komplettes körperliches, geistiges und seelisches Wohlergehen definiert. Zudem sei ein psychisch gesunder Mensch dazu in der Lage, sich mit seiner Umwelt in Verbindung zu setzen, sich in eine Gemeinschaft einzufügen, Beziehungen einzugehen und diese drei Bereiche mitzugestalten. Er ist fähig, den eigenen Lebensunterhalt zu sichern, oder besitzt die Fähigkeit, eine entsprechende Schulung und Ausbildung zu durchlaufen. Zudem besitzt er Einsicht in die eigene Innenwelt und ist dazu fähig, diese zu gestalten. Er ist sich dessen bewusst, dass es größere Bezüge gibt, als er in seinem unmittelbaren Umfeld erkennen kann, und ist in der Lage, dies zu berücksichtigen. Eine psychische Störung zeigt sich als längere und wesentliche Einschränkung in mindestens einem dieser Kriterien. Sie äußert sich dadurch, dass Wahrnehmen, Erleben, Denken, Fühlen und Handeln eines Menschen stark von der in seiner Kultur üblichen Norm abweichen und dadurch Leid bei dem Betroffenen oder seiner Umgebung hervorgerufen wird. Das Leid lässt sich direkt auf die Veränderung zurückführen und entsteht nicht nur daraus, dass es Konflikte der Person mit gesellschaftlichen Normen gibt. Zum Beispiel gilt nicht als gestört, wer unpopuläre oder unbequeme Ansichten vertritt und deswegen von seiner Umwelt ausgegrenzt wird. Diese Sicht wird aktuell so oder ähnlich von den meisten Fachleuten in unserem Kulturkreis vertreten. Wichtig ist, dass in dieser Definition keine Aussage über die Wertigkeit von gesunden oder gestörten Menschen gemacht wird. Früher ging man ganz selbstverständlich davon aus, dass »gesund« mit »gut«, »richtig«, »hochwertig« oder »moralisch integer« gleichzusetzen sei. »Gestört« wurde mit »schlecht«, »böse«, »unmoralisch« oder »minderwertig« gleichgesetzt, was teilweise zu seltsamen bis unmenschlichen Umgangsformen mit Betroffenen geführt hat.

In Deutschland ist die ICD-10 (»International Classification of

Diseases« bzw. »Internationale Klassifikation von Krankheiten« in der 10. Überarbeitung), welche von der Weltgesundheitsorganisation herausgegeben wird, das für professionelle Helfer verbindliche System. Nach ihr wird beurteilt, ob bei einem Menschen eine psychische Störung diagnostiziert wird oder nicht. Die ICD-10 versucht, beobachtbare oder über technische Geräte messbare Kriterien für alle bekannten Krankheiten aufzulisten. Im Kapitel F werden psychische Störungen beschrieben. Daher werden entsprechende Diagnosen manchmal als F-Diagnose bezeichnet. In der ICD-10 sind bestimmte Wahrnehmungs-, Erlebens-, Denk-, Fühl- und Verhaltensmuster beschrieben. Sind diese beobachtbar, geht man davon aus, dass ein Mensch die zugeordnete Störung zeigt. Ist keines dieser Muster zu beobachten, geht man davon aus, dass keine Störung vorliegt, auch wenn einzelne Problemlagen oder Symptome vorliegen.

Die Beschreibungen sind meist sehr knapp gehalten und es bedarf der speziellen Ausbildung, um eine Diagnose sicher stellen zu können. Wer ungeschult versucht, anhand der ICD-10 Diagnosen zu erstellen, wird viele Störungen übersehen und andere fälschlicherweise diagnostizieren. Vor allem Fachärzte für Kinder- und Jugendpsychiatrie und Kinder- und Jugendlichenpsychotherapeuten können und dürfen entsprechende Diagnosen vergeben. Die meisten Haus- und Kinderärzte sowie Erwachsenenpsychiater haben weder das nötige Hintergrundwissen für eine sichere Diagnose noch für eine angemessene Behandlung von Kindern und Jugendlichen.

Es gibt, was psychische Störungen betrifft, wesentliche Unterschiede zwischen Erwachsenen und Kindern/Jugendlichen. Für diese wurde das MAS (»Multiaxionales Klassifikationsschema für psychische Störungen des Kindes- und Jugendalters nach ICD-10) entwickelt. Das MAS verschlüsselt Diagnosen auf sechs Achsen, wie in Tabelle 1 gezeigt wird.

Tabelle 1: Die sechs Achsen der MAS (nach Remschmidt, Schmidt u. Poustka, 2001, zitiert nach Baierl, 2008, S. 27)

Erste Achse (I) klinisch-psychiatrisches Syndrom	Benennung der psychischen Störung, zum Beispiel »soziale Phobie«
Zweite Achse (II) umschriebene Entwicklungsrückstände	zum Beispiel »Lese- und Rechtschreibschwäche«
Dritte Achse (III) Intelligenzniveau	zum Beispiel »durchschnittliche Intelligenz«
Vierte Achse (IV) nicht-psychiatrische Erkrankungen	zum Beispiel »Diabetes mellitus«
Fünfte Achse (V) assoziierte aktuelle abnorme psychosoziale Umstände	zum Beispiel »elterliche Überfürsorge« oder »sexueller Missbrauch«
Sechste Achse (VI) globale Beurteilung des psychosozialen Funktionsniveaus	zum Beispiel »mäßige soziale Beeinträchtigung in mindestens ein oder zwei Bereichen«

In Diagnosen tauchen häufig die Kürzel »DD«, »g« oder »V. a.« auf, die zusammen mit weiteren Begriffen, welche zum Verständnis einer MAS-Diagnose wichtig sind, im Glossar näher beschrieben werden.

Alle Klassifikationssystem haben die Schwierigkeit, dass vielfältige Phänomene in einige wenige Klassen zusammengefasst werden müssen. Zudem sind die Grenzen zwischen den einzelnen Klassen weder fest noch klar definierbar. Vor allem aber zeigen Kinder und Jugendliche oft stark wechselnde Symptomatiken, sodass je nach Diagnosezeitpunkt die Symptome der einen oder der anderen Störung im Vordergrund stehen. So kann es geschehen, dass bei vermischten Störungsbildern unterschiedliche Fachleute zu unterschiedlichen Diagnosen kommen. In diesem Fall gilt es die Unterschiede anzusprechen und zu diskutieren, um zu einem gemeinsamen Verständnis zu kommen. Meist bedeuten solche Mischformen, dass beide Diagnosen in der Behandlung berücksichtigt werden sollten. Ebenso sollten Sie in der Alltagsgestaltung die Empfehlungen beider Störungen vor Augen haben. Die jeweilige Gewichtung ist dann mit dem behandelnden Therapeuten abzusprechen.

4 Ursachen psychischer Störungen

Es wird davon ausgegangen, dass mehre Faktoren zusammenkommen müssen, damit ein Mensch eine psychische Störung entwickelt. Am wichtigsten scheinen genetische, biologische, lebensgeschichtliche, familiäre und soziologische Faktoren zu sein, die je nach Einzelfall und je nach Störungsart eine unterschiedlich bedeutsame Rolle spielen. In Tabelle 2 werden die wichtigsten Risikofaktoren benannt, die dazu beitragen, dass ein Mensch eine psychische Störung entwickelt. In Tabelle 3 werden diejenigen Faktoren aufgelistet, welche das Auftreten einer psychischen Störung eher unwahrscheinlich machen. Diese werden Resilienzfaktoren genannt. Für jede Störung werden die spezifischen Risikofaktoren im zugehörigen Kapitel besprochen. Auf einige Faktoren lässt sich Einfluss nehmen, auf andere nicht. Zudem erhöht oder verringert jeder der Faktoren lediglich das Risiko. Daher können Störungen auftreten, obwohl Sie als Eltern alle wichtigen Punkte beachtet haben, und es gibt Jugendliche, die sich trotz denkbar schlechter Bedingungen völlig unbeschadet entwickeln. Die Mischung aus Risiko- und Resilienzfaktoren erzeugt eine für jeden Menschen andere Grundverletzlichkeit gegenüber psychischen Störungen. Diese wird Vulnerabilität genannt. Je höher die Vulnerabilität eines Menschen für eine bestimmte Störung ist, desto geringer kann das Ereignis oder die Bedingung sein, welche den Beginn einer Störung auslöst. Sowohl für die Prävention psychischer Störungen als auch für die Behandlung von gestörten Jugendlichen ist es hilfreich, so viele der Resilienzfaktoren wie möglich herzustellen und Risikofaktoren so gut wie möglich zu reduzieren. Können bestimmte Risikofaktoren nicht verändert werden, ist es hilfreich, den Jugendlichen ein möglichst gutes Umgehen mit diesen Bedingungen zu vermitteln.

Tabelle 2: Risikofaktoren für die Entwicklung psychischer Störungen (Baierl, 2008, S. 19)

körperliche Faktoren		
genetische Veranlagung	männliches Geschlecht	Geburtskomplikationen
Frühgeburt	Gehirnschäden	Störung des Gehirnstoffwechsels
motorische Einschränkungen	Wahrnehmungseinschränkungen	sprachliche Einschränkungen
ernsthafte und häufige Erkrankungen in der Kindheit	niedrige Intelligenz	
familiäre Faktoren		
psychische Störung eines Elternteils	Suchterkrankung eines Elternteils	schwere körperliche Erkrankung eines Elternteils
spannungsreiche Elternbeziehung	Scheidung oder Trennung der Eltern	disharmonisches Familienleben
wenig Wärme von Seiten der Eltern	zu enge oder zu lose Bindung an die Eltern	autoritäres Erziehungsverhalten
Erziehung überwiegend durch Bestrafung	inkonsistentes Erziehungsverhalten	
lebensgeschichtliche Faktoren		
Konsum von Alkohol, Nikotin oder illegalen Drogen in der Schwangerschaft	Stressbelastung der Mutter während der Schwangerschaft	Verlust der Mutter
wechselnde Bezugspersonen in den ersten beiden Lebensjahren	Traumatisierung, sexueller Missbrauch, Misshandlung	starke oder langanhaltende Belastungen
viele negative Lebensereignisse		
soziale Faktoren		
ungewollte Schwangerschaft oder uneheliche Geburt	weniger als 18 Monate Altersabstand zum nächsten Geschwister	alleinerziehender Elternteil
sehr junger Vater	Kriminalität eines Elternteils	schlechte Schulbildung der Eltern
niedriger sozioökonomischer Status	mütterliche Berufstätigkeit im ersten Lebensjahr	Arbeitslosigkeit bei einem Elternteil

große Familien bei wenig Wohnraum	häufig wechselnde frühe Beziehungen	wenig oder schlechte Kontakte zu Gleichaltrigen
Mitglied einer Minderheit	Migration	Mangel an kultureller Identität
Verlust des innerethnischen Schutzraums	Familie unter institutioneller Begleitung seit mindestens zwei Generationen	Aufwachsen bei Pflegeeltern
Persönlichkeitsfaktoren		
niedriges Selbstwertgefühl	geringe Frustrationstoleranz	unzureichende Stressbewältigungsmechanismen
geringe soziale Kompetenzen	geringe Problemlösefähigkeiten	

Tabelle 3: Resilienzfaktoren bezüglich psychischer Störungen (Baierl, 2008, S. 20)

körperliche Faktoren		
robuste Gesundheit	körperliche Unversehrtheit	hohe Intelligenz
familiäre Faktoren		
Wärme und Geborgenheit im Elternhaus	guter Familienzusammenhalt	Anerkennung und Wertschätzung durch die Eltern
autoritativer Erziehungsstil	überschaubare und konsistente Regeln	flexibles Eingehen auf die Bedürfnisse des Kindes
Ermutigung zur Autonomie	Aufwachsen in einer Großfamilie	elterliche Teilnahme an wichtigen Lebensbereichen des Kindes
Erstgeborene(r)		
soziale Faktoren		
mindestens eine dauerhafte Beziehung zu erwachsener Person, die an das Kind glaubt	Einbindung in religiöse Glaubensgemeinschaft	gute soziale Einbindung
fester Freundeskreis	förderliche Schulumwelt	Bildungsmöglichkeiten
schulischer oder beruflicher Erfolg	soziale Förderung	stabile kulturelle und ethnische Einbettung

Persönlichkeitsfaktoren		
hohes Selbstwertgefühl	Selbstsicherheit	Eigenständigkeit
Beziehungsfähigkeit, sicheres Bindungsverhalten	gute Problembewältigungsstrategien	Frustrationstoleranz
soziale Kompetenz	gute soziale Wahrnehmung	gute Kommunikationsfähigkeit
Problemlösefähigkeiten	Konfliktfähigkeit	viel Eigenaktivität
ausgeprägte Interessen	spirituelles/religiöses Weltbild	Erleben eines Lebenssinns

5 Spezielle Anforderungen an Eltern von psychisch auffälligen Jugendlichen

Unabhängig von der psychischen Störung ist Ihr Kind zunächst einfach Jugendlicher und steht vor denselben Entwicklungsaufgaben (siehe Kapitel 1) wie seine Altersgenossen. Diesbezüglich unterscheidet sich der Bedarf an elterlicher Fürsorge trotz der psychischen Störung nicht. Hinzu kommt jedoch ein spezifischer pädagogischer Bedarf sowie ein therapeutischer Bedarf, um auch der psychischen Störung Rechnung zu tragen. Während sich der allgemeine Bedarf meist durch den gesunden Menschenverstand erschließen lässt, braucht es spezielles Fachwissen und teilweise die Aneignung spezieller Fertigkeiten, um dem gesonderten Bedarf eines gestörten Jugendlichen gerecht zu werden. Ebenso wie manche körperlichen Erkrankungen brauchen psychische Störungen oft spezielle Behandlung durch Experten. Zudem ist es nicht immer möglich, einen psychisch gestörten Jugendlichen zu Hause angemessen zu betreuen. Informieren Sie sich daher möglichst gut über das Störungsbild, Umgangsweisen damit und ambulante wie stationäre Hilfsangebote. Jugendamt, Erziehungsberatungsstellen, Kinder- und Jugendpsychiatrie, niedergelassene Therapeuten und Selbsthilfegruppen sind dafür die richtigen Ansprechpartner.

Je besser Sie informiert sind, desto besser können Sie abschätzen, welche Unterstützung Sie innerhalb der Familie geben können, wie Sie mit speziellen Situationen umgehen, wo welche Gefahren drohen, welche Unterstützung Sie benötigen, damit Ihr Kind in der Familie bleiben kann und wann eine stationäre Hilfe notwendig wird. Die meisten Eltern psychisch gestörter Jugendlicher fühlen sich zunächst verunsichert, haben Horrorszenarien vor Augen, fühlen sich hilflos und sorgen sich, was ihr Kind als Nächstes tun könnte. Informationen geben Ihnen Handlungsmöglichkeiten und Sicherheit, verringern Ängste und Ohnmachtsgefühle und helfen Ihnen, alles etwas gelassener anzugehen. Dies schützt Sie, Ihr Kind und Dritte vor Fehlentscheidungen, Schaden und Überlastung. Durch die Verringerung von Risikofaktoren und den Aufbau von Resilienzfaktoren (siehe Kapitel 4) beugen Sie bereits vielen Fehlentwicklungen vor beziehungsweise können Schlimmeres verhindern.

Auch ist es gut, zu wissen, was übliche Pubertätsprobleme sind, welche Erlebens- und Verhaltensweisen als Symptome zu betrachten sind, worüber Ihr Kind noch Kontrolle hat und wo Sie diese für Ihr Kind übernehmen müssen. Ideal wäre es, wenn Sie ausreichende Kenntnisse sammeln, um eine gelassene Haltung zu entwickeln. Flexibilität, Kreativität, Geduld und Sinn für Humor sind dabei sicher hilfreich. Ihr Kind wird davon profitieren, wenn Sie es schaffen, überwiegend unabhängig zu sein, statt zu sehr vom Störungsbild beeindruckt, authentisch aufzutreten, statt sich in Rollen zu verfangen, einfach da sein zu können, statt zu meinen, beständig etwas machen zu müssen und eigenen Ideen und Impulsen zu folgen, statt immer nur reagieren zu können.

Der vielleicht schwerste – aber notwendige – Schritt ist, sich einzugestehen, dass eine psychische Störung vorliegen könnte und rechtzeitig die Diagnose durch eine wirkliche Fachkraft zu veranlassen. Je früher eine Störung erkannt und behandelt wird, desto besser sind die Erfolgsaussichten und desto mehr Schaden kann abgewendet werden, noch bevor er entsteht. Halten Sie sich jedoch bewusst, dass sich Entwicklungen niemals hundertprozentig sicher voraussagen lassen und dass Sie niemals alle Faktoren kontrollieren können. Es kann sein, dass sich Ihr Kind trotz einiger Mängel in der Betreuung und ungünstiger Faktoren schnell fängt und gut entwickelt. Andere Jugendliche bedürfen der langen und intensiven Unterstützung, obwohl Sie als Eltern und die beteiligten Fachkräfte alles richtig machen und gemacht haben.

Beziehungsgestaltung: Ob mit oder ohne psychische Störung bleibt Ihr Kind Ihr Kind. Es braucht auch weiterhin Ihre Liebe, Unterstützung und Wertschätzung. Ihr Kind soll erfahren, so angenommen zu werden, wie es ist, und dass daran auch die aktuellen Symptome nichts ändern. Durch die psychische Störung sind Jugendliche oft stark verunsichert und bedürfen dann besonders viel Rückversicherung durch die Eltern sowie einen stabilen Alltagsrahmen. Psychische Störungen schränken häufig die Beziehungsfähigkeit ein. Eine gute Beziehung mit betroffenen Jugendlichen aufrechtzuerhalten oder wiederzugewinnen, kann eine beständige Herausforderung werden. In den einzelnen Kapiteln wird beschrieben, was Sie in der besonderen Beziehungsgestaltung berücksichtigen sollten.

Familienstruktur: Für Jugendliche mit psychischen Störungen sind Strukturen besonders wichtig. Andererseits ist es im Umgang mit ihnen besonders schwierig, Strukturen aufrechtzuerhalten. Es ist hilfreich, wenn Sie als Eltern(teil) die Führung und Autorität in der Familie innehaben und einen klaren, sicheren Entwicklungsrahmen setzen können. Achten Sie darauf, dass alle in ihren Rollen bleiben, der Sohn also nicht zum Partnerersatz wird, die Tochter nicht den Platz der Mutter einnimmt, die Eltern sich nicht den Kindern unterordnen oder Ähnliches. Klären Sie auch die Verantwortlichkeiten, wer welche Aufgaben hat, wer wofür Verantwortung übernimmt und wo die jeweiligen Grenzen liegen. Machen Sie deutlich, was Sie von Ihrem Kind erwarten und welche Unterstützung Sie anbieten können. Für die weitere Entwicklung ist es hilfreicher, zu fragen, wer ab jetzt welche Verantwortung übernehmen kann, statt darüber zu streiten, wer wann was falsch gemacht hat. Sprechen Sie auch ab, welche Verantwortung innerhalb der Familie getragen werden kann und wo Freunde oder professionelle Helfer angefragt werden. Eine funktionierende Partnerschaft ist einer der wichtigsten Resilienzfaktoren. Sofern Ihre Beziehung angeschlagen ist, bedeutet es eine wertvolle Unterstützung Ihres Kindes, sich wieder zusammenzuraufen, Ihr Zusammen- oder Getrenntleben neu zu organisieren, an einem Strang zu ziehen und gemeinsam auf der Seite Ihres Kindes stehen zu können. Auch die Bearbeitung und Lösung eigener aktueller Probleme und Notlagen entlastet Ihr Kind. Wo dies aus eigener Kraft nicht möglich ist, sollten Sie sich nicht scheuen, professionelle Hilfe für sich in Anspruch zu nehmen.

Möglichkeiten und Grenzen: Informieren Sie sich über die die Entwicklungsmöglichkeiten Ihres Kindes und darüber, welche Ziele in welchen Zeiträumen anvisiert werden können. Manche Prozesse können in Tagen oder Wochen geschehen, andere brauchen Jahre. Manches sollten Sie von Ihrem Kind trotz oder gerade wegen der diagnostizierten Störung einfordern, in anderen Bereichen würde dies eine Überforderung bedeuten. Es ist hilfreich, abschätzen zu können, worauf Sie, Ihr Kind oder Fachkräfte Einfluss nehmen können und was es so hinzunehmen gilt, wie es kommt. Bei einzelnen Störungen kann es sein, dass Ihr Kind nie wirklich selbstständig sein wird. Setzen Sie sich dann bereits frühzeitig damit auseinander, welche Möglichkeiten in der familiären Betreuung liegen und welche ambulanten wie stationären Hilfen in Frage kommen. Für viele Eltern ist es eine Entlastung, sich sowohl der eigenen Möglichkeiten als auch der eigenen Ohnmacht bewusst zu werden. Die einen können dann besser genutzt, die andere besser ertragen werden. Anzuerkennen, dass das eigene Kind eine psychische Störung hat, bedeutet auch, anzuerkennen, dass Sie ungewöhnlichen Schwierigkeiten zu begegnen haben. Es kann damit einhergehen, Zukunftswünsche für sich oder Ihr Kind verabschieden zu müssen oder Ihren Alltag neu auszurichten. Meist ist es sinnvoll, im privaten Rahmen offen mit der Diagnose umzugehen. Wann und wie Schule und andere offizielle Stellen unterrichtet werden sollten, sprechen Sie am besten mit dem behandelnden Therapeuten ab. Wenn Sie die Ressourcen Ihrer Familie als Gesamtes ebenso abklären wie Ihre eigenen und die Ihres Kindes, lässt sich leichter einschätzen, wo professionelle Hilfe notwendig wird. Indem Sie diese annehmen oder gar einfordern, beweisen Sie, dass Sie auch dann noch fähig sind, verantwortlich zu handeln, wenn die Grenzen der eigenen Möglichkeiten erreicht wurden. Erziehungsberatung, Elterntrainings, Erziehungshilfen, Psychotherapie oder Medikamente sind nur einige der Hilfsmöglichkeiten, die Ihnen zur Verfügung stehen.

Viele betroffene Eltern haben Schuldgefühle. Die meisten davon sind unbegründet. Psychische Störungen sind in den wenigsten Fällen auf elterliches Versagen zurückzuführen, obwohl Sie einen wesentlichen Beitrag zu deren Bewältigung leisten können. Ebenso ist die Erziehung eines Kindes mit psychischer Störung besonders anstrengend und komplex. Viele Betroffene waren bereits vom Säuglingsalter an schwierig, sodass Sie als Eltern bereits Jahre der außergewöhnlichen Erziehungsleistungen hinter sich haben, bevor überhaupt erkannt wird, dass eine Störung vorliegt. Unter diesen Umständen ist es normal, erschöpft zu sein, Fehler zu machen oder dass sich zunächst bizarr scheinende Umgangsweisen innerhalb der Familie entwickeln. Es ist ebenso normal, sich überfordert zu fühlen, Wut auf das eigene Kind zu haben, in Partnerschaftskonflikte zu geraten oder anderweitig an die eigenen Grenzen zu stoßen. Indem Sie sich und anderen zugestehen, dass es solche Grenzen gibt, dass Fehler geschehen und dass es für manche Situationen einfach keine ideale Lösungen gibt oder gegeben hat, sind Sie Ihrem Kind ein Vorbild darin, mit diesen Themen umzugehen. Es geht nicht darum, eigenes oder fremdes Versagen zu suchen, sich und andere der Unfähigkeit oder Boshaftigkeit zu bezichtigen und Ähnliches. Vielmehr gilt es anzuerkennen, dass psychische Störungen bei allen Beteiligten zu unguten und zunächst wenig nachvollziehbaren Reaktionen führen können. Natürlich ist es hilfreich, die eigenen Schattenseiten zu kennen, zu akzeptieren, zu verändern oder einen Umgang damit zu finden. Es gilt, immer wieder neu zu fragen, wer momentan was zu leisten fähig und bereit ist und wo die jeweiligen Grenzen liegen. Zudem wird der Umgang mit Ihrem Kind auch dann zunächst schwierig bleiben, wenn Sie alles richtig machen.

Ihr Kind wird einige seiner inneren Prozesse auf Sie als Eltern projizieren. Sie werden dann als vermeintlicher Verursacher der einen oder anderen Schwierigkeit wahrgenommen oder aber Ihr Kind setzt all seine Hoffnungen allein auf Sie. Um möglichst wenig auf solche Dynamiken einzusteigen, ist es hilfreich, wenn Sie sich ebenso begleiten lassen, wie Sie professionelle Hilfe für Ihr Kind akzeptieren. Verstrickungen sind bei psychischen Störungen besonders häufig. Nachdem sie nicht gänzlich vermeiden werden können, sollten sie gesehen, erkannt, angesprochen, bearbeitet und gelöst werden können.

Manche psychische Störungen gehen mit schwer vorhersagbaren Verhaltensweisen einher, andere erfordern, Energie für zwei aufbringen zu müssen. Manchmal spielt Suizidalität oder selbstverletzendes Verhalten eine Rolle. Teilweise werden Eltern oder Dritte körperlich bedroht, manchmal finden andere Grenzverletzungen wie etwa Stehlen statt. All dies ist schwer auszuhalten und oft genug dauern solche Belastungen über Monate oder Jahre an. Selbst unter einfacheren Bedingungen kann niemand 7 Tage die Woche 24 Stunden pro Tag präsent und hilfreich sein. Wer dies versucht, verstrickt sich schnell in Unmögliches und wird über kurz oder lang wegen Erschöpfung als Ansprechpartner wegfallen. Damit ist niemandem – und am allerwenigsten Ihrem Kind – gedient. Wenn Sie versuchen, sich derart aufzuopfern, wird dies bei Ihrem Kind höchstwahrscheinlich nur weitere Schuldgefühle auslösen. Es ist daher wichtig, Ihre eigenen Grenzen zu erkennen, anzuerkennen und zu wahren. Nur wenn Sie sich Rückzugsmöglichkeiten, Freiräume und Erholungsmöglichkeiten zugestehen, können Sie Ihrem Kind langfristig hilfreich zur Seite stehen. Treffen Sie sich mit Freunden oder Verwandten, pflegen Sie ein Hobby, engagieren sich ehrenamtlich oder suchen sich sonst ein Be(s)tätigungsfeld außerhalb der Familie. Dies erlaubt Ihnen auch, immer wieder Abstand zu nehmen, Außenansichten zu gewinnen und die psychische Störung weder Ihr Leben noch das Ihrer Familie dominieren zu lassen. Akzeptieren Sie, dass es Ihnen gut gehen darf, obwohl Ihr Kind gerade leidet. So bewahren Sie sich die Kraft, Ihr

Kind zu unterstützen. Indem Sie Ihre Grenzen wahren, geben Sie Ihrem Kind die Erlaubnis, dasselbe zu tun und gehen mit gutem Beispiel voran. Trennen Sie zwischen Ihren eigenen Bedürfnissen und denen Ihres Kindes und erlauben ihm, dasselbe zu tun. Wie können Sie sich etwas Gutes gönnen? Woraus schöpfen Sie Kraft? Wann tanken Sie Lebensfreude? Wo sind Sie bereit, Hilfe anzunehmen? Welchen Lebensentwurf wollen Sie Ihrem Kind vorleben? Engagement für eine gute Sache, die Einbindung in eine religiöse Gemeinschaft und ein spirituelles Weltbild gelten als wertvolle Resilienzfaktoren gegen Erschöpfung und Entmutigung.

Lassen Sie es nicht zu, in die gesellschaftliche Isolation zu geraten. Eigene Schuld- und Schamgefühle, der Anspruch, immer für das Kind da zu sein, oder Vorurteile und Ausgrenzungen durch Dritte führen schnell dazu, sich immer mehr zurückzuziehen. Dadurch würden Sie sich von wertvollen Unterstützungsmöglichkeiten abschneiden und sich immer mehr im eigenen Kreis drehen. Halten Sie daher den Kontakt zu Verwandten, Freunden und Bekannten. Auch der Besuch einer Selbsthilfegruppe betroffener Eltern kann wertvolle Kontakte fördern.

Wirklichkeiten: Jeder Mensch lebt in seiner eigenen Wirklichkeit. Diese setzt sich aus all den Erfahrungen zusammen, die bisher gemacht wurden, und keine zwei Menschen auf dieser Erde haben wirklich dasselbe Welterleben. Was normal, gut, richtig, böse oder falsch ist, an was wir uns erinnern und wie wir dies tun, welche Bedeutung wir Ereignissen geben und welche Schlüsse wir daraus ziehen, ist immer individuell. Meist gelingt es – mal besser, mal schlechter –, sich mit anderen auf eine gemeinsame Wirklichkeitswahrnehmung zu einigen. Psychische Störungen wirken sich auf Wahrnehmen, Erleben, Denken und Fühlen aus, sodass es meist viel schwieriger ist, eine gemeinsame Sicht der Welt zu entwickeln. Es ist hilfreich, wenn Sie zu verstehen suchen, wie Ihr Kind sich die Wirklichkeit aufbaut, um flexibel darauf eingehen zu können. Andererseits ist es gut, die eigenen Wirklichkeitskonstruktionen zu kennen, um diese sicher vertreten zu können. In der Regel sind Eltern gedanklich flexibler als Jugendliche mit psychischen Störungen, sodass Ihnen die Verantwortung zukommt, zwischen der eigenen Weltsicht und der Ihres Kindes zu vermitteln. Bedenken Sie dabei, dass die Bedeutung, die Ihr Kind einer Begebenheit gibt, eine völlig andere sein kann, als Sie beabsichtigt haben. Es ist sinnvoll, sich immer wieder abzusprechen und zu überprüfen, ob man gerade ein gemeinsames Verständnis entwickelt oder aneinander vorbeiredet. Ebenso können Sie sich vor einer erzieherischen Handlung überlegen, welche Schlüsse Ihr Kind wahrscheinlich aus Ihrem Verhalten zieht. Dadurch wird es häufiger gelingen, bei Ihrem Kind tatsächlich das Erleben anzustoßen, das Sie beabsichtigt haben. Eine Garantie dafür gibt es allerdings nie.

Dies stellt hohe Ansprüche an Ihre Wahrnehmungsfähigkeit. Sie sollten gut unterscheiden lernen, was tatsächlich geschieht (was zum Beispiel auch eine Videokamera oder ein Tonband aufzeichnen könnte) und wie Sie dieses Geschehen interpretieren. Wenn Ihr Kind laut pfeifend im Wohnzimmer sitzt, kann dies bedeuten, dass es fröhlich ist, Sie ärgern will oder die Kontrolle über sein Verhalten verliert. Je nachdem, wie Sie dieses Verhalten interpretieren, werden Sie ganz unterschiedlich mit der Situation umgehen. Zudem stellt dies hohe Ansprüche an Ihre Kommunikationsfähigkeit. Es kann eine richtige Herausforderung sein, Wege zu finden, mit möglichst wenigen Missverständnissen mit Ihrem Kind in Kontakt zu sein. Hier hilft es, immer wieder nachzufragen, ob man etwas richtig verstanden hat, beziehungsweise Ihr Kind dazu aufzufordern, in eigenen Worten zu wiederholen, was es gesagt hat. Konfliktsituationen lassen sich unmittelbar teilweise schwer klären. Oft ist es aber hilfreich, nachdem sich alle wieder beruhigt haben zu klären, was eigentlich gemeint war und wie es verstanden wurde.

Eigene Gefühle: Die Erziehung eines Jugendlichen mit psychischer Störung kann mit intensiven Gefühlen einhergehen. Wut, Trauer, Angst, Hilflosigkeit, Erschöpfung und Resignation werden von vielen Eltern benannt. Diese Gefühle sind oft völlig berechtigt, und es hilft, sie sich einzugestehen, zuzulassen und zu zeigen. Auch Ihr Kind darf mitbekommen, wie Sie sich fühlen. Zum einen merkt es sowieso schnell, wenn ihm etwas vorgegaukelt wird, und zum anderen kann es Ihnen Ihre positiven Gefühle wie Liebe, Zuneigung oder Stolz nur dann glauben, wenn Sie auch in die andere Richtung ehrlich sind. Allerdings sollten Sie Ihrem Kind nie das Gefühl geben, dass es die Verantwortung für Ihre negativen Gefühle habe. Psychische Störungen gehen oft mit Einschränkungen im Erleben und Umgang mit Gefühlen einher. Indem Sie gut mit Ihren Gefühlen umgehen, ermuntern Sie Ihr Kind, es ebenso zu tun. Natürlich ist es gut, wenn Sie Ihrem Kind gegenüber meist so auftreten, dass Sie ihm Sicherheit und Geborgenheit vermitteln.

Indem Sie aber eigene Unsicherheiten zeigen und dennoch handlungsfähig bleiben, lernt Ihr Kind, dass auch Unsicherheit und manchmal sogar Verzweiflung ausgehalten werden kann und keine Katastrophe bedeutet.

Neben Ärger ist Angst eines der am häufigsten benannten Gefühle. Angst vor der Störung, Angst davor, Ihr Kind weggeben zu müssen, Angst vor professionellen Helfern, Angst zu versagen, Angst, von Ihrem Kind abgelehnt zu werden, Angst vor Ausgrenzung und Diskriminierung sind nur einige Beispiele dafür. Spätestens wenn Sie wiederholt Angst vor dem eigenen Kind haben, wird es höchste Zeit, intensive Hilfe in Anspruch zu nehmen und auch über stationäre Maßnahmen nachzudenken. In Krisenzeiten oder wenn Sie Sorge haben, dass eine Situation eskalieren könnte, ist es hilfreich, nicht allein zu sein. Scheuen Sie sich nicht davor, Freunde einzuladen oder um Hilfe zu bitten. Teilweise reicht schon die Anwesenheit eines weiteren Erwachsenen, um eine angespannte Atmosphäre zu entschärfen. Im Zweifelsfall können anwesende Erwachsene aber auch dabei helfen, eine Situation zu entschärfen, Ihnen die Betreuung der anderen Kinder abnehmen oder Sie dabei unterstützen, einen aggressiven Jugendlichen auch körperlich zurückzuhalten.

Krisen: Krisen gehören zum Alltag im Umgang mit betroffenen Jugendlichen. Wenn Sie oder Ihr Kind an die eigenen Grenzen kommen, geschieht manchmal, was eigentlich niemand wollte. Stellen Sie sich darauf ein, dass Krisen geschehen werden. Machen Sie sich mit möglichen Umgangsweisen damit vertraut. Erarbeiten Sie Möglichkeiten, rechtzeitig Hilfe anfordern zu können, und versuchen Sie herauszufinden, was eher zu Krisen führt und was eher beruhigend wirkt. Vor allem aber sollten Sie sich bewusst halten, dass Krisen nie ganz vermieden werden können und weder von Ihrem Versagen zeugen noch von der Boshaftigkeit Ihres Kindes oder anderer Schreckensgedanken, die sich dann schnell einstellen.

Erwachsenwerden: Jugendliche mit psychischen Störungen bedürfen meist der besonderen Fürsorge. Die üblichen Entwicklungsschritte vom Kind zum Erwachsenen fallen dann häufig besonders schwer. Manche sind in Ihrer Entwicklung verzögert und andere drängen nach erlebter Abhängigkeit besonders stark ins eigenständige Leben. Halten Sie sich bewusst, dass Jugendliche zwischen kindlichen und erwachsenen Bedürfnissen pendeln und dies bei psychischen Störungen teilweise noch verstärkt auftritt. Ermöglichen Sie Ihrem Kind im Rahmen seiner Möglichkeiten eine altersgemäße Ablösung vom Elternhaus zu vollziehen. Erlauben Sie ihm, eigene Entscheidungen zu treffen und mit den sich daraus ergebenden Konsequenzen umgehen zu lernen. Besprechen Sie mit dem behandelnden Therapeuten, wo Ihr Kind besondere Unterstützung braucht und wo Sie es wie alle anderen ins Leben begleiten sollten. Je besser die Ablösung vom Elternhaus gelingt, desto wahrscheinlicher entwickelt sich daraus ein gutes, reiferes Miteinander. Falls die Störung dazu führt, dass Ihr Kind (noch) nicht in diese Selbständigkeit gehen kann, helfen Sie ihm, mit dieser Einschränkung leben zu lernen. Dann ist es meist angebracht, einen privaten oder professionellen Rahmen zu suchen, der soviel Schutz bietet wie nötig und soviel Freiheit lässt wie möglich.

Rückfallprävention: Erkundigen Sie sich darüber, was nach eingetretener Besserung einen Rückfall verursachen könnte und woran Sie den Beginn eines Rückfalls erkennen können. Bei vielen Störungen ist es ein längeres Auf und Ab, bevor eine langfristige Stabilisierung eintritt. Rückfälle sind keine Katastrophen, sondern lediglich Anzeichen dafür, dass die zugrunde liegenden Dynamiken noch nicht vollständig abgeklungen sind. Sie können jeden Rückfall dazu nutzen, Informationen darüber zu sammeln, wie es zu dem Rückfall kam und welche Ausstiegswege es an welchen Punkten der Rückfallschlaufen gibt oder gegeben hätte. So vorbereitet lässt sich zukünftigen Rückfällen immer besser begegnen, bis sie eines Tages hoffentlich vollständig vermieden werden können.

Versicherung: Psychische Störungen können mit vielen Arztbesuchen, langfristiger Medikation oder monatelangen Krankenhausaufenthalten einhergehen. Unterschiedliche Krankenkassen bieten diesbezüglich unterschiedliche Leistungen an. Es kann sich lohnen, zu einer Kasse zu wechseln, welche die Behandlung psychischer Störungen besser unterstützt als Ihre bisherige. Bei einigen Störungen sind Selbststeuerungsfähigkeit und Impulskontrolle deutlich gestört. Andere werden häufig von delinquenten Verhaltensweisen begleitet. In diesen Fällen lohnen sich eine gute Haftpflicht- und Rechtschutzversicherung.

Buchempfehlung: »Mit psychisch Kranken leben: Rat und Hilfe für Angehörige«, BApK (2002).

6 Hilfsangebote für Jugendliche und Eltern

Betroffene Jugendliche sowie deren Eltern und Familien haben ein Recht auf Unterstützung durch Fachleute. In diesem Kapitel werden einige mögliche Ansprechpartner kurz benannt.

Kinder- oder Hausärzte: Kinder- oder Hausärzte sind für viele Eltern die ersten Anlaufstellen bei auftretenden Problemen. Auch wenn diese keine Experten für psychische Störungen sind, können sie eine erste Einschätzung geben und an entsprechende Fachkräfte weitervermitteln. Viele Jugendliche würde nie freiwillig mit zum Kinder- und Jugendpsychiater gehen, kommen aber mit zu einem »normalen« Arzt mit, dessen Wort dann oft mehr Gewicht hat als das der Eltern. Die letztendliche Diagnose und Therapie sollten Sie jedoch Kinder- und Jugendpsychiatern, Kinder- und Jugendlichenpsychotherapeuten oder anderen wirklichen Fachkräften überlassen. Dies gilt auch für die Behandlung von Depressionen oder ADHS, die gern von anderen Nichtfachkräften übernommen werden. Termine werden von der Krankenkasse bezahlt. Es besteht Schweigepflicht.

Kinder- und Jugendpsychiater: Kinder- und Jugendpsychiater sind Ärzte, die sich auf die medizinische Behandlung von psychischen Störungen bei Kindern und Jugendlichen spezialisiert haben. Ihre offizielle Bezeichnung ist Facharzt für Kinder- und Jugendlichenpsychiatrie und -psychotherapie. Sie können und dürfen medikamentös behandeln. Solche Fachärzte haben ebenfalls eine psychotherapeutische Ausbildung. Ob sie schwerpunktmäßig eher psychotherapeutisch, medikamentös oder kombiniert behandeln, hängt sowohl von der persönlichen Ausrichtung als auch vom individuellen Fall ab. Termine werden von der Krankenkasse bezahlt. Es besteht Schweigepflicht.

Kinder- und Jugendlichenpsychotherapeuten: Kinder- und Jugendlichenpsychotherapeuten sind meist Diplom-Psychologen oder Diplom-Sozialpädagogen, die eine spezielle Psychotherapieausbildung abgeschlossen haben. Der Titel ist das psychologische Pendant zum medizinischen Facharzt für Kinder- und Jugendlichenpsychiatrie und -psychotherapie. Kinder- und Jugendlichenpsychotherapeuten dürfen zwar keine Medikamente verschreiben, haben aber eine sehr fundierte psychotherapeutische Ausbildung. Termine werden von der Krankenkasse bezahlt. Es besteht Schweigepflicht.

Erziehungsberatungsstellen: In Erziehungsberatungsstellen arbeiten unterschiedliche Fachleute. Sie sind zunächst beratend tätig und gute Ansprechpartner für alle Fragen des täglichen Umgangs, kennen rechtliche und inhaltliche Rahmenbedingungen und bieten teilweise auch Psychotherapie an. Zudem haben sie einen Überblick über die psychosozialen Angebote einer Region und können weiterführende Angebote vermitteln. Die Beratung ist teilweise kostenlos, die eventuelle Bezahlung je nach Beratungsstelle anders geregelt. In der Regel besteht Schweigepflicht.

Telefonseelsorge: Die Telefonseelsorge ist rund um die Uhr unter 0800 111 0 111 oder 0800 111 0 222 in ganz Deutschland kostenlos und anonym zu erreichen. Sie berät und unterstützt bei akuten Notlagen, kennt die psychosozialen Angebote einer Region und kann weitere Ansprechpartner vermitteln. Unter www.telefonseelsorge.de wird auch Beratung im Chat angeboten. Die Mitarbeiter unterliegen der Schweigepflicht.

Schule: Lehrer, Schulsozialarbeiter und Schulpsychologen sind gute Ansprechpartner, um sich darüber zu informieren, wie Ihr Kind außerhalb der Familie auftritt, und für eine erste Einschätzung der Situation. Schulsozialarbeiter und Schulpsychologen können einerseits selbst aktiv werden und andererseits weiterführende Angebote empfehlen oder in die Wege leiten.

Geistliche: Geistliche, Gemeindereferenten und andere Vertreter religiöser Glaubensgemeinschaften sind zwar keine Fachleute, aber für viele Eltern Vertrauenspersonen. Sie sind gute Ansprechpartner im Alltag und können dabei helfen, die richtigen Fachleute zu finden und Kontakt zu diesen aufzunehmen. Gespräche sind in der Regel kostenlos. Nur Geistliche haben Schweigepflicht.

Krankenkassen: Die Krankenkassen führen Adresslisten mit allen niedergelassenen Kinder- und Jugendlichenpsychotherapeuten beziehungsweise Kinder- und Jugendpsychiatern. Sie schicken diese auf Anfrage zu.

Selbsthilfegruppen: In vielen Städten gibt es Selbsthilfegruppen für betroffene Eltern. Hier können Sie sich mit anderen treffen und austauschen, die in derselben Lage sind und ganz anders verstehen können, wie es Ihnen geht. Zudem sind dort meist auch erfahrene Eltern, die manchen Tipp und Ratschlag geben können.

Bücher und Internet: Mittlerweile gibt es einen kleinen, aber sehr guten Markt an Elternratgebern und anderer Fachliteratur, über den Sie sich informieren können. Internetseiten und Internetforen sind nur teilweise eine gute Hilfe. Es wird dort nämlich auch viel Unsinniges und teilweise Gefährliches geschrieben. Meist ist es für Nicht-Fachleute schwer, herauszufinden, ob jemand im Netz einfach seine Meinung kundtut oder wirklich kompetent ist und über Fachwissen verfügt. Die Beiträge sind also mit entsprechender Vorsicht zu genießen.

Jugendamt: Das Jugendamt bietet ein sehr reichhaltiges Unterstützungsangebot. Zunächst wird es beratend tätig. Alltagsgestaltung und Erziehung können ebenso besprochen werden wie finanzielle Sorgen oder Ausbildungsfragen. Auch kennt das Jugendamt alle wichtigen Institutionen und Ansprechpartner im Umfeld. Zudem bietet das Jugendamt verschiedene ambulante Hilfen an. Ein Sozialarbeiter trifft sich etwa zwei Mal die Woche mit Ihrem Kind, dieses bekommt einen Platz in einem sozialen Trainingskurs, Sie bekommen ein Elterntraining vermittelt oder ein Familienhelfer kommt regelmäßig zu Ihnen, um mit der gesamten Familie Problemlösungen zu erarbeiten. Ist das nicht ausreichend, kann eine Tagesgruppe erwogen werden, in der Ihr Kind nach der Schule bis zum Abend betreut wird. Die Nacht über, an Wochenenden und den Ferien ist es bei Ihnen. Stationäre Jugendhilfe bedeutet, dass Ihr Kind Tag und Nacht in einer Jugendhilfeeinrichtung verbringt. Wochenenden und Besuchs- und Ferienzeiten sind je nach Einrichtung und Jugendlichem unterschiedlich geregelt. Da gibt es zum einen Heimgruppen, in denen meist sechs bis zehn Jugendliche gemeinsam wohnen und Tag wie Nacht Betreuer anwesend sind. Intensivgruppen haben weniger Jugendliche und mehr Personal. Betreutes Wohnen ist für ältere und selbstständigere Jugendliche geeignet. Diese wohnen allein oder mit anderen in einer eigenen Wohnung, werden dort aber regelmäßig von Sozialarbeitern besucht und unterstützt. Zudem gibt es eine Vielzahl spezialisierter Angebote, um dem Bedarf Ihres Kindes möglichst gerecht zu werden. Dies kann zum Beispiel eine spezielle Wohngruppe für Jugendliche mit psychischen Störungen sein, die eng mit der Kinder- und Jugendpsychiatrie zusammenarbeitet. Die Beratung durch das Jugendamt ist kostenlos. An den Kosten für ambulante wie stationäre Angebote müssen Sie sich je nach Einkommen anteilmäßig beteiligen. Den Hauptanteil zahlt das Jugendamt.

Jugendämter haben den Auftrag, wann immer dies möglich ist, den Familienverband zu unterstützen und zu erhalten. Zudem sind ambulante Hilfen deutlich billiger als stationäre. Jugendämter haben also kein Interesse daran, Kinder ohne triftigen Grund aus einer Familie zu nehmen. Es kann sogar geschehen, dass Sie richtig darum kämpfen müssen, dass Ihr Kind eine angemessene ambulante oder stationäre Hilfe bekommt, falls diese notwendig wird. Ist dies der Fall, sollten Sie sich Unterstützung durch eine unabhängige Beratungsstelle, den behandelten Therapeuten oder andere Vertrauenspersonen sichern. Andererseits hat das Jugendamt die Pflicht, dafür zu sorgen, dass hilfsbedürftige Jugendliche eine angemessene Unterstützung bekommen. Falls das Jugendamt einen notwendigen Unterstützungsbedarf sieht, den Sie ablehnen, kann es sein, dass dieser auch gegen Ihren Willen durchgesetzt wird. In diesem Fall muss ein Familienrichter entscheiden, in welchen Punkten dem Jugendamt und in welchen Punkten Ihnen recht gegeben wird. In der Regel werden im Vorfeld alle Möglichkeiten genutzt, eine Lösung zu entwickeln, der alle freiwillig zustimmen können.

Die Zuständigkeit des Jugendamts endet im Normalfall mit dem 18. Geburtstag. Bei Jugendlichen mit psychischen Störungen kann aber im Extremfall bis zum 27. Lebensjahr Jugendhilfe geleistet werden. Dies ist unter anderem in den Paragrafen 35a und 41 des Kinder- und Jugendhilfegesetzes geregelt. Informieren Sie sich bei einer Beratungsstelle über die genauen Rahmenbedingungen für Jugendhilfe über das 18. Lebensjahr hinaus.

Kinder- und Jugendpsychiatrie/Tagesklinik: Bei entsprechend schweren psychischen Störungen kann eine stationäre Behandlung in einer Kinder- und Jugendpsychiatrie notwendig werden. Dies wird vor allem bei akuter Gefahr für Ihr Kind (etwa Suizidalität, extreme Magersucht) oder andere (etwa starke Aggressionen oder Körperverletzungen) notwendig. Für jeden Wohnort gibt es eine Klinik, die für diesen Bereich zuständig ist. Die Behandlung in einer anderen Klinik ist nur in Ausnahmefällen möglich.

Teilweise bestehen lange Wartezeiten, sodass Sie sich möglichst frühzeitig mit einer Klinik in Verbindung setzen sollten. In einem ersten Gespräch können Sie und Ihr Kind sich über Behandlungsmöglichkeiten und Rahmenbedingungen informieren, die Räumlichkeiten kennenlernen und manche Vorurteile abbauen. Durch entsprechende Gespräche im Vorfeld ist es zudem oft möglich, andere Lösungen als einen Klinikaufenthalt zu entwickeln. Auch Kinder- und Jugendpsychiatrien haben kein Interesse daran, Jugendliche unnötig aufzunehmen. Wird allerdings aufgrund einer psychischen Störung eine akute Gefahr für Ihr Kind oder andere gesehen, kann auch eine Aufnahme gegen den Willen Ihres Kindes oder gegen Ihren Willen geschehen. Dies muss dann wiederum von einem Familienrichter abgeklärt werden. Für dringende Notfälle haben fast alle Kinder- und Jugendpsychiatrien eine 24-Stunden-Bereitschaftsdienst. Sofern dies möglich ist, werden es Ihnen jedoch alle danken, wenn Sie zu einigermaßen normalen Zeiten vorstellig werden. In einer dringlichen Situation können Sie über das Gesundheitsamt oder die Polizei veranlassen, dass Ihr Kind auch gegen dessen Willen zu einer Psychiatrie gebracht wird (siehe auch Kapitel 11). Dort wird sich dann der Diensthabende mit Ihnen und Ihrem Kind auseinandersetzen, eine Einschätzung vornehmen und mit Ihnen die nächsten notwendigen Schritte besprechen. Dies bedeutet nicht automatisch, dass Ihr Kind sofort in der Psychiatrie behalten wird. In einigen Städten gibt es auch Kinder- und Jugendpsychiatrische Tageskliniken, die Ihr Kind tagsüber behandeln, während es die Nächte, Wochenenden und (teilweise) Ferien bei Ihnen verbringt. Die Kosten übernimmt die Krankenkasse. Es besteht Schweigepflicht.

Polizei: Falls Ihr Kind gewalttätig wird, Sie oder andere bedroht, Sachbeschädigungen oder andere Straftaten begeht und ähnliches, kann es sinnvoll sein, die Polizei zu rufen. Diese kann Schlimmeres verhindern, Ihr Kind erlebt unmittelbar, dass sein Verhalten Konsequenzen hat und über eine mögliche Strafanzeige erfährt es, dass die Gesetze nicht nur für andere gelten. Zudem kennt die Polizei die wichtigsten Notanlaufstellen und kann dafür sorgen, dass Ihr Kind dort vorstellig wird.

7 Umgang mit professionellen Helfern

Um einem Jugendlichen mit einer psychischen Störung gerecht zu werden, bedarf es der Zusammenarbeit mit unterschiedlichen professionellen Helfern. Meist gelingt diese Zusammenarbeit ganz gut, doch kann es auch zu Schwierigkeiten kommen. Immerhin treffen zumindest zwei Experten mit ganz unterschiedlichen Hintergründen zusammen. Da sind zum einen Sie als Eltern(teil), die Sie Ihr Kind und Ihre Familie sehr gut kennen und bereits vieles geleistet und bewältigt haben. Zum anderen sind da professionelle Helfer, die zunächst wenig darüber wissen wissen, wie es in Ihnen und Ihrer Familie zugeht, die dafür aber sehr viel Erfahrung mit ähnlichen Fällen und spezielles Fachwissen haben. Dass diese einiges ganz anders sehen als Sie, ist nur natürlich. Zudem gibt es scheinbar gute Gründe, Vorbehalte gegen professionelle Helfer zu haben. Da gibt es zum Beispiel die Sorge, das eigene Kind weggenommen zu bekommen, die Angst, dass eigene Fehler aufgedeckt werden, und die Befürchtung, nicht ernst genommen zu werden. Zudem kann schnell ein Konkurrenzkampf darüber entbrennen, wer besser weiß, was für Ihr Kind gut ist, oder gar, wer Eltern(teil)-aufgaben besser übernehmen kann. Vielleicht hatten Sie auch schon Begegnungen mit professionellen Helfern, die alles andere als glücklich verlaufen sind.

Meine Erfahrung ist, dass – mit wenigen Ausnahmen – sowohl betroffene Eltern als auch betroffene Helfer letztendlich das Beste für den Jugendlichen wollen. Meine Erfahrung ist zudem, dass beide Seiten vieles zu tun bereit sind, um dieses »Beste« zu erreichen. Und ich habe die Erfahrung, dass trotz bester Absichten Eltern wie Profis manchmal Fehler machen oder ungünstige Entscheidungen treffen. Schwierig wurde es immer dann, wenn solche Fehler nicht als normal und menschlich anerkannt, sondern als Waffe gegen den jeweils anderen eingesetzt wurden. Wenn man sich trotz aller Unterschiede und Unvollkommenheiten darauf verständigen kann, gemeinsam auf der Seite des Jugendlichen zu stehen, ist dagegen bereits viel erreicht. Wichtig ist zudem, sich gegenseitig mit dem eigenen Expertenwissen auszuhelfen. Profis sind auf Ihre Auskünfte angewiesen, um gute Entscheidungen für Ihr Kind treffen zu können. Ebenso sind Sie auf deren Fachkompetenz angewiesen, um Ihr Kind auch dann gut unterstützen zu können, wenn dies aufgrund der psychischen Störung schwierig wird. Jede Berufsgruppe entwickelt eine eigene Ausdrucksweise, die für Außenstehende oft kaum mehr nachvollziehbar ist. Zudem sind viele Einzelheiten für Menschen, die tagtäglich mit einem Thema zu tun haben, ganz selbstverständlich. Dann wird schnell vergessen, dass anderen dieses Wissen fehlt. Wundern Sie sich also nicht, wenn Profis Sie scheinbar Selbstverständliches fragen, und trauen Sie sich ebenfalls, immer dann nachzufragen, wenn Sie etwas nicht nachvollziehen können. Schwierig wird es, wenn Sie mit unterschiedlichen Experten zusammenarbeiten, die jeweils andere Meinungen darüber vertreten, wie Ihr Kind am besten unterstützt werden sollte. Dies kann unter anderem dadurch geschehen, dass jeder Helfer Ihr Kind auf seine Weise erlebt und jede Fachrichtung Ihre je eigenen Erklärungsmuster und Hilfewege vertritt. Dann ist es ideal, wenn sich alle Beteiligten an einen Tisch setzen, um ein gemeinsames Vorgehen zu besprechen. Gelingt dies nicht, müssen Sie überprüfen, wer Ihnen am vertrauenswürdigsten scheint, welche Konsequenzen mit der einen oder anderen Entscheidung verbunden sind und welchen Weg als Eltern Sie letztendlich einschlagen wollen.

Ein weiterer Punkt ist Rollenklarheit. Sie werden immer die Eltern bleiben und diesen Platz bei Ihrem Kind besetzen. Dies gilt auch dann noch, wenn Ihr Kind im Heim ist, Sie das Sorgerecht entzogen bekommen haben oder Ihr Kind zeitweilig nichts mehr von Ihnen wissen will. Diese Rolle können Sie nicht ablegen und sie kann Ihnen auch von niemandem abgenommen werden. Je nach Situation stehen Ihnen als Eltern bestimmte Möglichkeiten innerhalb Ihrer Rolle offen, während andere Ihnen verschlossen sind. Allen professionellen Helfern geht es ebenso. Ein Jugendamtsmitarbeiter hat eine ganz andere Rolle wie eine Lehrerin oder ein Psychotherapeut. Jede dieser Rolle beinhaltet bestimmte Handlungsalternativen, während für andere weder das Recht besteht noch das Wissen. Es ist hilfreich, wenn Sie mit allen Profis jeweils klären, was deren und Ihre Rolle sein kann, welche Möglichkeiten dies jeweils eröffnet und welche Einschränkungen akzeptiert werden müssen. Es ist gut, da wo Sie als Eltern Bescheid wissen, selbstbewusst und sicher aufzutreten. Ebenso ist es wertvoll, Profis in deren Expertise anzuerkennen, von diesen aber denselben Respekt für Ihre Expertise einzufordern. Mit dieser gegenseitigen Achtung und Anerkennung entstehen manche Probleme erst gar nicht und andere lassen sich leichter lösen.

Eine Auswirkung manch psychischer Störung ist, dass betreuende Personen miteinander in Konflikte geraten. Einige betroffene Jugendliche sind Meister darin, andere gegeneinander auszuspielen. Einzelheiten dazu sind in den jeweiligen Kapiteln beschrieben. Auch diesbezüglich ist es hilfreich, in einem beständigen guten Austausch zu stehen. So entstehen dann weniger Missverständnisse und die Spaltungsdynamik hat weniger Ansatzpunkte. Je besser Sie alle an einem Strang ziehen, desto weniger muss sich auch Ihr Kind zwischen unterschiedlichen Meinungen und Richtungen entscheiden.

Eventuell befinden Sie sich selbst in einer schwierigen Lebenslage, sind krank, verschuldet, in einer Beziehungskrise oder Ähnliches. Manches, was in solchen Situationen von Ihnen erwartet wird, ist dann kaum oder gar nicht leistbar. Trauen Sie sich, diesbezüglich offen mit professionellen Helfern zu sein und diese Schwierigkeiten zu benennen. Nur wenn derlei Einschränkungen bekannt sind, können Sie berücksichtigt werden. Indem Sie eigene Probleme offenlegen, ist es zudem wahrscheinlicher, dass Sie auch diesbezüglich Unterstützung erhalten.

Manche Eltern haben die Sorge, dass, wenn Profis zu einer wesentlichen Verbesserung beitragen, dadurch offenbar würde, dass man selbst versagt habe. Dabei vergessen sie dann, dass der Umgang mit einem psychisch gestörten Menschen teilweise ähnliches Expertenwissen verlangt wie etwa eine Blinddarmoperation. Zudem sind Kinder- und Jugendpsychiatrien oder Einrichtungen der Jugendhilfe (im Idealfall) ganz auf die Bedürfnisse eines Jugendlichen mit psychischen Problemen eingerichtet. Zu Hause, mit anderen Wohnverhältnissen, weiteren Kindern, dem eigenen Arbeitsplatz oder anderen zusätzlichen Anforderungen ist diese gezielte Alltagsgestaltung oft völlig unmöglich. Stellen Sie sich vor, Ihr Kind müsste nach einem schweren Autounfall in eine Rehaklinik, um wieder laufen zu lernen. Würden Sie sich dann vorwerfen, Ihrem Kind nicht das Laufen beibringen zu können?

Die Erziehung eines Kindes oder Jugendlichen mit psychischer Störung kann eine echte Herausforderung oder Überforderung sein. Über die Jahre kann es dann geschehen, dass sich Verhaltensweisen entwickeln, die langfristig wenig sinnvoll sind. Manche psychischen Störungen erfordern Erziehungsverhalten, auf das man selbst nicht ohne Weiteres gekommen wäre. Seien Sie deshalb offen dafür, wenn Profis auch ungute Umstände und Verhaltensweisen ansprechen. Natürlich ist dies unangenehm, dient aber letztendlich dazu, Ihrem Kind noch besser zur Seite stehen zu können.

Falls Ihr Kind eine stationäre Jugendhilfe benötigt und womöglich über Jahre nicht oder nie mehr im Elternhaus wohnen wird, ergeben sich daraus eine Vielzahl von Themen zwischen Eltern und professionellen Helfern, die hier nicht einzeln erörtert werden können. Falls diese Entscheidung für Sie ansteht, sollten Sie überprüfen, ob Sie den professionellen Helfern, mit denen Sie aktuell zusammenarbeiten, genügend vertrauen und sich diesbezüglich gut beraten fühlen. Falls nicht, kann es hilfreich sein, sich an eine weitere Anlaufstelle zu wenden, der Sie vertrauen können. Halten Sie sich zudem vor Augen, dass es nicht darum geht, Ihr Kind zu verstoßen, sondern darum, unter welchen Rahmenbedingungen sich Ihr Kind wahrscheinlich am besten entwickeln kann.

Mit vielen professionellen Helfern werden Sie intime Themen besprechen. Einerseits ist es hilfreich, wenn die so gewonnenen Informationen auch anderen Profis zur Verfügung stehen. Dann müssen nicht immer alle von Neuem beginnen, ein Verständnis für Ihre Familie, Ihr Kind und dessen Situation zu entwickeln. Andererseits haben Sie ein Recht darauf, dass sorgfältig mit Ihren Informationen umgegangen wird. Informieren Sie sich bereits am Anfang einer Zusammenarbeit, ob Ihr Gegenüber bestimmte Informationen weitergeben darf oder gar muss und an wen diese Informationen dann gehen. Oftmals – aber nicht immer – bedarf es Ihrer schriftlichen Einwilligung, damit Daten weitergegeben dürfen. In vielen Fällen lässt sich gemeinsam absprechen, welche Informationen von welchen Stellen eingeholt beziehungsweise an welche Stellen weitergegeben werden. Vor allem im psychotherapeutischen Prozess kann es sein, dass Ihr Kind Themen bearbeitet, von denen es (zunächst) nicht will, dass Sie davon erfahren. Respektieren Sie dies und drängen Sie weder Ihr Kind noch dessen Therapeuten dazu, Therapieinhalte offenzulegen. Signalisieren Sie dennoch Interesse und hören gut zu, wenn Ihr Kind mit Ihnen über diese Themen sprechen will. Ebenso haben Sie ein Recht darauf, dass bestimmte Gesprächsinhalte mit Profis nicht an Ihr Kind weitergegeben werden und diese auch nicht selbst mit Ihrem Kind zu besprechen. Manche Themen klären sowieso »die Erwachsenen« unter sich, was Ihr Kind akzeptieren muss.

Für viele Eltern ist es besonders schwierig, mit der Polizei oder Vertretern des Gerichtssystems in Kontakt zu treten. Halten Sie sich bewusst, dass es sich auch bei Vertretern dieser Berufsgruppen um ganz normale Menschen handelt, die wie alle anderen einfach ihrem Beruf nachgehen. Wie alle anderen schätzen auch diese einen selbstbewussten, höflichen und wertschätzenden Umgang. Vor einer Gerichtsverhandlung ist es sicher hilfreich, sich mit Ihrem Rechtsanwalt, beziehungsweise dem Ihres Kindes, in aller Ruhe über die Besonderheiten eines Prozesses und Verhaltensweisen vor Gericht zu besprechen. Jugendamt, Jugendgerichtshilfe, Erzieher, Psychotherapeuten und Ärzte haben zudem oft Erfahrungen mit Polizei und Gericht und können zusätzliche Ansprechpartner sein.

Eine gute Zusammenarbeit zeichnet sich also dadurch aus, dass man die eigene Expertise ebenso anerkennt wie die aller anderen, die gegenseitigen Möglichkeiten und Grenzen respektiert, gemeinsam nach den besten Lösungen sucht, Meinungsverschiedenheiten anspricht und diskutiert sowie sich gegenseitig mit Höflichkeit und Respekt behandelt. Dann ist es meist möglich, tatsächlich ein gemeinsames Vorgehen abzusprechen und gemeinsam auf der Seite Ihres Kindes stehen zu können.

8 Die wichtigsten therapeutischen Konzepte

Mittlerweile gibt es sehr viele sehr unterschiedliche Psychotherapierichtungen, von denen die meisten Erfolge nachweisen können. In Deutschland werden jedoch nur Verhaltenstherapie und einige der analytischen Therapieformen von den Krankenkassen anerkannt und bezahlt. Niedergelassene Therapeuten, die über die Kassen abrechnen, haben entweder eine verhaltenstherapeutische oder analytische Grundausbildung. Daher werden diese beiden Richtungen hier vorgestellt. Viele Psychotherapeuten nutzen im Alltag auch Methoden anderer Therapierichtungen. Besonders in der Jugendhilfe, aber auch in Kinder- und Jugendpsychiatrien und bei vielen niedergelassenen Therapeuten hat sich zudem die systemische Therapie etabliert. Deswegen wird auch diese hier vorgestellt. Um den richtigen Therapeuten für Ihr Kind zu finden, ist es am wichtigsten, ob dieser gut mit Ihrem Kind kann und umgekehrt. Die gewählte Therapieform hat einen weniger großen Einfluss auf die Ergebnisse als die Beziehung zwischen Therapeut und Ihrem Kind. Um eine Diagnose zu erstellen oder zu verwerfen und um zu überprüfen, ob die Zusammenarbeit klappen kann, genehmigen Krankenkassen in der Regel fünf Sitzungen. Danach sollte eine Entscheidung fallen. Die Ausführungen dieses Kapitels sind in ähnlicher Form bereits in »Herausforderung Alltag« (Baierl, 2008) erschienen.

8.1 Psychoanalyse, analytische Psychotherapie und tiefenpsychologisch fundierte Psychotherapie

Die Psychoanalyse gilt vielen als Mutter und Urform der Psychotherapie. Freud war der erste westliche Therapeut, der ein zusammenhängendes und umfassendes System der menschlichen Psyche aufgestellt und verbreitet hat. So gesehen wird er also zu Recht oft der Vater der Psychotherapie genannt. Ähnlich wie in der systemischen Therapie gibt es mittlerweile sehr viele unterschiedliche Ausformungen innerhalb und zwischen analytischen Therapierichtungen. Neben der klassischen Psychoanalyse sind hier vor allem die analytische Psychotherapie und die tiefenpsychologisch fundierte Psychotherapie zu nennen. Trotz aller Unterschiede folgen diese ähnlichen Grundprinzipien, die im Folgenden kurz dargestellt werden.

Die Psychoanalyse geht davon aus, dass kleine Kinder noch nicht in der Lage sind, sich und ihre Welt angemessen zu deuten und ihren Unwägbarkeiten entsprechend zu begegnen. Viele Geschehnisse werden als überwältigend bedrohlich erlebt, ohne dass das Kind die Möglichkeit hätte, die Bedrohung effektiv abzuwehren. Es spielt dabei keine Rolle, ob es sich um echte Bedrohungen handelt oder um Fehleinschätzungen des Kindes. Da den übermächtigen Bedrohungen nicht begegnet werden kann, werden sie vom Kind aus dem Bewusstsein gestrichen und ins Unterbewusstsein verbannt. Die ins Unbewusste abgeschobenen Bedrohungen bleiben aber weiterhin in der Psyche des Kindes als innere Kräfte aktiv und bestimmen Empfinden und Verhalten ein Leben lang. Die moderne Gehirnforschung belegt, dass solche Vorgänge tatsächlich stattfinden und fast die komplette menschliche Informationsverarbeitung unbewusst geschieht.

Die menschliche Psyche wird dabei in drei Instanzen unterteilt. Das Es kann vereinfacht mit dem Unbewussten gleichgesetzt werden. Es ist der Sitz von Trieben und Bedürfnissen, die oft nach archaischen Mustern aktiv werden und sich nicht an Normen halten. Das Es funktioniert nach dem Lustprinzip. Es drängt entweder nach dem prallen Leben oder dessen Vernichtung und manchmal beides gleichzeitig. Das Über-Ich wird vereinfacht mit dem Gewissen gleichgesetzt. Es verkörpert Normen, Regeln, Gesetze, Moral, Erwartungen von außen und wirkt als Kontrollinstanz gegen die Triebe des Es. Das Ich kann vereinfacht als die »eigentliche« Persönlichkeit bezeichnet werden. Seine Funktion ist es, die Welt realistisch zu sehen und zu bewerten sowie zwischen dem unkontrollierten Es und dem überkontrollierenden Über-Ich zu vermitteln.

Innerhalb der Psyche kommt es zu mannigfaltigen Konflikten. Zum einen gibt es die beständigen Konflikte zwischen unterschiedlichen Trieben im Es, hinzu kommen Konflikte zwischen Es und Über-Ich. Des Weiteren können durch aktuelle Geschehnisse alte und verdrängte Bedrohungen neu aktiviert werden. Sofern das Ich nicht stark genug ist, diese Konflikte zu lösen oder auszuhalten, werden diese abgewehrt. Zwei dieser Abwehrmechanismen sind Verdrängung und Projektion. Verdrängung bedeutet, dass neu auftauchende bedrohliche eigene Impulse ins Unbewusste verschoben werden. Sie entziehen sich dadurch dem Bewusstsein und man muss sich nicht mehr damit auseinandersetzen. Andererseits hat man dadurch aber auch keine Kontrolle mehr über diese Impulse. Hat jemand also beständige sexuelle Impulse, die er als bedrohlich erlebt, und verdrängt er diese, weiß er nicht mehr, dass er diese Impulse hat. Sein Verhalten wird weiterhin sexualisiert sein. Bei der Projektion werden bedrohliche Impulse nicht als die eigenen erlebt, sondern auf andere projiziert. Statt sich also selbst aggressiv oder überheblich wahrzunehmen, haben die Betroffenen den Eindruck, ihre Gegenüber wäre aggressiv oder überheblich.

Die analytischen Therapien gehen davon aus, dass aktuelle Probleme und Symptome durch Konflikte entstehen, deren Grundlage in den ersten Lebensjahren gelegt wurde. Typische Konfliktinhalte sind etwa Unterwerfung versus Kontrolle, Abhängigkeit versus Eigenständigkeit oder Triebbefriedigung versus Schuldgefühle. Heilung geschieht über die Bewusstmachung der innerpsychischen Konflikte, die dadurch bewusst gesteuert und gelöst werden können. Zudem können die zugrunde liegenden Konflikte neu durchlebt werden, wodurch sie bereinigt werden. Als Technik dient das freie Assoziieren, bei dem der Klient frei über alles reden kann, was ihm in den Sinn kommt. Über die so entstehenden Themen und deren Verknüpfungen treten die inneren Konflikte zutage. Diese werden vom Therapeuten gedeutet und dadurch dem Klienten zugänglich gemacht. Wo diese Bewusstmachung zu bedrohlich wird, entwickelt der Klient Widerstände. Widerstand wird daher immer als Hinweis darauf gesehen, dass gerade ein zentrales Thema zur Debatte steht.

Ein wichtiges zugehöriges Konzept ist das der Übertragung. Übertragung bedeutet, dass die emotionale Reaktion einer Person auf einen anderen Menschen sich nicht direkt auf die konkrete Begegnung mit diesem bezieht, sondern auf frühere (meist frühkindliche) Vorerfahrungen dieser Person mit anderen Menschen, oft den eigenen Eltern. Die Person empfindet und verhält sich dann so, als ob sie dem Menschen aus der früheren Situation erneut gegenüberstünde. In der Gegenübertragung übernimmt das aktuelle Gegenüber tatsächlich Empfindungen und Verhaltensweisen der Person, als die sie angesehen wird. Wenn also ein Jugendlicher unbewusst im Therapeuten den eigenen autoritativen Vater sieht und sich entsprechend bockig verhält, wird der Therapeut dies eventuell als Auflehnung gegen sich erleben und ist in Gefahr, selbst zu autoritativen Mitteln zu greifen. Es ist Aufgabe des Therapeuten, genau auf Gegenübertragungsreaktionen zu achten.

Zum einen erlaubt ihm dies, sich weiter unabhängig zu verhalten, und zum anderen geben die Gegenübertragungen wichtige Hinweise auf das aktuelle innerpsychische Geschehen des Klienten. Dadurch, dass der Therapeut nicht auf die Gegenübertragung anspringt, sondern – selbst wenn bedrohliche Konflikte des Klienten offenbar werden – weiterhin als reale und zuverlässige Bezugsperson erhalten bleibt, kann eine Umbewertung der Bedrohung geschehen, wodurch der Klient einen neuen Umgang mit dem alten Konflikt finden kann.

Psychische Störungen werden im analytischen Modell unter anderem in Neurosen und Psychosen unterteilt. Neurosen bezeichnen Störungen, die auf Konflikte innerhalb des Es oder zwischen dem Es und dem Über-Ich entstehen, aber vom Ich mehr oder weniger gut gemanagt werden können. Psychose bezeichnet eine Störung des Ich, sodass dieses nicht mehr zwischen den unterschiedlichen Konflikten sowie innerer und äußerer Realität vermitteln kann. Der Begriff Psychose wird hier also in einer anderen Bedeutung gebraucht als in der ICD-10.

Die Wirksamkeit analytischer Therapierichtungen ist mittlerweile gut nachgewiesen. Die hier genannten analytischen Therapieformen werden daher von den Krankenkassen anerkannt und von diesen bezahlt.

In der klassischen Psychoanalyse – die heute fast nur noch zu Lehrzwecken durchgeführt wird – finden vier bis fünf Sitzungen die Woche über mehrere Jahre statt. Die Krankenkassen bewilligen bis zu dreihundert Stunden. Der Klient liegt auf der Couch und hat keinen Sichtkontakt mit dem Therapeuten. Schwerpunkt der Analyse sind fast ausschließlich die frühkindlichen Konflikte und deren Auflösung. In der analytischen Psychotherapie finden eher zwei bis drei Sitzungen die Woche statt. Es werden bis zu hundert Stunden bewilligt. Die tiefenpsychologisch fundierte Psychotherapie arbeitet mit wöchentlichen bis 14-tägigen Sitzungen. Auch hier wird davon ausgegangen, dass ein Erfolg innerhalb von hundert Stunden erreicht werden kann. Bei beiden Therapieformen sitzen sich Klient und Therapeut gegenüber und es werden verstärkt auch aktuelle Konstellationen betrachtet und bearbeitet.

8.2 Verhaltenstherapie

Die Verhaltenstherapie ist in der Mitte des 20. Jahrhunderts als Gegenbewegung zur Psychoanalyse entstanden. Ihre Begründer waren naturwissenschaftlich ausgerichtete Psychologen, die im universitären Rahmen menschliches Verhalten und Empfinden, vor allem das Lernverhalten, erforschten. Als Gegenstand ihrer Forschung wurden nur wahrnehmbare und dadurch messbare Phänomene akzeptiert. Denkprozesse und unbewusste Vorgänge galten damals als nicht messbar und daher für die Erkenntnisfindung irrelevant. Stattdessen wurden die äußerliche Faktoren einer Situation, äußerlich sichtbares Verhalten, Folgen des Verhaltens sowie das Zusammenspiel dieser Elemente erforscht. Die sich daraus ableitende Therapieform nannte sich dementsprechend »Verhaltenstherapie«, was eine klare Abgrenzung zur Psychoanalyse oder Psychotherapie, die sich mit dem wenig fassbaren Feld der »Psyche« beschäftigte, markieren sollte. Mittlerweile hat sich der Begriff »Psychotherapie« als Überbegriff für alle psychologischen Therapieformen etabliert. In den siebziger Jahren des 20. Jahrhunderts wurden verstärkt Forschungsmethoden entwickelt, die naturwissenschaftliche Rückschlüsse darauf zuließen, welche Verarbeitungsprozesse sich im Gehirn abspielen. Parallel dazu entwickelten sich auch in der Verhaltenstherapie Methoden, welche kognitive (gedankliche) Vorgänge immer stärker berücksichtigen. Mittlerweile haben diese so sehr an Bedeutung gewonnen, dass von der kognitiven Verhaltenstherapie gesprochen wird.

Die Verhaltenstherapie geht davon aus, dass menschliches Verhalten nach feststellbaren, gleichbleibenden Prinzipien gelernt, beibehalten, aber auch wieder verlernt wird. Maßgeblich dafür sind äußere Reize wie innere Prozesse. Aus dem Zusammenspiel beider ist jedes Verhalten erklärbar. Andererseits kann jedes innere wie äußere Verhalten verändert werden, wenn man die Bedingungen ändert, in die es eingebettet ist. Dieser Prozess ist nicht an bestimmte Lebensalter gebunden, sondern findet lebenslang statt. Symptome einer psychischen Störung sind Ausdruck von falsch gelernten inneren wie äußeren Verhaltensweisen und können umgelernt werden.

Zu Beginn einer Verhaltenstherapie steht die Verhaltensanalyse. In ihr wird genau abgefragt oder auch beobachtet, welche Umstände dazu beigetragen haben, dass ein bestimmtes Verhalten gelernt wurde, und welche Umstände dazu beitragen, dass es heute immer noch gezeigt wird. Mit »Verhalten« ist dabei nicht mehr nur rein äußerliches Verhalten gemeint, sondern auch alle inneren Vorgänge wie Denken, Gefühle oder körperliche Prozesse, selbst jene, die unbewusst geschehen. In der Therapie wird zunächst untersucht, wie diese Faktoren sich gegenseitig beeinflussen. Danach wird geprüft, welche Faktoren, wenn sie verändert werden, am ehesten zu einer Lösung beitragen. Dabei bezieht sich der Therapeut auf die individuelle Situation des Klienten, aber auch auf die Forschungsergebnisse darüber, welche Verfahren sich in ähnlich gelagerten Problemfällen als hilfreich erwiesen haben. Dabei spielt die ICD-10-Diagnose eine besonders große Rolle. Für die einzelnen Störungsbilder gibt es jeweils Therapieprogramme, welche die Verfahren enthalten, die sich allgemein bei dieser Störung als hilfreich erwiesen haben.

Die Verhaltenstherapie hat ein breites Methodenspektrum entwickelt, das hier nicht im Einzelnen vorgestellt werden kann. Immer wieder geht es um die Veränderung von Einstellungen, Überzeugungen und Denkstrukturen, das Einüben von neuen Verhaltensweisen (z. B. im Rollenspiel), die Konfrontation mit Reizen, um einen neuen Umgang mit diesen zu lernen (Exposition), die neue Verknüpfung von Reizen (klassisches Konditionieren) sowie die Kontrolle von Konsequenzen, welche auf ein Verhalten folgen (Verstärkung, operantes Konditionieren).

Die Verhaltenstherapie versteht sich dabei nach wie vor der naturwissenschaftlichen Psychologie verpflichtet und entwickelt sich parallel zu dieser weiter. Ihr Welt- und Menschenbild kommt von allen gängigen Therapierichtungen dem der Naturwissenschaften am nächsten. So verwundert es auch nicht, dass die Verhaltenstherapie die naturwissenschaftlich bestbelegte Therapieform ist. Für manche Störungen, besonders bei Ängsten, Depressionen und Störungen des Sozialverhaltens, schneidet sie leicht besser ab als andere Therapierichtungen, in anderen Bereichen erweist sie sich als gleich wirksam.

Verhaltenstherapie ist von den deutschen Krankenkassen als wirksam anerkannt und wird von diesen bezahlt. Eine durchschnittliche Einzeltherapie wird innerhalb von zwanzig bis dreißig Sitzungen, die üblicherweise zunächst wöchentlich, später seltener stattfinden, abgeschlossen.

8.3 Systemische Therapie

Unter dem Stichwort »systemisch« werden verschiedene therapeutische Ansätze zusammengefasst, die sich teilweise erheblich voneinander unterscheiden. Die Idee des Systemischen wurde 1940 zum ersten Mal beschrieben, aber erst in den siebziger Jahren des letzten Jahrhunderts in den therapeutischen Alltag übernommen. Sie wurde zunächst unter dem Begriff »Familientherapie« verbreitet. Mittlerweile werden die entsprechenden Vorgehensweisen nicht nur auf Familiensysteme, sondern auch auf vielfältige andere Systeme (Freundeskreis, Schulklassen, Firmen etc.) angewandt.

Allen systemischen Ansätzen gemein ist die Auffassung, dass Probleme und Auffälligkeiten nicht als Symptome der Störung oder Krankheit eines einzelnen Menschen anzusehen sind, sondern als Ergebnis von Verhaltensweisen, Kommunikationsformen und Rollenzuschreibungen innerhalb einer sozialen Gruppe. Behandlungsbedürftig ist demnach auch nicht ein Einzelner, sondern ein System. Wird wegen der Auffälligkeiten einer Einzelperson Hilfe gesucht, wird diese als Indexpatient bezeichnet. Systemische Ansätze gehen zudem von einem konstruktivistischen Weltbild aus. Dies bedeutet, dass davon ausgegangen wird, dass sich jeder Mensch und jede Gruppe eine eigene Wirklichkeit schafft, innerhalb derer alle Verhaltens- und Empfindensweisen aller Beteiligter einen Sinn haben. Die Aufgabe des Therapeuten ist dann vordringlich, den Beteiligten dabei zu helfen, ihre Wirklichkeitskonstruktionen so zu verändern, dass die Probleme, wegen denen der Indexpatient behandelt werden soll, lösbar werden. Es wird also nicht davon ausgegangen, dass eine psychische Störung vorliegt, sondern davon, dass das Zusammenwirken des relevanten sozialen Systems dazu führt, dass ein Mitglied dieses Systems Phänomene zeigt, die im aktuellen Gesundheitssystem als psychische Störung betrachtet werden. Es ist dann folgerichtig auch nicht die Rede davon, dass ein Jugendlicher eine Psychose hat, sondern dass er als psychotisch definiert wurde.

Einige Ansätze gehen davon aus, dass hauptsächlich die Bedingungen innerhalb des Familiensystems eines Klienten bedeutsam sind. Egal, was geschieht, bleibt ein Mensch immer Teil seines Familiensystems, trägt dessen Erfahrungen in sich und folgt – bewusst oder unbewusst – bestimmten Familienregeln. Das Familiensystem ist (wenn man von übergeordneten Systemen wie Rasse oder Geschlecht absieht) das einzige System, dessen Zugehörigkeit ein Leben lang erhalten bleibt. Der eigene Vater bleibt Vater, egal, ob man sich mit ihm überwirft, er einen verstößt oder man ihn nie kennengelernt hat. Alle nichtfamiliären Beziehungen dagegen kann man eingehen und wieder lösen. Dadurch, dass Systeme dazu neigen, einmal gemachte Erfahrungen zu erhalten, wirken sich Erfahrungen des Familiensystems daher auch dann auf Einzelne aus, wenn diese weder direkt davon betroffen waren noch von diesen Erfahrungen erzählt bekommen haben. So können Ereignisse, die eine oder mehr Generationen zurückliegen, immer noch Einfluss auf das aktuelle Systemgeschehen haben. Die meisten Ansätze nehmen familiäre Beziehungs- und Kommunikationsmuster daher besonders ernst, befassen sich aber auch mit anderen sozialen Systemen, in denen sich der Klient bewegt (Freunde, Arbeitskollegen etc.).

Als System wird eine Gruppe von Menschen bezeichnet, die zusammen eine Einheit bilden und die sich wechselseitig beeinflussen. Wenn alle sich wechselseitig gegenseitig beeinflussen, sind Ursache-Wirkung-Zuschreibungen zu hinterfragen, da sie willkürlich einen Punkt eines fortlaufenden Prozesses aussuchen und diesen als Ursache für spätere Phänomene ansehen. Somit wird weniger darauf geschaut, wer womöglich etwas verursacht hat, als darauf, wer welchen Beitrag zu einer Veränderung leisten kann. Daher ist systemisches Arbeiten in der Regel auch lösungsorientiert statt – wie fast alle anderen Therapierichtungen – problem- oder störungsorientiert. Die wechselseitige Beeinflussung bedeutet auch, dass keine Person des Systems außen vor sein kann. Von einem Konflikt oder einer Lösung sind immer alle Teile eines Systems betroffen. Dies bedeutet auch, dass, wenn sich eine Person eines Systems verändert, sich notwendigerweise das gesamte System mitverändert. Daher kann entweder mit allen Personen eines Systems, mit einigen von diesen oder mit einer Einzelperson gearbeitet werden.

Es wird davon ausgegangen, dass alle Erfahrungen, die ein System einmal gemacht hat, als Information erhalten bleiben und das Systemgeschehen beeinflussen. Über die Zeit entwickelt jedes System eigene Regeln, nach denen es sich nach innen und außen organisiert. Dies drückt sich zum Beispiel durch Werte, Überzeugungen oder Verhaltensregeln aus, an die sich alle halten. Interventionen, die gegen diese Regeln verstoßen, laufen ins Leere. Interventionen, welche diese Regeln berücksichtigen, können innerhalb kürzester Zeit große Veränderungen bewirken. Ob und wie ein System eine Intervention von außen annimmt und verarbeitet, orientiert sich mehr an den Systemregeln als an der Intervention von außen. Zudem wird davon ausgegangen, dass sich in Systemen die Veränderungstendenzen und die Beibehaltungstendenzen immer die Wage halten. Wo also einerseits stark auf eine Veränderung gedrängt wird, werden gleichzeitig Kräfte mobilisiert, die dafür sorgen, dass alles so bleibt wie es war und umgekehrt. Systeme werden als hierarchisch geordnet angesehen. Während beispielsweise zwei Stationen einer Psychiatrie auf derselben Hierarchieebene stehen, unterliegen beide doch den Regeln des übergeordneten Systems der Psychiatrie und diese wiederum den Regeln des Gesundheitssystems. In der Arbeit müssen die hierarchischen Wechselwirkungen daher immer mit berücksichtigt werden.

Dem Therapeut kommt die Aufgabe zu, genau zu erfassen, welche Person eines Systems welchen Auftrag an ihn heranträgt, und zu entscheiden, ob er diesen annehmen will und kann. Es geht dann darum, in die Wirklichkeit des betroffenen Systems einzusteigen, um passende Angebote entwickeln zu können. Dazu werden zum Beispiel Ziele, Systemregeln und Wechselwirkungen erkundet. Sind diese bekannt, gibt der Therapeut Anregungen dafür, wie diese für die angestrebte Veränderung genutzt werden können.

Typische Methoden der systemischen Veränderung sind Fragen darüber, wer im System welche Vor- oder Nachteile vom beklagten Verhalten beziehungsweise Erleben hat, wer am meisten von einer Veränderung profitieren beziehungsweise am meisten durch sie verlieren würde oder wer am meisten zu einer Veränderung beitragen kann. Die Verantwortung zur Lösung wird dabei nicht bei einem vermeintlichen Verursacher des Problems gesehen, sondern bei der Person, die am meisten zu einer Lösung beitragen kann. Ist erst ein gemeinsames Ziel vereinbart, wird immer darauf geachtet, welche Verhaltens-, Denk- und Erlebensweisen eher zieldienlich sind und wie der Einzelne oder das betroffene System seine Wirklichkeitskonstruktion und sein Verhalten so ändern kann, dass dieses Ziel erreicht wird. Immer wieder geht es darum, den beteiligten Personen zu verdeutlichen, wo sie die Kontrolle über ein Symptom haben um dann zu einer Veränderung beizutragen. In diesem Zusammenhang sind beispielsweise die sogenannten paradoxen Interventionen zu sehen. Eine dieser Techniken ist die Symptomverschreibung. Ein betroffener Jugendlicher wird etwa angehalten, das Symptom willentlich herbeizuführen. Dies macht ihn vom passiven Opfer zum aktiv Handlungsfähigen. Ist erst einmal die Erfahrung gemacht, dass das Symptom willentlich hervorgerufen werden kann, wird oft schnell akzeptiert, dass es dann auch einen Weg geben muss, sich vom Symptom zu lösen. Über die Jahre wurde eine breite Auswahl an systemischen Techniken entwickelt, die darzustellen hier leider nicht möglich ist.

Eine besondere und sehr umstrittene Ausformung des systemischen Vorgehens sind Familien- beziehungsweise Systemaufstellungen, wie sie hauptsächlich durch Bert Hellinger publik gemacht wurden. Wie bei den meisten Vorgehensweisen steht und fällt die Qualität dieser Arbeit mit der Person, die sie anwendet. Bei kompetenten und vertrauenswürdigen Aufstellern ist es immer wieder überraschend, welch große Veränderungen sich bereits nach einer Aufstellung bei einem Jugendlichen zeigen können. Sofern die Möglichkeit besteht, arbeite ich daher gern mit mir bekannten Aufstellern zusammen.

Systemische Therapie ist in ihrer Wirksamkeit für Kinder und Jugendliche vor allem bei Störungen des Sozialverhaltens, Delinquenz, Sucht, Essstörungen, hyperkinetischem Syndrom und schweren psychischen Krisen belegt. In Kombination mit anderen Interventionen wirkt sie nachweislich auch bei der Bewältigung chronischer Krankheiten und Schizophrenie. Dennoch wird sie in Deutschland nicht von den Krankenkassen anerkannt und somit auch nicht bezahlt (Stand 2008). Viele systemisch arbeitende Psychotherapeuten haben jedoch die Kassenzulassung für Verhaltenstherapie oder analytische Verfahren und rechnen ihre Sitzungen über diesen Weg ab.

Systemische Therapie geschieht in Einzel-, Familien- oder Gruppensitzungen, die meist im zwei- bis vierwöchigen Rhythmus stattfinden. Häufig genügen zehn bis zwanzig Sitzungen zur Erreichung des Therapieziels.

Weiterführende Informationen finden Sie im »Psychotherapieführer: Wege zur seelischen Gesundheit« von Christoph Kraiker und Burkhard Peter (1998) sowie im »Psychotherapieführer Kinder und Jugendliche« von Rita Rosner (2006).

9 Psychopharmaka

Medikamente, die sich überwiegend auf Wahrnehmen, Denken, Fühlen, Empfinden und Handeln auswirken, werden Psychopharmaka genannt. Einige psychische Störungen (z. B. Schizophrenie) wurden erst behandelbar, als die entsprechenden Psychopharmaka entdeckt wurden. Andere (z. B. ausgeprägte ADHS) sind pädagogisch und psychotherapeutisch viel besser behandelbar, wenn die entsprechenden Medikamente gegeben werden. Wiederum andere gehen mit Symptomen einher (z. B. Selbsttötungsabsichten, selbstverletzendes Verhalten oder Gewalttätigkeit), welche durch Psychopharmaka deutlich reduziert werden können. Bei manchen Störungen (z. B. Phobien) spielen Medikamente keine oder nur eine geringe Rolle. Es gibt nicht »die Psychopharmaka«, welche »gefährlich«, »notwendig« oder »hilfreich« sind, sondern sehr viele unterschiedliche Medikamente mit ganz unterschiedlichen chemischen Zusammensetzungen, Wirkungen und Nebenwirkungen. Ob ein bestimmtes Medikament für Ihr Kind hilfreich ist, hängt unter anderem von dessen Grundpersönlichkeit, dessen Lebensumständen, Alter, Geschlecht, Gewicht, dem Symptommuster sowie den Wechselwirkungen zwischen diesen Faktoren ab. Psychische Störungen äußern sich bei Jugendlichen teilweise anders als bei Erwachsenen und manche Medikamente zeigen bei Jugendlichen andere Wirkungen als bei Erwachsenen. Von Kinder- oder Hausärzten kann ebenso wenig erwartet werden wie von Erwachsenenpsychiatern, dass sie alle die Faktoren kennen, die bei der Behandlung von Jugendlichen zu beachten sind. Daher sollten Sie sich wegen möglicher Behandlung mit Psychopharmaka immer von einem Facharzt für Kinder- und Jugendpsychiatrie beraten lassen. Dieser sollte Sie auch über Wirkweisen, Nebenwirkungen und mögliche Alternativen aufklären. Minderjährigen dürfen Psychopharmaka nur gegeben werden, wenn die Sorgeberechtigten zuvor aufgeklärt wurden und ihre Zustimmung geben. Psychopharmaka lösen keine Lebensprobleme, vermitteln keine Werte und trainieren keine Fähigkeiten, können aber dabei helfen, Not zu lindern und den Weg dafür frei machen, über pädagogische wie psychotherapeutische Maßnahmen das eigene Leben wieder in den Griff zu bekommen. Ihr Einsatz sollte immer im Rahmen eines Gesamtbehandlungsplans gesehen werden.

9.1 Wirkweise und Einsatz von Psychopharmaka

Die Nerven bilden das Hauptinformationsverarbeitungssystem des Körpers. Innerhalb der Nerven werden Informationen als elektrische Impulse wie in einem Stromkabel weitergeleitet. Die Informationsverarbeitung findet dort statt, wo Nerven enden und andere beginnen. Die Stellen, an denen Nerven aufeinandertreffen, werden Synapsen genannt. Zwischen einem Nerv und dem nächsten befindet sich eine kleine Lücke, der synaptische Spalt, durch den kein Strom fließen kann. Kommt ein elektrisches Signal ans Ende eines Nervs, werden dort bestimmte Chemikalien in den synaptischen Spalt ausgeschüttet. Diese heißen Botenstoffe oder Neurotransmitter. Am Anfang des weiterführenden Nervs befinden sich Stellen, an denen chemische Reaktionen mit den Botenstoffen stattfinden können. Diese werden Rezeptoren genannt. Die chemischen Reaktionen an den Rezeptoren erzeugen wieder ein elektrisches Signal, das weitergeleitet wird. Erst wenn das Signal am richtigen Ort im Gehirn ankommt, wird es interpretiert, und wir nehmen etwa »kalt«, »blau« oder »Freude« wahr. Bis dahin hat das Signal oft Hunderte von Synapsen hinter sich. An den meisten Synapsen treffen sich Nerven, die Informationen aus ganz unterschiedlichen Bereichen weiterleiten (z. B. Gefühle, Körperbewegungen oder Hormonproduktion). Im synaptischen Spalt mischen sich die entsprechenden Botenstoffe. Dadurch ist es möglich, dass diese Funktionen sich gegenseitig beeinflussen. Sport etwa kann depressive Gefühle verringern, Stress Magenschmerzen bereiten und Gedanken können Verhalten verändern. Bei vielen psychischen Störungen ist die Nervenchemie gestört. Es werden zu viele, zu wenige oder die falsche Zusammensetzung von Botenstoffen ausgeschüttet oder diese lösen zu starke, zu schwache oder die falschen chemischen Reaktionen aus. Folglich kommen im Gehirn falsche, unvollständige, zu starke oder zu schwache Impulse an. Dies führt dann zum Beispiel zu Halluzinationen, überschießenden Gefühlen oder verringerter Verhaltenssteuerung. Psychopharmaka haben die Aufgabe, die chemischen Reaktionen wieder ins Gleichgewicht zu bringen. Zusammen mit psychotherapeutischen und pädagogischen Maßnahmen kann der Körper sich mit der Zeit wieder stabilisieren und selbst für den nötigen Ausgleich sorgen.

Unser Nervensystem und dessen Wirkweisen sind bisher nur in Bruchteilen erforscht. Zudem sind keine zwei Menschen gleich, in derselben Lebenslage oder haben exakt dieselben Symptome. Daher kann nicht hundertprozentig sicher vorhergesagt werden, welches Medikament welche erwünschten und unerwünschten Wirkungen haben wird. Ebensowenig können die Auswirkungen einer psychotherapeutischen oder Erziehungsmaßnahme sicher vorhergesagt werden. Daher kann es notwendig sein, mehrere Medikamente auszuprobieren, bevor das richtige gefunden wurde. Manche Medikamente (z. B. Stimulanzien) wirken innerhalb von Minuten und ihre Wirkung lässt bereits nach wenigen Stunden nach. Andere (z. B. manche Neuroleptika) brauchen mehrere Wochen, bis sie zu wirken beginnen, und es dauert wiederum Wochen, bis sie im Körper abgebaut wurden. Oftmals ist bereits das erste Medikament ein Volltreffer. Daher kann es sehr schnell gehen oder sehr lange dauern, bis das richtige Medikament gefunden ist. Das Absetzen von Psychopharmaka kann ebenso wie deren falsche Dosierung zu Rückfällen beziehungsweise ernsten körperlichen (etwa Herzrhythmusstörungen) und psychischen Schäden (etwa Selbsttötungsabsichten) führen. Deswegen sollte das Ansetzen, Verändern und Absetzen von Psychopharmaka immer unter ärztlicher Anleitung und manchmal nur während einer Krankenhaus-Behandlung geschehen. Sie sollten darauf achten, dass Ihr Kind seine Medikamente genau nach den Angaben des Kinder- und Jugendpsychiaters einnimmt.

Bei der Entscheidung für oder gegen ein Medikament sind die weltweiten Erfahrungen mit den unterschiedlichen Medikamenten ausschlaggebend. Der Kinder- und Jugendpsychiater sollte dasjenige Medikament wählen, bei dem es am wahrscheinlichsten ist, dass es bei Ihrem Kind die beste Kombination aus gewünschten und unerwünschten Wirkungen zeigt. Dies kann auch ein Medikament sein, das auf dem deutschen Markt nicht für Jugendliche zugelassen ist. Das ist deswegen so, weil für die Zulassung eines Medikaments teure Untersuchungen im Vorfeld notwendig sind. Diese werden überwiegend von der Pharmaindustrie finanziert, die ein Interesse daran hat, ihre Produkte zu verkaufen. Nachdem es deutlich weniger Jugendliche als Erwachsene gibt und diese deutlich seltener Psychopharmaka brauchen, lohnen sich Untersuchungen mit Kindern oder Jugendlichen für die Pharmakonzerne nicht. Daher sind viele Medikamente ohne Zulassung für Jugendliche. Die Orientierung an internationalen Erfahrungen erlaubt es, erfolgversprechende Medikamente zu nutzen, deren genaue Untersuchung noch niemand zu finanzieren bereit war. Andererseits birgt es vor allem bei neueren Medikamenten die Gefahr, dass langfristige oder seltene Auswirkungen noch unbekannt sind. Die Behandlung mit einem nicht zugelassenen Medikament wird oft als »individueller Heilversuch oder »Off-label-Behandlung« bezeichnet.

9.2 Gruppen von Psychopharmaka

Die vier Hauptgruppen von Psychopharmaka werden nach ihrer Hauptwirkung als Antidepressiva, Neuroleptika, Stimulanzien und Sedativa bezeichnet. In der folgenden Darstellung tauchen einige Medikamente mehrmals auf, da sie in unterschiedlichen Bereichen gute Wirkung zeigen. Viele Psychopharmaka können auch außerhalb ihres Hauptwirkungsbereichs hilfreich eingesetzt werden. Die Darstellung unten dient nur einer groben Einordnung. Nähere Informationen, vor allem auch über Nebenwirkungen und den Umgang damit, sollten Sie beim behandelnden Kinder- und Jugendpsychiater einholen.

Antidepressiva: Antidepressiva wirken stimmungsaufhellend, verbessern also die Stimmungslage. Je nach Medikament kommen in unterschiedlicher Ausprägung noch beruhigende, sedierende (ruhigstellende), dämpfende, antriebssteigernde, angstvermindernde oder zwangreduzierende Wirkungen hinzu. Sie werden vor allem bei Depressionen, Antriebsschwächen, Angstzuständen und Zwängen, manchmal auch bei Schlafstörungen oder chronischen Schmerzen eingesetzt.

Die meisten Antidepressiva sind die tri- und tetrazyklische Antidepressiva. Sie wirken zunächst sedierend, dann aber antriebssteigernd, stimmungsaufhellend und etwas dämpfend. Sie haben relativ viele und häufige Nebenwirkungen. Serotonin-Wiederaufnahmehemmer (SSRI) wirken ähnlich und helfen auch gut bei Zwängen, haben aber weniger Nebenwirkungen. Monoaminaooxidasehemmer haben keine sedierende oder dämpfende Wirkung und wirken stark antriebsteigernd.

Mögliche Nebenwirkungen sind vor allem Kreislaufstörungen bis Kreislaufkollaps, Mundtrockenheit, Verstopfung, Schwitzen, Herzrasen, Sehstörungen, Störungen beim Wasserlassen, Müdigkeit, Unruhe, Schlafstörungen, Kopfschmerzen oder Übelkeit.

Bei antriebssteigernden Medikamente tritt diese Wirkung

meist vor der Stimmungsaufhellung ein. Dadurch erhöht sich zu Behandlungsbeginn die Suizidgefahr, da die Jugendlichen sich immer noch schlecht fühlen, aber bereits wieder die Kraft und Initiative haben, sich umzubringen. Wenn eine gute Überwachung anders nicht gewährleistet werden kann, muss die Einführung solcher Medikamente stationär in der Kinder- und Jugendpsychiatrie geschehen.

Johanniskraut in Form von Kapseln, Tropfen oder Tee sowie echter Safran, der beim Kochen und Backen verwendet werden kann, haben ebenfalls eine antidepressive Wirkung. Jede Form der Selbstmedikation sollte mit dem behandelnden Kinder- und Jugendpsychiater abgesprochen werden.

Neuroleptika: Neuroleptika wurden zur Behandlung von Psychosen entwickelt und heißen deswegen auch Antipsychotika. Sie sind auch bei affektiven Störungen, schweren Zwangsstörungen, extremen Aggressionen, dissozialen Störungen, starken Erregungszuständen, schwer ausgeprägter ADHS und selbstverletzendem Verhalten einsetzbar. Sie reduzieren Halluzinationen, Wahnvorstellungen, Denkstörungen, Bewegungseinschränkungen und andere psychotische Symptome, wirken beruhigend und antidepressiv. Die traditionellen Neuroleptika werden als typische Neuroleptika bezeichnet. Sie haben ein relativ großes Nebenwirkungsspektrum. Atypische (meist neuere) Neuroleptika haben weniger Nebenwirkungen und werden deshalb, wenn sie Erfolg versprechen, häufiger eingesetzt. Allerdings führen einige atypischen Neuropleptika zu starken Hungergefühlen, was dazu führen kann, dass Jugendliche innerhalb weniger Wochen zwanzig Kilo und mehr zunehmen. Stark antipsychotisch wirkende Neuroleptika werden als hochpotent, schwächer antipsychotisch wirkende als niederpotent bezeichnet. Die meisten niederpotenten Neuroleptika wirken stark sedierend, dämpfend, beruhigend, wenig antipsychotisch sowie stark antriebshemmend und helfen einzuschlafen. Sie haben geringe motorische (z. B. körperliche Unruhe, Bewegungseinschränkungen, Krämpfe, Zittern), dafür eher vegetative Nebenwirkungen (z. B. Mundtrockenheit, Herzrasen, Durchfall) und eine teilweise schwach antidepressive Wirkung. Hochpotente Neuroleptika gleichen Stimmungsschwankungen aus und verringern innere Anspannung. Sie wirken kaum sedierend und leicht antriebshemmend. Sie haben eher starke motorische, aber weniger vegetative Nebenwirkungen. Die beruhigende Wirkung von Neuroleptika kann bei ausreichender Dosierung innerhalb von Minuten eintreten. Die antipsychotische Wirkung setzt meist nach zwei bis drei Wochen ein. Um Rückfälle zu vermeiden, müssen Neuroleptika über ein bis zwei Jahre eingenommen werden. Da sich ihre Wirkung nur langsam auf- und abbaut, merken stabilisierte Jugendliche keine unmittelbaren Auswirkungen und sind versucht, die Medikamente eigenmächtig abzusetzen oder heimlich nicht mehr zu nehmen. Dies ist der Hauptrisikofaktor für Rückfälle bei Psychosen. Um diesem Effekt zu begegnen, gibt es einige Neuroleptika als bis zu vier Wochen wirksame Depotpräparate, die in das Muskelgewebe gespritzt werden. Alle Neuroleptika machen nicht abhängig. Die Nebenwirkungen von Neuroleptika verschwinden meist nach einiger Zeit oder nach Absetzen des Medikaments, können aber auch irreversibel sein.

Sedativa: Überwiegend beruhigend wirkende Medikamente werden Sedativa genannt. Sie entspannen seelisch wie körperlich, entkrampfen und mildern Angst, fördern den Schlaf oder erzwingen diesen bei hoher Dosierung. Sie werden überwiegend bei Angststörungen und starken Erregungszuständen eingesetzt. Einzelne Neuroleptika können auch als Sedativa eingesetzt werden. Die meisten Sedativa sind jedoch Benzodiazepine. Deren Nebenwirkungen sind relativ gering. Überdosierung oder abruptes Absetzen kann aber zu lebensgefährlichen Atem- oder Herzbeschwerden führen. Die Kombination mehrerer Sedativa oder der gleichzeitige Konsum von Alkohol kann ebenfalls lebensgefährliche Wirkungen haben. Benzodiazepine bergen ein hohes Suchtrisiko. Bei gefährdeten Jugendlichen kann bereits eine kurze Behandlung oder eine geringe Dosierung abhängig machen. Daher werden sie selten länger als 14 Tage angesetzt.

Als pflanzliche Beruhigungsmittel haben sich vor allem Baldrian, Hopfen, Melissenblätter und Johanniskraut bewährt. Diese können als Tee, Tabletten oder Tropfen eingenommen werden. Auch Notfalltropfen® oder Notfallbonbons® können hilfreich sein. Jede Form der Selbstmedikation sollte mit dem behandelnden Kinder- und Jugendpsychiater abgesprochen werden.

Stimulanzien: Stimulanzien sind hauptsächlich Wachmacher. Sie verbessern die Informationsverarbeitungskapazität des Gehirns. Aufmerksamkeit, Konzentration, Merkfähigkeit, Impulskontrolle, Verhaltenssteuerung sowie die Koordination von Wahrnehmungen und Bewegungen werden verbessert. Impulsivität, Überaktivität und Aggressionen werden verringert. Stimulanzien werden überwiegend bei hyperkinetischer Störung des Sozialverhaltens und eines Aufmerksamkeitsdefizitsyndrom eingesetzt. Bei stark ausgeprägter ADHS gilt der Verzicht auf Stimulanzien als Kunstfehler.

Häufige Nebenwirkungen sind Schlafstörungen, Appetitstörungen, Herzrasen, Bluthochdruck, Übelkeit, Schwindel, Kopf- und Bauchschmerzen. Seltener treten erhöhte Reizbarkeit, Gefühle von Depression oder Ängstlichkeit sowie Stimmungsschwankungen und sehr selten Tics oder Bewegungseinschränkungen auf. Die Nebenwirkungen verschwinden meist, aber nicht immer, nach einiger Zeit oder nach Absetzen der Medikamente.

Stimulanzien fallen unter das Betäubungsmittelgesetz, bedürfen eines speziellen Rezepts und erzielen auf dem Schwarzmarkt hohe Preise. Aufbewahrung und Einnahme sollte entsprechend gut überwacht werden. Bei sachgemäßer Anwendung reduziert sich das Suchtrisiko bei betroffenen Jugendlichen, statt sich – wie oft fälschlicherweise behauptet wird – zu vergrößern.

Das Buch »Wegweiser Psychopharmaka. Ein Ratgeber für Betroffene und Angehörige« von Carola Burkhardt-Neumann hat zwar hauptsächlich Erwachsene im Blick, beschreibt Medikamentenwirkungen dafür in einer gut verständlichen Sprache.

»Medikamente für die Kinderseele: Ein Ratgeber zu Psychopharmaka im Kindes- und Jugendalter« von Aribert Rothenberger und Hans-Christoph Steinhausen liefert ebenfalls weitere Informationen.

Teil II: Ausgewählte psychische Störungen des Kindes- und Jugendalters

10 Sucht

10.1 Grundinformationen

So gut wie alle Jugendliche haben Kontakte zu Drogen. So haben etwa 95 % der 17-Jährigen bereits Alkohol, 80 % Nikotin und 70 % Cannabis ausprobiert. Regelmäßig konsumieren etwa 40 % Nikotin, 35 % Alkohol, 10 % THC (Hauptwirkstoff der Hanfpflanze) und 8 % Designerdrogen. Doch die wenigsten entwickeln eine Abhängigkeit. Werden Drogen vor allem aus Neugier, Wünschen nach Selbstveränderungen, Protest gegen Eltern oder Gesellschaft ausprobiert, besteht für ansonsten stabile Jugendliche ein vergleichsweise geringes Risiko. Werden Drogen jedoch zur Problemlösung, Wirklichkeitsflucht oder zur Selbstmedikation beginnender psychischer Störungen eingesetzt, besteht eine hohe Abhängigkeitsgefahr. Gruppendruck spielt beim Erstkonsum zwar häufig eine Rolle, führt aber hauptsächlich bei weiteren Risikofaktoren zu Abhängigkeit. Tabelle 4 und 5 zeigen, welche Faktoren eher zu Abhängigkeit führen und welche eher schützend wirken. Vor allem die Fähigkeit, mit Enttäuschungen umzugehen, unerfreuliche Zustände aushalten zu können, einen Sinn im eigenen und gesamten Lebensgefüge entdecken zu können und die gute Einbettung in ein harmonisches Familienleben wirken schützend.

Bezüglich Drogenkonsum unterscheidet man zwischen:

- *Konsum*: jegliche Einnahme einer Droge;
- *Intoxikation*: die Droge wurde vor Kurzem in schädlicher Weise eingenommen und wirkt noch im Körper;
- *Missbrauch/schädlicher Gebrauch*: (längerfristige) Einnahme von Drogen auf eine Art, die körperliche, psychische oder soziale Schädigungen hervorruft oder diese in Kauf nimmt;
- *Abhängigkeit/Sucht*: der Betroffene verliert die Kontrolle darüber, wann er die Droge in welcher Menge zu sich nimmt;
- *Entzug*: eine zuvor eingenommene Droge wird nicht mehr konsumiert, während des Abbaus der Wirkstoffe im Körper treten körperliche und/oder psychische unangenehme, selten auch lebensgefährliche Symptome auf.

Drogenmissbrauch und Sucht werden oft begleitet von Störungen des Sozialverhaltens, Impulskontrollstörungen, ADHS, affektiven

Tabelle 4: Risikofaktoren für Drogenmissbrauch und Sucht (Baierl, 2008, S. 123)

niedriges Selbstwertgefühl	geringe Frustrationstoleranz	geringe Konfliktlösefähigkeiten
geringe Stressbewältigung	impulsives Erleben und Verhalten	psychische Störung (v. a. Depressionen, Borderline und Psychosen)
Einsamkeit	geringe soziale Kompetenzen	fehlendes Urvertrauen
Traumatisierung	familiäre Konflikte	Konflikte mit den Eltern
besonders starke oder besonders schwache Bindung an die Eltern	zu wenig, zu harte oder inkonsistente Grenzziehung durch die Eltern	Kind/Jugendlicher wird nicht als eigenständige Persönlichkeit akzeptiert
Nichterfüllung der eigenen Bedürfnisse in der Kindheit	emotionale Kälte oder Desinteresse der Eltern	zerrüttetes Elternhaus
Abhängigkeit der Eltern	konsumierende Vorbilder (Eltern, Freunde, Stars)	Umfeld, in dem Konsum (legaler oder illegaler) Drogen normal ist
Gruppendruck/ Peerpressure	Schulversagen	kein »Sinn des Lebens« erlebt
unklare Lebensperspektiven und Zukunftsängste	Armut	genetische Aspekte

Störungen, Angststörungen, Essstörungen, Psychosen antisozialer oder emotional instabiler Persönlichkeitsstörung , starkem Medienkonsum, Schulversagen, Aggressivität, Delinquenz (u.a. Beschaffungskriminalität) und Prostitution. Etwa die Hälfte aller suizidalen Jugendlichen ist drogenabhängig. Teilweise stellt Drogenkonsum einen Versuch dar, mit den oben beschriebenen Schwierigkeiten zurechtzukommen. Da Drogen zwar kurzfristig Erleichterung verschaffen, langfristig diese Probleme jedoch verstärken, entsteht schnell ein Teufelskreis, der schwer zu durchbrechen ist.

Tabelle 5: Resilienzfaktoren bezüglich Drogenmissbrauch und Sucht (Baierl, 2008, S. 124)

Selbstwert	Beziehungsfähigkeit	Konfliktfähigkeit
Frustrationstoleranz	Eigenständigkeit	soziale Kompetenz
hohe Eigenaktivität	Selbstwirksamkeits-erleben	Problemlösefähigkeiten
gute Stressbewältigung	optimistische Weltsicht	Risikobewusstsein
Genussfähigkeit	Urteilsfähigkeit	realistische Selbstein-schätzung
eigene Interessen und Hobbys	Intelligenz	Sprachkompetenz
Empathie	Selbstreflexionsfähig-keit	Wertebewusstsein/ moralisches Bewusst-sein
gute Eltern-Kind-Beziehung	Wertschätzung und Anerkennung durch Eltern	autoritativer Erzie-hungsstil
soziale Einbindung, Freunde, Verwandt-schaft, Vereine	feste emotionale Be-zugspersonen	Einbindung in eine religiöse Glaubens-gemeinschaft
spirituelles/religiöses Weltbild	Bildungsmöglichkeiten	befriedigende Entwick-lungsperspektiven
förderliche Schul-umwelt	Erfolg im Leben und Anerkennung	finanzielle Sicherheit

10.2 Erscheinungsbild

Zur Beschreibung der Wirkungen einzelner Drogen, Merkmalen einer Intoxikation, Verhaltensweisen bei einem Drogennotfall sowie zusätzlicher Informationen verweise ich auf die Internetseiten www.drugcom.de und www.praevention.at sowie die Literaturangaben am Ende des Kapitels. Ob eine Droge erlaubt oder illegal ist, sagt wenig darüber aus, wie gefährlich sie ist. Alkohol etwa ist legal, obwohl er als »harte« Droge gilt, während Cannabis als »weiche« Droge gilt und verboten ist. Derzeit (2008) spielen bei Jugendlichen hauptsächlich Alkohol, Nikotin, Cannabis und Amphetamine eine Rolle. Kokain, Gase, Biodrogen, Medikamente und Heroin sind dagegen eher selten, wobei dies sich innerhalb weniger Jahre ändern kann.

Eindeutige Anzeichen für Drogenmissbrauch und Sucht sind für Laien oft erst spät zu erkennen. Hinweise können sein:

- allgemeines Absinken der schulischen Leistungen, Schulschwänzen;
- Abbruch des Schulbesuchs oder der Ausbildung;
- Aufgeben oder ständiges Wechseln des Freundeskreises;
- Rückzug und Isolation des Jugendlichen;
- Verwahrlosung, mangelnde Hygiene, ungesundes Ernährungsverhalten;
- Aufgeben bisheriger Interessen und Teilnahmslosigkeit, Gammeln;
- Verkauf von wertvollen Besitztümern inklusive CDs und Kleidung, Stehlen von Geld, Schmuck und anderen Wertgegenständen, Einbrüche, Prostitution (zur Finanzierung des Drogenkonsums);
- Händezittern, Schweißausbrüche, rote Augen, große oder kleine Pupillen;
- Schlaflosigkeit, Unruhe, Unsicherheit, Stimmungsschwankungen, Aggressivität, Wechsel zwischen Apathie und Rastlosigkeit;
- impulsive Aggressionsausbrüche bis hin zur Körperverletzung;
- Heimlichkeiten, Lügen, zwei Gesichter zeigen, andere gegeneinander ausspielen;
- Auftauchen von Utensilien für Zubereitung und Konsum (abgeschnittene Flaschen, rußige Löffel, Alufolie, gefüllte Wassereimer, Wasserpfeifen, Bongs ...).

Drogenkonsum während der Schwangerschaft oder Stillzeit wirkt sich sehr schädlich auf ungeborene oder noch gestillt werdende Kinder aus. Entsprechend gut sollte bei konsumierenden Jugendlichen auf Verhütung geachtet werden. Schwangere und Stillende sollten besonders stark darin unterstützt werden, keine Drogen zu konsumieren.

10.3 Alltagsgestaltung

Der Konsum legaler wie illegaler Drogen birgt Risiken und bedarf eines sorgfältigen Umgangs. Gleichgültigkeit wäre genauso fehl am Platz wie Panikmache. Der vielleicht wichtigste Schritt ist, sich gut über unterschiedliche Drogen, Wirkweisen, Gefahren, Erkennungsmerkmalen, benötigte Utensilien, Umgang mit der Thematik und Hilfsangeboten für sich, das Kind und die ganze Familie zu informieren. Drogenberatungsstellen gibt es in jeder Region und auch der Buchmarkt ist reich bestückt. Je besser Sie Bescheid wissen, desto besser können Sie den meist auftauchenden Ohnmachtgefühlen begegnen, Handlungsalternativen entwickeln und dort eingreifen, wo es notwendig wird.

Für selbstsichere Jugendliche in einem stabilen Lebensumfeld und guter sozialer Einbindung stellt Drogenkonsum kaum eine Gefahr dar. Das eine oder andere wird ausprobiert und wieder fallengelassen. Machen Sie dennoch deutlich, dass Sie den Konsum nicht akzeptieren, aber bleiben Sie gesprächsbereit. Drogenkonsum sollte genauso angesprochen werden können wie alle anderen Erziehungsthemen oder Fehlverhaltensweisen auch. Sprechen Sie Ihre Kinder auf Drogenkonsum an, falls Sie vermuten, dass diese konsumiert werden, und besprechen Sie Wirkweisen, Risiken, Dynamiken, Gründe für den Konsum. Drücken Sie eher Ihre Sorge aus, als dass Sie Vorwürfe machen. Je offener Ihr Kind mit Ihnen drogenbezogene Themen besprechen kann, desto besser können Sie es auch im Umgang mit Ihnen unterstützen. Dass Sie Verbote aussprechen und deren Überschreitung Konsequenzen hat, ist Teil dieser Unterstützung. Falls Ihr Kind das Thema nicht ausgerechnet mit Ihnen besprechen möchte, ist es hilfreich, dafür zu sorgen, dass zuverlässige andere Erwachsene oder auch Profis als Gesprächspartner zur Verfügung stehen. Bei gefährdeten Jugendlichen stellt Drogenkonsum oftmals nur die Spitze eines Eisbergs mehrerer Probleme dar, die einer Lösung bedürfen, bevor die Drogen aufgegeben werden können.

Bestehen mehrere Risikofaktoren oder besteht bereits ein schädlicher Gebrauch, sind die Grenzen dessen, was die Familie leisten kann, oft schnell erreicht. Spätestens bei einer Abhängigkeit gilt es, möglicht unverzüglich professionelle Hilfe in Anspruch zu nehmen. Wichtig ist, zu verstehen, wozu Ihr Kind Drogen nimmt, zugrunde liegende Sorgen, Ängste, Sehnsüchte und Wünsche ernst zu nehmen, eventuell bestehende Probleme lösen zu helfen und Alternativen im Umgang mit diesen Themen zu entwickeln. Oft spielen Enttäuschungen, Selbstwertprobleme, Freiheitsdrang, Ambivalenz zwischen Zugehörigkeit und Ablösung vom Elternhaus, Sinnsuche und das Thema Verantwortung eine Rolle. Seien Sie für all diese Themen offen und besprechen Sie auch die Gefahren eher sachlich als moralisierend. Gut ist, wenn Ihr Kind spürt, dass Sie weiterhin auf seiner Seite stehen und unterstützen wollen, statt wegzuschauen oder nur zu verbieten. Eine liebvolle unterstützende Eltern-Kind-Beziehung, Erziehung zur Eigenständigkeit, klare Grenzsetzungen, und Ihr Vorbild als Eltern sind die Grundpfeiler, Ihr Kind stark gegenüber Drogen zu machen.

Beziehung: Jugendliche, die spüren, dass sie geliebt, wahrgenommen und ernst genommen werden, sind deutlich stabiler und auch eher bereit, sich mit allen Themen ihren Eltern anzuvertrauen. Gemeinsame Unternehmungen, gute Gespräche, Interesse an der Lebenswelt Ihres Kindes sowie die Würdigung seiner Eigenständigkeit helfen dabei, Ihrem Kind Geborgenheit und Zugehörigkeit zu vermitteln. Jugendliche sollen erfahren, dass sie so angenommen werden, wie sie sind. Sie brauchen immer wieder ausgesprochen sowie unmittelbar erfahrbar Lob und Anerkennung.

Eigenständigkeit fördern: Eigenverantwortlichkeit, Eigenständigkeit und Unabhängigkeit sind ein guter Schutz gegen Abhängigkeiten – auch gegenüber Drogen. Unterstützen Sie Ihr Kind dabei, Dinge zu hinterfragen, Möglichkeiten abzuwägen, Entscheidungen zu treffen, eigene Standpunkte zu vertreten und Verantwortung zu übernehmen. Dies bedeutet auch, dass es Entscheidungen treffen darf, die Sie anders getroffen hätten. Die positiven wie negativen Auswirkungen des eigenen Handelns erfahren zu können, ermöglicht es erst, Erfahrungen zu sammeln, zu lernen, sich zu erproben und zu beweisen. Unterstützen Sie Ihr Kind dabei, an Erfolg, wie Misserfolg zu wachsen. Besonders wichtig ist, Ihrem Kind die negativen Auswirkungen getroffener Entscheidungen nicht abzunehmen. Wie sollen Unterscheidungen gelernt werden, wenn immer alles gut ausgeht? Zudem muss Ihr Kind lernen, auch mit Enttäuschung und Misserfolg umzugehen, um später nicht in Drogen zu flüchten. Eigenständigkeit bedeutet auch, sich altersgemäß vom Elternhaus lösen zu dürfen. Bieten Sie einen sicheren Hafen, von dem aus die Welt und die eigenen Möglichkeiten erkundet werden können. Unterstützung dabei, herauszufinden, wozu die Drogen genommen werden, und dann Wege zu entwickeln, diese Ziele anderweitig zu erreichen, unterstützt die Abgrenzungsfähigkeit. Sinnvolles Engagement für eine gute Sache lässt Drogen oft deutlich weniger verlockend erscheinen. Jugendliche, die erfahren haben, dass ihr Tun etwas verändern kann, die gelernt haben, Probleme eigenständig zu lösen, und die wissen, dass sich Hilfe zu holen Teil verantwortlichen Handelns ist, sind gut gerüstet, den Unwägbarkeiten des Lebens zu begegnen. Auch der Umgang mit Reizen will gelernt sein. Es gibt Zeiten, wo es gilt, sich ins pralle Leben zu stürzen, und auch die eine oder andere Ausschweifung gehört zum Leben. Andererseits braucht es Phasen des Rückzugs und der Stille. Helfen Sie Ihrem Kind, herauszufinden, wann es das eine oder das andere benötigt, wie es genießen kann und wie damit umgehen, wenn ein aktuelles Bedürfnis nicht befriedigt werden kann.

Die Entscheidung, Drogen zu nehmen oder abzulehnen, wird der Jugendliche allein treffen. Sie können diesbezüglich lediglich beraten und begleiten.

Autorität: Nehmen Sie Ihren Platz als Autorität, Vorbild und Respektsperson ein. Die Eltern setzen den Rahmen für ihre Kinder und nicht umgekehrt. Sie setzen die Regeln fest oder vereinbaren diese mit älteren Jugendlichen. Machen Sie deutlich, was Sie erwarten, was Sie einfordern, was Sie sich wünschen und wo Diskussionsspielraum besteht. Der Rahmen sollte so gesetzt werden, dass Ihr Kind sich und seine wachsenden Möglichkeiten geschützt erproben kann. Lernen Sie, angemessen »Nein« zu sagen und Ihr Kind weder zu sehr zu verwöhnen noch zu vernachlässigen. Ihr Kind muss erleben, dass nicht jedes Bedürfnis befriedigt werden muss, das Leben aber dennoch genossen werden kann. Suchtgefährdete Jugendliche gehen davon aus, dass alles, was nicht verboten ist, erlaubt wird, ebenso alles Verhalten, das Sie nicht ansprechen. Machen Sie daher die Grenzen deutlich, legen angemessene Konsequenzen für Grenzüberschreitungen fest und achten Sie auf deren Einhaltung. Auch Drogenkonsum kann dann in diesem Rahmen begegnet werden. Erarbeiten Sie sich eine eigene Haltung, die Sie Ihrem Kind gegenüber gut vertreten können. Hilfreich ist, wenn Sie als Eltern sich in allen wichtigen Erziehungsfragen einigen können, um gemeinsam an einem Strang ziehen zu können. Sprechen Sie sich gut ab und lassen möglichst wenig Raum dafür, gegeneinander ausgespielt zu werden. Jede Autorität wird hinterfragt werden und Sie sollten sich entsprechender Kritik stellen. Indem Sie Ihre Standpunkte offen und selbstbewusst vertreten, vermitteln Sie auch Ihrem Kind, wie dies geht und wie es sich selbst gegenüber Ansprüchen Dritter verhalten kann. Innerhalb dieses Rahmens können Sie Ihrem Kind dann viele Möglichkeiten des Aushandelns gewähren, wodurch es lernt, einen eigenen Standpunkt zu vertreten, für sich und die eigenen Bedürfnisse einzustehen, aber auch mit Enttäuschungen und klaren »Neins« umzugehen.

Vorbild: Auch wenn Ihr Kind dies heftig bestreitet, sind Sie ihm dennoch sicher Vorbild. Und sei es nur in der Funktion, dass es alles, aber auch wirklich alles, anders machen will. Als Vorbild sind Sie dann am wertvollsten, wenn Sie einen eigenen sinnvollen Lebensentwurf haben, der glaubwürdig ist und ohne Suchtverhalten auskommt. Ihre Taten sprechen diesbezüglich lauter als Ihre Worte. Gelingt es Ihnen, illegale Drogen zu meiden und legale Drogen angemessen zu nutzen? Leben Sie vor, wie Rauschmittel genossen werden können, statt sie als Problemlöser zu missbrauchen oder über die Maßen zu konsumieren? Wer sich bei Feierlichkeiten regelmäßig einen Rausch antrinkt oder eine Zigarette nach der anderen raucht, wird seinem Kind schwer vermitteln können, wie potenziellen Suchtstoffen anders begegnet werden kann. Zur Suchtprävention hat sich zudem bewährt, wenn Sie Ihrem Kind vorleben können, dass nicht immer alles perfekt laufen muss, dass man nicht immer topfit sein muss, dass es in Ordnung ist, niedergeschlagen zu sein, dass nicht alle Bedürfnisse befriedigt werden müssen, dass alle Gefühle, Frust, Angst Zweifel, Trauer, Einsamkeit, auch zum Leben gehören und damit umgegangen werden kann. Wenn Sie zudem zeigen, wie Lebensfreude, Genuss, Kreativität und Überschwang ihren Platz im Leben finden, ist bereits viel erreicht. Wichtig ist hierbei Ehrlichkeit und Authentizität. Niemand ist perfekt, und es ist normal, dass Sie genauso Fehler machen wie Ihr Kind und andere. Indem Sie zu Ihren Fehlern und Einschränkungen stehen, zeigen Sie Ihrem Kind, dass sich darüber vieles lösen lässt, was sonst unlösbar scheint und verheimlicht werden müsste. Ebenso ist es normal, von bestimmten Situationen überfordert zu sein. Dann Hilfe einzufordern, ist ein Zeichen von Größe und nicht von Versagen.

Dynamiken verstehen: Drogen können wie jedes andere Thema auch besprochen werden. Wer Drogen tabuisiert oder dramatisiert, nimmt sich die Chance, dem eigenen Kind auch in diesem Thema helfen zu können. Fragen Sie nach, welche Drogen Ihr Kind bei welchen Gelegenheiten nimmt, wie sich dies auswirkt und was es damit erreichen will. Mit dem Anspruch, das Problem möglichst schnell vom Tisch haben zu wollen, überfordern

Sie sich und Ihr Kind. Indem Sie Offenheit zeigen, im Alltag wie in Krisen Ansprechpartner bleiben, nachfragen und zu verstehen suchen, helfen Sie die zugrunde liegenden Dynamiken zu verstehen und Alternativen zu entwickeln. Ein bloßes Bestrafen würde ihnen diese Möglichkeit nehmen und ein Kontroll-Versteckspiel einleiten, das alle Beteiligten Kraft kostet, ohne wirklich etwas zu verändern. Ursachen für Drogenkonsum sind oft Anforderungen des Erwachsenwerdens, Sehnsüchte, Ängste und Probleme, bei deren Bewältigung Sie nur dann helfen können, wenn Sie um diese Bescheid wissen. Auch familiäre Konflikte, erlebte Einsamkeit oder ungelebte Wünsche innerhalb des Familiensystems können zum Missbrauch von Drogen beitragen. Um gute Lösungen zu finden, ist es zudem notwendig, sich und Ihr Kind über Wirkstoffe, Wirkweisen, unmittelbare und langfristige Folgen, Entzugserscheinungen und legale Aspekte zu informieren. Drogen werden dann gefährlich, wenn sie zur Lösung oder zum Aushalten von Problemen eingesetzt werden. Sie stellen dann quasi Krücken dar, ohne die sich Ihr Kind zunächst nicht sicher bewegen kann. Erst wenn die unlösbar scheinenden Probleme gelöst sind oder neue Kompetenzen für den Umgang damit erworben wurden, können auch die Drogenkrücken wieder stehen gelassen werden. Bis dahin wird Ihr Kind immer wieder zu Drogen greifen, wenn es erfährt oder glaubt, einer Situation nicht anders begegnen zu können.

Drogenkonsumenten haben oft die Tendenz, unklar zu bleiben, auszuweichen und zu verbergen. Haken Sie daher nach und lassen Sie Aussagen auf den Punkt bringen. Überlegen Sie sich auch vor jedem Gespräch, was Ihr Ziel ist und wie Sie dies erreichen wollen. Dies hilft, beim Thema zu bleiben und sich nicht ablenken zu lassen. Oft ist es hilfreich, von dem Jugendlichen einzufordern, getroffene Aussagen und Ankündigungen durch das eigene Verhalten überprüfbar zu bestätigen. Dann lässt sich für beide Seiten schnell erkennen, wie ernst getroffene Aussagen tatsächlich zu nehmen sind.

Auch wenn die reine Kontrolle mehr schadet als nutzt, ist es sinnvoll, die Augen offen zu halten und Veränderungen zu bemerken, um sie ansprechen zu können. Auch die Symptome von akuter Intoxikation, Dauergebrauch und Entzugserscheinungen zu kennen, hilft am Ball zu bleiben. Neue Gegenstände oder größere Geldsummen können auf Dealen, Beschaffungskriminalität oder Prostitution hinweisen, das Verschwinden von Wertgegenständen auf erhöhten Konsum, der darüber bezahlt wird.

Veränderungsmotivation: Alle Unterstützung von außen läuft ins Leere, sofern sich Ihr Kind nicht selbst entscheidet, die Drogen sein lassen zu wollen. Manche können diese Entscheidung erst treffen, wenn sie alles verloren haben und sich gänzlich am Boden zerstört wiederfinden. Manchmal gelingt es jedoch, über kurz- und langfristige Ziele, Lebensvisionen und Aufgaben, die mit Drogenkonsum nicht vereinbar sind, eine Veränderungsmotivation aufzubauen. So kann etwa die Finanzierung des Führerscheins oder der Erhalt einer gefährdeten Ausbildungsstelle an fortwährenden Nachweis der Drogenfreiheit geknüpft werden. Auch Wetten mit Freunden, dass man den Ausstieg schafft, können gut unterstützen. Oft hilft es auch, Ihr Kind darin zu unterstützen, klare eigene Entscheidungen über das eigene Leben zu treffen und sich diesen gemäß zu verhalten. Geschieht dies nicht, übernehmen für drogenkonsumierende Jugendliche sonst schnell die Justiz oder das Jugendamt die Entscheidungsgewalt, was den meisten Betroffenen nicht recht wäre.

Freunde: Für Jugendliche ist die Gleichaltrigengruppe oft wichtiger als die eigenen Eltern. Zudem bietet ein fester und stabiler Freundeskreis einen guten Schutz davor, Drogen zu missbrauchen. Ermuntern Sie Ihr Kind, seine Freunde mit nach Hause zu bringen, und zeigen Sie Interesse, ohne gleich alle Geheimnisse erfahren zu wollen. Falls Sie sich sorgen, ob die Freunde Ihrem Kind gut tun, ist es gut, die eigenen Ängste anzusprechen, aber keine Vorverurteilungen zu fällen. Manche Befürchtungen sind völlig unbegründet und manch auf den ersten Blick schräger Geselle entpuppt sich bei genauerem Hinsehen als wahrer Freund. Niemand lässt sich die eigenen Freunde gern madig machen, insofern gilt es auf eine respektvolle Weise zu fragen, zu erklären, auf mögliche Gefahren hinzuweisen und klar Stellung zu beziehen. Freundschaften zu verbieten oder die Freunde des Kindes selbst auswählen zu wollen, ist so gut wie immer zum Scheitern verurteilt und treibt eher einen Keil zwischen Sie und Ihr Kind, als dass es nützt. Allerdings können Sie Ihr Kind darin anleiten, herauszufinden, welche Freundschaften ihm eher helfen, die eigenen Ziele zu erreichen, und wo Vorsicht angebracht ist.

Abhängigkeit: Spätestens, wenn Sie Hinweise auf eine Abhängigkeit feststellen, sollten Sie Kontakt zu einer Beratungsstelle aufnehmen sowie sich über Hilfsangebote informieren. Abhängigkeit bedeutet, dass Körper und Psyche sich so an die Droge gewöhnt haben, dass es ohne nicht mehr zu gehen scheint. Es werden immer größere Mengen konsumiert um dieselbe Wirkung zu erzielen. Lässt die Drogenwirkung nach, reagieren Körper wie Psyche mit Entzugserscheinungen, die von leichten Unannehmlichkeiten über Bewegungseinschränkungen, Halluzinationen, starke Schmerzen bis zu lebensgefährlichen Symptomen wie Herz- und Kreislaufbeschwerden führen können. Ist dieser Punkt erreicht, haben Eltern meist kaum noch Einflussmöglichkeiten und ein Ausstieg aus der Sucht ist ohne professionelle Hilfe kaum mehr möglich. Sie können dann hauptsächlich indirekt helfen, indem Sie weiterhin Ansprechpartner bleiben, Ihr Kind zu einer Behandlung motivieren, die Aufnahme einer Behandlung einfordern und Ihr Kind bei der Behandlung begleiten, indem Sie es unterstützen, Suchtmuster zu erkennen, Ausstiegsmöglichkeiten zu finden und zu nutzen.

Unterstützen Sie Ihr Kind in allen Aktivitäten, welche Eigenverantwortlichkeit, Eigenständigkeit, Problemlösen, Selbstwirksamkeit und andere Kompetenzen stärken. Bleiben Sie aber überall dort hart, wo Ihre Unterstützung Suchtverhalten bestärken würde. Ideal wäre eine liebevolle konsequente Härte gegenüber allen Versuchen, Sie für die Sucht einzuspannen. Vor allem sollten Sie Ihrem Kind kein Geld und keine Wertgegenstände überlassen, sofern Sie nicht sicher sein können, dass diese nicht zur Suchtmittelbeschaffung genutzt werden und auch keine Drogenschulden bezahlen. Solange Ihr Kind im Suchtkreislauf gefangen ist, wird es Ihnen alles versprechen um an Stoff zu kommen, ohne jedoch dazu fähig zu sein, die gegebenen Versprechen einzuhalten. Lassen Sie sich auch nicht erpressen, nachzugeben. Schuldvorwürfe, Suizidandrohungen, gewalttätiges Verhalten oder die Benennung furchtbarer Entzugserscheinungen sind lediglich ein Beweis dafür, wie sehr Ihr Kind eine Behandlung notwendig hat. Wenn Sie sich ernsthaft Sorgen machen, können Sie immer noch helfen, indem Sie die Polizei oder den Notarzt informieren. Beides sind Wege, die Kontrolle, welche Ihr Kind von innen nicht mehr erreichen kann, von außen wieder herzustellen.

Es kann sein, dass Sie feststellen, keinerlei Lenkungsmöglichkeiten und Einfluss mehr zu haben, Ihre Hilfestellungen ausgeschlagen werden und Ihr Kind Sie lediglich noch für seine Sucht ausnutzt, bestiehlt und bedroht. Dann bleibt Eltern oft keine andere Wahl, als sich, ihre Familie und ihr Kind zu schützen, indem sie sich zurückziehen. Wenn es so weit gekommen ist, muss Ihr Kind alle Konsequenzen des eigenen Verhaltens am eigenen Körper erfahren, um überhaupt zu spüren, wie sehr es sich und anderen schadet. Aktuell wird Ihr Kind von der Sucht beherrscht und wird alles tun, um diese zu befriedigen. Jetzt kann es auch notwendig werden, Ihr Kind vor die Tür zu setzen, ihm den Schlüssel zur Wohnung abzunehmen oder das Schloss auswechseln zu lassen. (Etwa wenn es Sie immer wieder bedroht, nach und nach den Hausstand verhökert oder randaliert.) Melden Sie dies dann dem Jugendamt und bitten um entsprechende Unterstützung. Dies klingt alles sehr hart, doch überlegen Sie sich, wie Ihre Situation und die Ihres Kindes in einer Woche oder einem halben Jahr aussehen wird, wenn Sie auf seine Forderungen eingehen.

Wo Gesetze übertreten werden, beispielsweise geklaut und gedealt wird, kann eine Anzeige dazu führen, dass Ihr Kind von offizieller Seite Grenzen erfährt, die es oder Sie suchtbedingt nicht mehr ziehen können. Wenn Sie eine entsprechende Anzeige erstatten, ist dies kein Verrat am eigenen Kind, sondern ein weiterer Versuch, den immer steileren Abstieg aufzuhalten. Ohne die Entscheidung Ihres Kindes, sich von Drogen abwenden zu wollen, bleiben Sie und alle anderen hilflos und können lediglich an der Schadensbegrenzung arbeiten. Dies bedeutet auch, sich vom süchtigen Verhalten des Kindes abzugrenzen und sich auch anderen Themen zu widmen, sodass die Sucht nicht auch noch Ihr Leben bestimmt. Holen Sie sich in dieser harten Zeit professionelle wie private Unterstützung, die es Ihnen erlaubt, all diese Erfahrungen zu verarbeiten, sich eventuellen Schuldgefühlen zu stellen, positive Zukunftsbilder aufzubauen und insgesamt handlungsfähig zu bleiben. Nehmen Sie auch Kontakt mit anderen Betroffenen auf, um diese schlimme Zeit gemeinsam meistern zu können. Die Sucht eines Kindes lässt sich langfristig nicht verbergen. Daher ist es ratsam, von Anfang an offen mit dem Thema umzugehen, es etwa mit Freunden oder auch Lehrern zu besprechen und besorgten Nachbarn nichts vorzumachen. Dies schützt Sie vor drohender Isolierung und Ausgrenzung.

Co-Abhängigkeit: Unter Co-Abhängigkeit versteht man Verhaltensweisen, die von der Absicht her einem Süchtigen helfen sollen, ihn in der Konsequenz aber in seiner Sucht bestätigen. Sie verläuft meist in drei Schritten. Zunächst wird die Sucht geleugnet, bagatellisiert und mit Nachsicht und Verständnis reagiert. Im zweiten

Schritt wird die Sucht zwar als Problem erkannt, aber vor Außenstehenden geleugnet und der Süchtige nach außen hin in Schutz genommen, indem zum Beispiel Entschuldigungen für Suchtverhalten erfunden werden. Im dritten Schritt kommt es dann zum Versuch der permanenten Kontrolle und Überwachung des Süchtigen oder aber zu dessen Ausstoßung. All dies nimmt dem Betroffenen die Möglichkeit, die Konsequenzen der Sucht zu spüren, daraus zu lernen und Eigenverantwortung zu übernehmen. Überprüfen Sie sich selbst bezüglich co-abhängiger Verhaltensweisen und machen Sie diese auch in Beratung oder Therapie zum Thema.

Suizidalität: Etwa die Hälfte aller Suizidversuche wird von Drogenabhängigen begangen. Entsprechend genau sollten Sie auf entsprechende Hinweise achten und entsprechende Hilfen einleiten (siehe Kapitel 18).

10.4 Selbstfürsorge

Wenn die eigenen Kinder Drogen nehmen, ist dies wohl für alle Eltern zunächst ein Schock. Sich unsicher zu sein und überfordert zu fühlen, ist die übliche Reaktion. Umso wichtiger ist es, sich bei Beratungsstellen, Selbsthilfegruppen und im privaten Umfeld Hilfe zu holen, um trotz der Unsicherheit Verantwortung übernehmen zu können. Außerdem tut es einfach gut, mit anderen über all das reden zu können, was nun über einen hereinbricht. Schuld- und Schamgefühle oder eigene Perfektionsansprüche dürfen nicht dazu führen, sich immer mehr zu isolieren und irgendwann ohne Hilfesysteme allein dazustehen. Selbsthilfegruppen und Beratungsstellen helfen auch, sozialer Ausgrenzung selbstbewusst zu begegnen.

Auch wenn dies fast unmöglich scheint, sollten Sie Ihr Leben nicht vom Drogenkonsum Ihres Kindes dominieren lassen. Sie brauchen auch andere Themen, Beschäftigungen und Gelegenheiten, sich Gutes zu tun. Es darf Ihnen gut gehen, auch wenn Ihr Kind gerade leidet. Je stabiler und stärker Sie sind, desto eher können Sie Ihrem Kind ein stützendes Gegenüber sein, desto weniger lassen Sie sich von Horrorszenarien beeindrucken und desto weniger sind Sie erpressbar. Trennen Sie gut zwischen den eigenen Wünschen, Bedürfnissen, Problemen und denen Ihres Kindes und entwickeln Sie Wege, wie Ihr Leben mit und trotz eines abhängigen Kindes gelingen kann. Es ist nicht nur für Sie wichtig, die eigene Handlungsfähigkeit aufrechtzuerhalten, sondern auch für Ihr Kind, da niemandem damit gedient ist, wenn Sie sich so verausgaben, dass Sie als Ansprechpartner ausfallen.

Machen Sie sich nicht erpressbar. Falls Sie Schuldgefühle haben, bearbeiten Sie diese mit einem Berater oder Therapeuten. Zudem hat Ihr Kind sich für die Drogen entschieden, was Sie unabhängig davon, was früher war und was Sie getan oder unterlassen haben, nicht unterstützen sollten. Halten Sie sich bewusst, dass Abhängige meist sehr gut darin sind, anderen die Verantwortung für das eigene Tun und die eigene Situation zuzuschieben. Dann fällt es leichter, sich daraus scheinbar ableitbaren Ansprüchen zu widersetzen und eine klare Position beizubehalten.

Ab einem gewissen Punkt ist die Sucht so stark, dass Sie als Eltern keine Einflussmöglichkeiten mehr haben. Dann bleibt Ihnen nur noch die Möglichkeit, sich und Ihre restliche Familie zu schützen und falls möglich professionelle Hilfe für Ihr Kind zu organisieren. Außer bei akuter Fremd- oder Selbstgefährdung wird aber kaum eine Organisation mit Süchtigen arbeiten, solange diese dies nicht wollen. In dieser Zeit kann es notwendig sein, sich selbst professionelle Hilfe zu gönnen, um an den anstehenden Belastungen nicht zu zerbrechen. Zudem brauchen gute Lösungen Vorbereitungszeit. Daher ist es sinnvoll, sich bereits beim ersten Verdacht an eine Drogen- oder Erziehungsberatungsstelle beziehungsweise das Jugendamt zu wenden und um Unterstützung zu bitten.

10.5 Psychotherapie, Psychiatrie und Medikamente

Bei schädlichem Gebrauch führt Drogenberatung oder ambulante Psychotherapie oft zu guten Ergebnissen. Tatsächlich Abhängige benötigen häufiger eine stationäre Behandlung, vor allem zur Entgiftung und Entwöhnung. Teilweise schließen sich daran dann Rehabilitationsmaßnahmen an, um einen Einstieg ins gesellschaftliche Leben zu erleichtern. Bei akuter Fremd- oder Selbstgefährdung ist auch die Zwangseinweisung in eine Psychiatrie möglich. Verhaltenstherapeutischen analytische und systemische Ansätze haben sich gleichermaßen bewährt.

10.6 Jugendhilfe

Drogen- und Erziehungsberatung sowie ambulante Hilfen können – rechtzeitig begonnen – viele ungünstige Entwicklungen auffangen. Viele drogenabhängige Jugendliche haben zusätzliche Verhaltensauffälligkeiten, welche zur Notwendigkeit stationärer Jugendhilfe führen.

Zur weiteren Vertiefung empfehle ich www.drugcom.de, www.praevention.at sowie »Stark ohne Stoff: Alles über Drogen« von Trude Ausfelder (2000) und »Kinder stark machen – zu stark für Drogen« von der Bundeszentrale für gesundheitliche Aufklärung (2004).

11 Psychosen

11.1 Grundinformationen

Psychosen gehören zu den weltweit häufigsten psychischen Störungen. Etwa 1 bis 2 % der Menschen sind davon betroffen. Die Störung beginnt meist zwischen 15 und 25 Jahren. Zur Gruppe der Psychosen gehören unter anderem Schizophrenie, schizotype und wahnhafte Störung. Dieses Kapitel beschäftigt sich hautsächlich mit Schizophrenie, die Empfehlungen sind aber auch für andere psychotische Störungen sinnvoll.

Über Schizophrenie gibt es viele Vorurteile und Fehlinformationen. So sind Psychotiker zwar häufig aggressiv, aber seltenst gemeingefährlich. Nur fünf von 10.000 Schizophrenen werden polizeilich wegen Gewaltanwendung erfasst. Auch die bizarren Verhaltensmuster, die gern in Filmen gezeigt werden, sind eher selten. Schizophrenie galt lange als unheilbar. Richtig behandelt kann jedoch circa ein Viertel der Betroffenen ohne große Einschränkungen in ihr normales Leben zurückfinden, ungefähr zwei Drittel können trotz verbleibender Einschränkungen ein eigenständiges Leben führen, und nur bei circa 15 % verschlimmert sich die Situation über die Jahre so sehr, dass eine dauerhafte Psychiatrisierung notwendig wird. Andererseits bleibt bei 80 % die Leistungsfähigkeit deutlich eingeschränkt, ein sozialer Abstieg und andere Folgeerscheinungen, wie etwa Drogenkonsum oder Obdachlosigkeit sind bei nicht behandelter Schizophrenie wahrscheinlich. Auch ist das Suizidrisiko bei schizophrenen Jugendlichen besonders hoch. Je früher eine Schizophrenie erkannt und behandelt wird, desto besser sind die Erfolgsaussichten. Dies wird allerdings dadurch erschwert, dass die ersten Anzeichen, wie Tabelle 6 zeigt, sehr unspezifisch sind und meist lange nicht als Vorzeichen einer Schizophrenie erkannt werden. Zudem reden die meisten Betroffenen aus Angst oder Scham nicht über diejenigen Veränderungen, die sich hauptsächlich im Inneren abspielen, was ein Erkennen erschwert. Schizophrenie tritt häufig zusammen mit anderen Störungen, vor allem Sucht oder Persönlichkeitsstörungen, auf.

Psychosen gelten zu 50 bis 70 % als genetisch bedingt. Wer an psychischen Störungen erkrankte Verwandte hat, ist besonders gefährdet. Es wird meist von einer Störung des Gehirnstoffwechsels ausgegangen, was dazu führt, dass Informationen nicht mehr richtig verarbeitet werden können. Wahrnehmen, Denken, Fühlen und Handeln werden dadurch beeinträchtigt. Starke oder andauernde Belastungen sowie Drogenkonsum können dann zum Auslöser einer Psychose werden. Andererseits werden Drogen – vor allem Cannabis – von Jugendlichen häufig dazu verwendet, den ersten Symptomen zu entfliehen. Das bringt kurzfristig Linderung, erhöht aber das Risiko einer akuten Psychose bis auf das 10fache. Psychosen sind nicht auf Erziehungsfehler oder das familiäre Umfeld zurückzuführen, wie das früher behauptet wurde.

Eine Schizophrenie gliedert sich häufig in mehrere Phasen. In der Prodromalphase, treten nur unspezifische Symptome (s. u.) auf. Sie kann wenige Tage bis viele Jahre andauern. Mit der Zeit verstärken sich die Symptome, und es kommen zunächst immer mehr Symptome hinzu, welche hauptsächlich die bisher vorhandenen Fähigkeiten einschränken und daher Minussymptomatik genannt werden, zum Beispiel geringere Belastungs- oder Problemlösefähigkeiten. Im Übergang zur akuten Phase, oftmals »Schub« genannt, kommen dann häufig Symptome hinzu, die dem bisherigen Erleben etwas hinzufügen – wie etwa Halluzinationen – und daher Plussymptomatik genannt werden. Unbehandelt kommt es bei circa 40 % der Jugendlichen, die Prodromalsymptome zeigen, zu einem Schub. Rechtzeitig erkannt und behandelt sinkt das Risiko auf ungefähr 10 %. Nach einem Schub folgt das Residuum, in dem teilweise keine Einschränkungen mehr bestehen, meist aber eine Restsymptomatik zurückbleibt. Bei circa drei Viertel der Betroffenen treten zukünftig erneut Schübe auf.

11.2 Erscheinungsbild

In der Prodromphase zeigt sich meist eine Auswahl der in Tabelle 6 aufgelisteten Symptome. Diese gelten auch als Warnzeichen für einen möglichen neuen Schub. Sie sind grob nach Häufigkeit geordnet, die Prozentzahlen geben einen ungefähren Wert an.

Tabelle 6: Unspezifische Symptome von Psychosen (Baierl, 2008, S. 162)

Ruhelosigkeit, Nervosität (70 %)	Schlafstörungen (60 %)	Anspannung, Irritierbarkeit
Leistungsabfall	Konzentrationsstörungen	Gedächtnisstörungen
Ängste	Gefühl, nicht verstanden zu werden	Gefühl der Überforderung (50 %)
sich nicht freuen können	sozialer Rückzug	Reizbarkeit, Aggressivität
Schwierigkeiten mit komplexen Aufgaben und Handlungen	Zwangsgedanken, Zwangshandlungen	Antriebsverlust, Motivationslosigkeit (40 %)
Zukunftsängste	soziale Unsicherheit	Humorlosigkeit
Entscheidungsschwierigkeiten	Schwierigkeiten mit abstrakten Ideen und Begriffen	Verlangsamung
körperliche Beschwerden	Veränderung der Ernährung	Veränderung des Kleidungsstils
mangelnde Körperhygiene	sich ganz einer Sache, einer Aufgabe widmen (30 %)	starke Beschäftigung mit religiösen, mystischen und philosophischen Themen
Selbstversunkenheit	innere Leere	Stimmungsschwankungen
Suizidgedanken	Gefühl des Kontrollverlusts	

In der Akutphase kommen dann spezifische Symptome hinzu, die teilweise schlecht beobachtet werden können und über die Jugendliche meist nicht reden. Dazu gehören Gedanken, die wild durcheinandergehen, sehr schnell oder sehr langsam geschehen, die sich beständig aufdrängen oder die unvermittelt abbrechen. Oftmals beziehen betroffene Jugendliche alles, was geschieht, auf sich selbst. Zudem können Halluzinationen und andere Wahrnehmungsstörungen auftreten. Etwa das Hören von Stimmen, die teilweise Verhaltensanweisungen geben, die Wahrnehmung von Insekten im Raum oder auch im eigenen Körper oder das Sichbewegen von an sich starren und leblosen Objekten. Verfolgungswahn oder das Gefühl, auf geheimnisvolle Weise von außen beeinflusst zu werden, sind weitere Symptome. Auch die Vorstellung, Gedanken anderer lesen oder beeinflussen zu können oder spezielle Fähigkeiten zu haben – etwa zur Rettung der Welt, Beeinflussung der Lottozahlen oder zur Beantwortung spiritueller/philosophischer Fragen – sind zu beobachten. Teilweise können Wörter nicht mehr mit Bedeutung gefüllt werden und werden falsch verwendet.

Das Denken bleibt oft ganz im Konkreten. Abstraktes, Zweideutigkeit, Ironie und Humor werden dann nicht mehr verstanden, da alles wörtlich genommen wird. Dies führt zu oft bizarr anmutendem Sprachverhalten oder auch völliger Verstummung. Teilweise verlieren die Betroffenen das Gefühl für das Eigene. Körperteile werden etwa als nicht mehr zu einem gehörig betrachtet, oder man hält sich für jemand anderen, zum Beispiel Jesus oder andere bekannte Persönlichkeiten. Anderen erscheint alles, was geschieht, unwirklich. Gefühle werden oft als extrem, deutlich reduziert oder nicht mehr vorhanden erlebt. Nicht selten tritt Aggressivität auf, die von außen nicht erklärt werden kann, oder die Stimmung wird läppisch fröhlich, wirkt dabei aber eher nervig und schal als mitreißend. Auch Einschränkungen der Bewegungsfähigkeit können auftauchen.

Das Verhalten der betroffenen Jugendlichen richtet sich – wie bei allen anderen auch – an deren innerem Erleben aus und wirkt daher von außen oft bizarr, unberechenbar oder sinnlos.

Der Verstand bleibt weitgehend erhalten, und die Jugendlichen bemerken, dass Seltsames geschieht. Da sie nicht wissen, dass ihre Wahrnehmung gestört ist, bleiben die Veränderungen unerklärbar und verunsichern zutiefst. Oftmals ziehen sich Jugendliche auf frühere Entwicklungsstufen zurück und zeigen wieder sehr kindliche Verhaltensweisen. Andere legen sich ein starres Regelkonzept zu, das Sicherheit geben soll. Sie werden dann aggressiv, wo dieses nicht greift oder andere sich nicht daran halten.

Viele Betroffene verbreiten um sich eine Atmosphäre von Leere, Kälte, Dumpfheit, Zähigkeit oder Unnahbarkeit. Dies ist für Eltern und andere Dritte oft schwer auszuhalten und kostet sehr viel Energie.

Zu einem erneuten Schub beziehungsweise Rückfall kommt es hauptsächlich bei Vorliegen eines oder mehrerer der Risikofaktoren aus Tabelle 7. Diese zu reduzieren oder einen guten Umgang mit ihnen zu finden, trägt dazu bei, Rückfälle zu vermeiden. Der häufigste Rückfallgrund ist das vorzeitige Absetzen der neuroleptischen Medikation. Vor allem Jungen neigen dazu, die Medikation zu früh abzusetzen und sind erst nach zwei oder drei Schüben bereit, diese langfristig einzunehmen. Drei Viertel der Jugendlichen, die sich nicht an die Medikation halten, müssen innerhalb eines Jahres erneut in einer Kinder- und Jugendpsychiatrie aufgenommen werden. Bei regelrechter Einnahme sinkt diese Zahl auf circa 15 %. Durch rechtzeitiges psychotherapeutisches und medikamentöses Eingreifen kann ein Großteil der sich ankündigenden Rückfälle abgewehrt werden. Sobald sich also neue Symptome zeigen oder vorhandene verstärken, sollte dies dem behandelnden Psychiater oder Psychotherapeuten gemeldet werden.

Tabelle 7: Risikofaktoren für Rückfälle (nach Baierl, 2008, S. 167)

Absetzen der Neuroleptika	starke Belastungen	dauerhafte Belastungen
Verlust einer Beziehungsperson	soziale Schwierigkeiten	familiäre Konflikte
Konflikte mit Freunden oder Kollegen	Drogenkonsum jeder Art, auch Alkoholexzesse	Schlafmangel
unregelmäßige Lebensführung	schlechte Ernährung	Prüfungen
Operationen	Erkrankungen	Schwangerschaft/ Geburt
Überforderung	Zeitdruck	Reizüberflutung
schnelle Filmschnitte	Diskothekenbesuch	Menschenmengen

11.3 Alltagsgestaltung

Symptome erkennen und Behandlung einleiten: So gut wie alle Pubertierenden zeigen Erlebens- und Verhaltensweisen, die auch im Prodrom auftreten. Wenn diese sich verstärken, das Verhalten bizarrer wird oder den Alltag immer mehr einschränken, sollten Sie hellhörig werden. Trauen Sie sich auch, Ihr Kind auf verändertes inneres Erleben anzusprechen. Sie können zum Beispiel fragen, ob Gedanken manchmal ganz langsam werden, abbrechen, sich gegenseitig unterbrechen, sich ständig wiederholen oder manchmal alles ganz wirr im Kopf wird, ob sich alles manchmal ganz komisch und fremd anfühlt, ob Ihr Kind das Gefühl hat, jemand wolle ihm Böses, oder es ungewöhnliche Wahrnehmungen hat. Die meisten betroffenen Jugendlichen reden von sich aus nicht über diese Themen, sind aber oft erleichtert, darauf angesprochen zu werden. Treten diese Symptome auf, sollten Sie vorsorglich einen Diagnostiktermin vereinbaren. Spätestens wenn Halluzinationen, Wahnvorstellungen, starke Minussymptomatik oder Bewegungseinschränkungen auftreten, sollten Sie unmittelbar den nächstzugänglichen Fachmann aufsuchen. Falls in Ihrer Familie bereits jemand unter einer Psychose leidet, sollten Sie jedoch früher aufhorchen. Besonders bei Konzentrations- und Lernschwierigkeiten sollten Sie Ihr Kind dann vorsichtshalber von einer qualifizierten Fachkraft untersuchen lassen.

Kaum jemand geht gern zum Psychiater oder Psychotherapeuten. Manche Jugendliche, fühlen sich bei dieser Idee gekränkt, nicht ernst genommen und als »Psycho« abgewertet. Machen Sie deutlich, dass ein Diagnostiktermin auch zeigen kann, dass alles okay ist, und Sicherheit geben kann. Bei starken Widerständen kann es hilfreich sein, zunächst zur Abklärung (der Unruhe, Schlaflosigkeit, Erschöpfung o. Ä.) zum Hausarzt zu gehen. Diesen sollten Sie dann im Vorfeld über Ihre Sorge einer Psychose informieren und bereits im Vorfeld Ihre Beobachtungen schildern. Sagt dann der Arzt, dass ein psychologischer oder psychiatrischer Fachmann gesehen werden muss, wird das oft leichter angenommen. Allerdings sind Haus- und Kinderärzte keine Experten und können keine sichere Diagnose stellen.

Oft hilft es, sich für den tatsächlichen Gang zum Kinder- und Jugendpsychiater oder Kinder- und Jugendlichenpsychotherapeuten Hilfe zu holen. Mit Mutter und Vater, einer Tante oder einem Freund der Familie zur Rückendeckung sind Jugendliche teils eher bereit, mitzukommen. Sehen Sie eine ernsthafte Gefährdung für Ihr Kind oder andere, besteht noch die Möglichkeit, über das Gesundheitsamt zu veranlassen, dass Ihr Kind auch gegen seinen Willen von Polizei und/oder Krankenwagen zu einer Kinder- und Jugendpsychiatrie gebracht und dort vorgestellt wird. Dies wird zur Vermeidung von Schaden leider immer wieder notwendig, ist aber ein herber Eingriff in das Leben Ihres Kindes, der wohl überlegt sein will. Nehmen Sie möglichst frühzeitig mit einem Psychologen, Psychiater, einer Beratungsstelle oder der örtlichen Kinder- und Jugendpsychiatrie Verbindung auf und klären Sie die dafür notwendigen Schritte bereits im Vorfeld. Ideal ist, wenn über diese Vorbereitung ein Weg gefunden werden kann, dass Ihr Kind freiwillig mitgeht. Gelingt dies nicht, bleiben Sie dennoch handlungsfähig und können die Verantwortung auch dann übernehmen, wenn Ihr Kind nicht mehr zu seinem eigenen Wohl entscheiden kann. Dass Sie Ihr Kind bei allen Vorstellungsterminen begleiten, sollte selbstverständlich sein.

Durch rechtzeitige ambulante psychotherapeutische und medikamentöse Behandlung kann oft verhindert werden, dass eine Prodromphase sich zu einem Schub entwickelt. Dann kann der Jugendliche meist zu Hause wohnen bleiben. Entwickelt sich jedoch eine Akutphase, ist eigentlich immer ein Aufenthalt in einer Kinder- und Jugendpsychiatrie notwendig. In diesem Falle sollten Sie Ihr Kind sowie die behandelnden Fachleute so gut wie möglich unterstützen.

Beziehung: Die meisten betroffenen Jugendlichen sind stark verunsichert. Sie brauchen jetzt in besonderem Maße Ihre Liebe und Zuwendung. Zeigen Sie Ihrem Kind, dass Sie es mögen, wertschätzen, unterstützen und begleiten. Bieten Sie Nähe an, ohne diese einzufordern. Oftmals sind Jugendliche in der Akutphase wenig beziehungsfähig und fühlen sich schnell bedrängt. Ziehen Sie sich dann nur für die Situation zurück und machen später erneut Kontakt- und Beziehungsangebote. Es ist hilfreich, Interesse am Innenleben des Jugendlichen zu zeigen und auch gemeinsame Aktivitäten anzubieten. Ehrlichkeit ist nun besonders wichtig; vor allem dann, wenn Misstrauen oder Verfolgungswahn als Symptom auftreten. Reden Sie realistisch optimistisch über die Störung und die Zukunft, ohne leere und unhaltbare Versprechungen zu machen. Achten Sie besonders auf Fortschritte und sprechen über diese. Das Leid Ihres Kindes gilt es natürlich ernst zu nehmen, doch der Fokus Ihrer Aufmerksamkeit sollte auf Positives gerichtet sein. Betroffene Jugendliche brauchen einen eher beruhigenden Umgang, der ihnen genügend Raum und Zeit lässt, Nähe zu suchen oder sich zurückzuziehen.

Reizreduktion: Während einer Psychose können Reize nur eingeschränkt verarbeitet werden, und alles Intensive kann eine Überforderung bedeuten. Ideal ist daher eine gleichbleibende, angenehme und überschaubare Atmosphäre, die wenig Unvermutetes beinhaltet. Größere Lebensveränderungen wie Umzug, Schulwechsel und Ähnliches sollten in dieser Zeit so gut wie möglich vermieden werden, wobei die zeitweise stationäre kinder- und jugendpsychiatrische Behandlung meist notwendig wird. Aktivitäten mit vielen Reizen sollten ebenfalls gemieden werden, dies beinhaltet unter anderem Menschenmengen, Diskotheken, aufwühlende

Filme oder solche mit schnellen Schnitten und Fahrgeschäfte auf der Kirmes. Ebenso sollte auf Fantasybücher und -filme verzichtet werden, um den Realitätsbezug zu stärken.

Risikofaktoren minimieren und Resilienz stärken: In der Prodromalphase und im Residuum kann die Reduktion von Risikofaktoren sowie der Aufbau von Resilienzfaktoren dazu beitragen, dass kein (erneuter) Schub geschieht. In der Akutphase ist dies ein Beitrag zur schnelleren Genesung. Speziell familiäre Spannungen, Konflikte im Freundeskreis, Loyalitätskonflikte und Schulschwierigkeiten werden von Jugendlichen häufig als bedrückend erlebt. Aber auch alle anderen Belastungen können die Wahrscheinlichkeit eines Schubs oder dessen Intensität fördern. Es gilt, derlei Schwierigkeiten zu erkennen und die entsprechenden Probleme zu lösen. Wo dies nicht möglich ist, können Sie Ihr Kind darin unterstützen, einen besseren Umgang mit diesen Widrigkeiten zu finden. Kriselt Ihre Elternbeziehung, ist es oft eine entscheidende Hilfe, wenn Sie allein oder mit professioneller Unterstützung Ihr Zusammen- oder Getrenntleben harmonisieren können.

Jeglicher Drogenkonsum, auch Koffein oder Alkohol, mag kurzfristig Erleichterung schaffen, verstärkt aber langfristig das Psychoserisiko und sollte unterbleiben. Ein ausgeglichener Lebenswandel mit ausreichend Schlaf und gesunder regelmäßiger Ernährung ist zudem hilfreich. Körperliche Bewegung jeder Art ist zu empfehlen. Vor allem Ausdauersportarten, aber auch körperliche Arbeit kann gut wirken. Dabei ist jedoch die aktuelle Leistungsfähigkeit des Jugendlichen zu beachten. Das Erlernen einer Entspannungstechnik, die über Körpertechniken geht, wie etwa PME (s. Glossar), ist zur besseren Stressbewältigung meist hilfreich.

Ein Hauptstressor sind jedoch die Symptome selbst sowie die Ängste, welche mit der Diagnose oder Psychiatriebehandlung einhergehen. Geben Sie dadurch Sicherheit, dass Sie sich gut informieren lassen und Ihrem Kind möglichst viel erklären, Vorurteile wie Ängste ausräumen oder bewältigen und die Diagnose zu akzeptieren helfen.

Strukturhilfen und Normalität: Betroffene Jugendliche profitieren von einer klaren, verlässlichen und wiederkehrenden Tagesstruktur. Besonders wichtig ist ein geregelter Tag-Nacht-Rhythmus mit ausreichend Schlaf. Viele betroffene Jugendliche stehen unter Dauerstress und haben oft monatelang nicht mehr ausreichend geschlafen. Entsprechend hoch ist ihr Schlafbedarf. Neuropleptika machen oft müde und kommen diesem Bedürfnis entgegen. Sie sollten so eingenommen werden, dass die Nacht durchgeschlafen werden kann.

Der Tag sollte klar in bewältigbare und überschaubare Abschnitte eingeteilt werden, die genügend Anreize zur Aktivierung und genügend Schonraum und Rückzug ermöglichen. Die individuelle Ausgestaltung sollte sich an Ihren familiären Rahmenbedingungen sowie den Bedürfnissen des Jugendlichen orientieren und mit dem behandelnden Therapeuten abgesprochen werden. Beziehen Sie den Jugendlichen so gut dies möglich ist weiter in die familiären Strukturen mit ein. Er soll ganz selbstverständlich weiter dazugehören. Unternehmungen können jetzt extrem kräftezehrend sein, einige Betroffene sind sehr motivationslos und müssen zu jedem neuen Schritt ermuntert werden, andere schäumen geradezu vor Aktivität oder Aggression und müssen beständig eingegrenzt werden. Beides erfordert viel Geduld und Kraft von Seiten der Eltern.

Zur Förderung gehört auch, den Jugendlichen – sobald er dazu in der Lage ist – in die üblichen Aufgaben der Alltagsbewältigung mit einzubeziehen. Körperhygiene oder Haushaltsaufgaben sind da gute Beispiele. Geben Sie dem Jugendlichen lösbare und sinnvolle Aufgaben, die es ihm erlauben, seine noch vorhandenen Fähigkeiten zu zeigen und auszubauen. Mit der Zeit können diese komplexer und schwieriger werden, sodass er sich schrittweise seinen gewohnten Alltag wieder zurückzuerobern kann. Wo dies aufgrund der verbleibenden Einschränkungen nicht möglich ist, braucht Ihr Kind Ihre Unterstützung dabei, sein Leben neu auszurichten und sich eine neue Lebensperspektive zu erarbeiten.

Am besten bewährt hat sich ein freundlich verstehender, dabei aber klarer und eindeutiger Erziehungsstil. Achten Sie viel auf Lob und Ermutigung. Konfrontationen und Strafen sollten in dieser Zeit selten und wohldurchdacht geschehen. Streit und Konflikte gilt es eher zu vermeiden. Rückmeldungen – auch über Fehlverhalten – sollten immer wertschätzend, klar, eindeutig und die konkrete Situation betreffend sein. Räumen Sie dem Jugendlichen Möglichkeiten ein, sich und seine Bedürfnisse zu vertreten, um das Risiko aggressiver Einforderungen zu reduzieren. Die Herausforderung ist, einen sicheren Rahmen zu setzen und aufrechtzuerhalten der sowohl schont als auch fordert. Ein Teil des Verhaltens entzieht sich noch der Kontrolle des Jugendlichen, diesbezüglich sind er und andere zu schützen. Wo er bereits wieder die Kontrolle übernehmen kann, gilt es ihm diese auch zuzuschreiben und von ihm einzufordern. Sprechen Sie sich diesbezüglich mit dem behandelnden Therapeuten ab. Wenn Jugendliche zu apathisch, zu verwirrt, zu aggressiv, zu erregt sind oder den familiären Rahmen anderweitig sprengen, ist eine stationäre Behandlung notwendig.

In der Akutphase ist es oft hilfreich, das eigene Handeln anzukündigen und immer wieder zu erklären, was man gerade tut und warum. Jugendlichen, die verwirrt, orientierungslos und in ihrer Merkfähigkeit beeinträchtigt sind, gibt dies Sicherheit, Dies gilt oft für viele bisher selbstverständliche Lebensvollzüge. Zum einen zeigen Betroffene ein eingeschränktes Realitätsbewusstsein, zum anderen ist vieles, was bisher selbstverständlich war, vehement in Frage gestellt. Hier braucht es viel Erklärung, Diskussion, Wahrnehmungsabgleich und Ähnliches mehr. Wo Jugendliche sich nicht vollständig an Geschehnisse aus der Akutphase erinnern können, ist es Ihre Aufgabe, die Lücken zu füllen und Informationen über den Verlauf und wichtige Ereignisse zu geben. Vielen ist es wichtig, abzuklären, was wirklich geschehen ist und was sich »nur« in der eigenen Innenwelt abgespielt hat.

Eine zentrale Aufgabe ist es, den Jugendlichen darin zu unterstützen, Therapietermine einzuhalten und die Medikamente genau nach Vorgabe einzunehmen.

Soziale Kontakte: Die Gefahr der sozialen Ausgrenzung ist nicht zu unterschätzen. Sorgen Sie dafür, dass Sie selbst und Ihr Kind wichtige Kontakte halten und/oder neue aufbauen. Besonders der Kontakt mit Gleichaltrigen ist für Jugendliche wichtig und sollte zunächst im geschützten Rahmen, dann zunehmend freier wieder ermöglicht, unterstützt und gegebenenfalls eingefordert werden. Ein offener Umgang mit der Diagnose im Freundeskreis und der Familie ist dabei meist hilfreich. Skurriles wird dadurch erklärt und Ängsten kann begegnet werden. Auch Freunde und Verwandte können umso besser helfen, je mehr Sie Bescheid wissen. Meist empfiehlt es sich, auch die Schulleitung und den Klassenlehrer zu informieren. Ob ein Arbeitgeber oder Ausbildungsbetrieb informiert werden sollte, hängt von vielen Faktoren ab, die im Einzelfall besprochen werden müssen.

Schutz vor weitreichenden Entscheidungen: Ihr Kind sollte in der Akutphase keine weitreichenden Entscheidungen treffen, da es diese aktuell nicht überblicken kann. Wo immer dies möglich ist, sollten Sie ihm alle Möglichkeiten offen halten. Eine Anmeldung für eine zukünftige Prüfung kann etwa geschehen und bei Bedarf kurz vorher zurückgenommen werden. Oftmals, aber leider nicht immer, sind beteiligte Stellen kooperativ, um den Jugendlichen zu unterstützen.

Auseinandersetzung mit der Diagnose: Die Diagnose einer Psychose ist für Jugendliche wie Eltern oft zunächst ein Schock, den es zu verarbeiten gilt. Sorgen Sie dafür, dass Sie die Ihnen zustehende Unterstützung erhalten. Beratungsstellen, Selbsthilfegruppen und die behandelnden Fachleute sind da gute Ansprechpartner. Je besser Sie informiert sind und je mehr Unterstützung Sie erfahren, desto besser können Sie auch Ihrem Kind zur Seite stehen. Die Störung verschwindet nicht dadurch, dass Sie der Versuchung erliegen, die Diagnose zu verdrängen. In dieser Auseinandersetzung ist wichtig, dass weder die Eltern noch der Jugendliche schuld an der Störung haben und die Störung auch nicht als Bestrafung für eine objektive oder scheinbare Schuld – wie manche Betroffene glauben – zu sehen ist. Es geht daher nicht um die Frage, wer was wann falsch gemacht hat, sondern darum, wer nun realistisch welchen Beitrag zur Bewältigung leisten kann.

Helfen Sie Ihrem Kind, sich mit der Diagnose sowie den damit einhergehenden Veränderungen und Ängsten auseinanderzusetzen. Sich auf einmal als gestört, krank oder gar minderwertig zu definieren, stellt das gesamte eigene Selbstbild infrage, verunsichert zutiefst, weckt oftmals Aggressionen und Verzweiflung. Je besser Sie informiert sind, desto besser können Sie auf die Ängste und Fragen Ihres Kindes eingehen oder die richtigen Ansprechpartner dafür in Anspruch nehmen.

Viele können die Diagnose erst nach zwei oder mehr Schüben akzeptieren und beginnen erst dann, sich aktiv an der Vermeidung neuer Schübe zu beteiligen. Dazu gehört vor allem die regelmäßige Einnahme der Medikation, das Achten auf Frühwarnsignale (siehe Tabelle 6), die möglicherweise einen neuen Schub ankündigen, das Erarbeiten von Wegen, einen neuerlichen Schub zu vermeiden, und sich frühzeitig um professionelle Hilfe zur Rückfallvermeidung zu kümmern. Es gilt, Ihr Kind auf diesem Weg zu unterstützen und auch selbst auf Anzeichen eines neuen Rückfalls zu achten. Neue Schübe kündigen sich in der Regel an, können bemerkt und oft genug abgewehrt werden. Bleiben Sie mit dem Jugendlichen auch über innere Erlebensweisen, die einen Schub ankündigen können in Kontakt.

Umgang mit Halluzinationen und Wahnerleben: Für die Betroffenen sind die Erlebnisse, welche wir als Wahn oder Halluzination bezeichnen, genauso real wie alle anderen auch. Sie können nicht wegdiskutiert oder wegerklärt werden. Sie sollten dies anerkennen, ohne in diese Welt einzusteigen. Ideal ist, so wenig wie möglich direkt über halluzinatorische Erlebnisse oder Wahninhalte zu reden, aber in Nebensätzen Ihre Wahrnehmung einfließen zu lassen, etwa, dass die Küche sauber ist und keine Maden im Brot krabbeln. Wo Halluzinationen stark ängstigen, ist es immer einen Versuch wert, einen Realitätsbezug herzustellen. Auf direktes Nachfragen der Jugendlichen sollten Sie ehrlich antworten und Ihre Wahrnehmung konkret benennen. Melden Sie dem Jugendlichen immer wieder zurück, dass Sie wissen, dass er aktuell anders wahrnimmt, dass sich die Wahrnehmungen mit der Zeit aber wieder angleichen werden. Wenn Gegenstände sich scheinbar bewegen, hilft es manchmal, dass diese angefasst werden, wenn sich der Untergrund bewegt, ist Hinsetzen oder Hinlegen oft hilfreich, schon allein um das Gleichgewicht nicht zu verlieren. Insgesamt ist hier viel Ausprobieren und die beständige Rücksprache mit dem behandelnden Therapeuten notwendig.

Suizidalität: Jugendliche mit Psychosen sind stärker suizidgefährdet. Besonders kritisch sind die Zeiten direkt nach der Diagnose, unmittelbar nach dem Abklingen eines akuten Schubes und nach Beendigung einer stationären Behandlung. Beachten Sie dazu Kapitel 18.

11.4 Selbstfürsorge

Die Psychose eines Kindes kann für die gesamte Familie eine enorme Belastung sein. Neben dem Umgang mit der Symptomatik müssen eigene sowie fremde Vorurteile und Ängste bewältigt werden. In der Akutphase ist oftmals keine eigene Motivation mehr vorhanden oder der Jugendliche ist voll überschießender ungerichteter Energie. Oft ist schwer vorherzusagen, was er als Nächstes tun oder verweigern wird. Halluzinationen und Wahnvorstellungen zu begegnen, ist eine weitere Herausforderung.

Dies bedeutet enorme Anforderungen, die vielfach kaum und oft genug nicht leistbar sind. An den Rand Ihrer Leistungsfähigkeit zu gelangen und Fehler zu machen, ist unter diesen Umständen normal und kein Zeichen von Versagen. Eventuell entwickelt sich aus den Belastungen heraus eine Krise mit dem Ehepartner oder weiteren Kindern. Sich private oder professionelle Hilfe zu holen, ist in dieser Zeit notwendig. Ebenso ist es ein Zeichen verantwortlichen Handelns, Jugendliche, die zu Hause nicht mehr angemessen versorgt werden können, in institutionelle Obhut zu geben. Mancher – nicht aller – Erschöpfung kann vorgebeugt werden, wenn Sie sich rechtzeitig Rückzugs- und Erholungsmöglichkeiten schaffen, sich weiterhin mit Freunden oder Verwandten treffen, ein Hobby pflegen oder Vereine besuchen. Vor allem aber sollten Sie sich gut über Schizophrenie, deren Auswirkungen und Wegen des Umgangs damit informieren und alle diesbezüglichen Unterstützungsangebote nutzen oder gar einfordern. Information gibt Ihnen Handlungsmöglichkeiten, Sicherheit, verringert Ohnmachtsgefühle sowie Ängste und lässt Sie so alles etwas gelassener angehen. Halten Sie sich bewusst, dass ein Jugendlicher in der Akutphase oftmals nicht beziehungsfähig und teilweise in Wahnerleben verstrickt ist. Zurückweisungen, Beschimpfungen und Verletzungen sind seltenst gegen Sie persönlich gerichtet, sondern Ausdruck der Störung.

Psychosen sind zum Großteil genetisch bedingt und treten in Familien gehäuft auf. Sollten Sie selbst an einer Psychose oder einer anderen psychischen Störung leiden, ist es notwendig, auch diese behandeln zu lassen. Je gesünder und gestärkter Sie auftreten können, desto mehr Sicherheit können Sie auch Ihrem Kind geben. Indem Sie Hilfe annehmen, sind Sie Ihrem Kind Vorbild und ermuntern es, dasselbe zu tun.

11.5 Psychotherapie, Psychiatrie und Medikamente

In der Prodromalphase kann Psychotherapie dazu beitragen einen akuten Schub zu vermeiden. Während der Akutphase ist zwar keine explizite Psychotherapie möglich, doch verbringen die Jugendlichen diese Zeit in der Regel sowieso in einer Kinder- und Jugendpsychiatrie und werden entsprechend versorgt. Nach Entlassung sollte Ihr Kind auf jeden Fall ambulant psychotherapeutisch und psychiatrisch behandelt werden. Verhaltenstherapie und systemische Ansätze gelten diesbezüglich als etwas besser geeignet als analytische Methoden.

Die Medikation mit Neuroleptika (siehe Kapitel 9) ist ein notwendiger Bestandteil der Behandlung. Wann welche Medikamente in welcher Form sinnvoll sind, sollte nur mit einem Facharzt für Kinder- und Jugendlichenpsychiatrie vereinbart werden. Kinderärzte und Erwachsenenpsychiater kennen meist nicht die für Jugendlichen spezifischen Medikamente und deren Wirkung auf Jugendliche.

11.6 Jugendhilfe

In einigen Fällen können sich Jugendliche auch während des Psychiatrieaufenthalts nicht genügend stabilisieren, um im direkt Anschluss nach Hause zurückkehren zu können. Für diese Jugendliche gibt es spezialisierte Angebote der stationären Jugendhilfe.

Als weiterführende Literatur empfehle ich »Psychosen aus dem schizophrenen Formenkreis: Ein Ratgeber für Patienten und Angehörige«. Im Spielfilm »Das weiße Rauschen« wird eine mögliche Ausprägung jugendlicher Psychosen dargestellt.

12 Depression und Manie

12.1 Grundinformationen

Es ist völlig normal, dass Jugendliche zwischendurch niedergeschlagen sind, auf nichts Lust haben, alles schwarz sehen oder an der Welt zu verzweifeln scheinen. Halten solche Zustände jedoch länger als zwei Wochen an, behindern deutlich das Alltagsleben oder bestimmen monatelang die meisten Tage, sollten Sie überprüfen lassen, ob Ihr Kind womöglich an einer Depression leidet.

Depressionen gehören zu den häufigsten psychischen Störungen. Man geht davon aus, dass zu einem beliebigen Zeitpunkt etwa 4 bis 8 % der deutschen Jugendlichen depressiv sind, in den meisten Schulklassen also mindestens ein depressiver Jugendlicher zu finden ist. (»Depressiv« bezieht sich in diesem Buch immer auf die zugehörige psychische Störung und nicht auf den umgangssprachlichen Gebrauch im Sinne von »niedergeschlagen sein«.) Drei Viertel der Depressionen verlaufen rezidivierend, das heißt, sie treten nach Monaten oder Jahren erneut auf und müssen dann wieder behandelt werden. Für das Neuauftreten gibt es oftmals keinen erkennbaren Auslöser.

Man geht davon aus, dass die Genetik am meisten zur Entstehung einer Depression beiträgt. Sofern keine groben Fehler begangen wurden (wie etwa dem Kind beständig vorzuhalten, dass es nichts kann und nichts wert ist), liegt es nicht an der Erziehung, wenn ein Jugendlicher depressiv wird. Eine andauernd angespannte Familienatmosphäre oder starke familiäre Konflikte können aber ebenso zum Auslöser einer Depression werden wie das Zerbrechen einer Partnerschaft, Schulschwierigkeiten oder schwere körperliche Erkrankungen.

Bei Jugendlichen treten Depressionen oft auch in Verbindung mit einer Störung des Sozialverhaltens, Sucht, Angststörungen oder einer Persönlichkeitsstörung auf. Während einer depressiven Phase steigt zudem das Suizidrisiko erheblich an.

12.2 Erscheinungsbild

Depressionen können sehr unterschiedliche Formen annehmen. Niedergeschlagenheit, Motivationsprobleme und schnelles Ermüden gehören jedoch meist dazu. Tabelle 8 listet mögliche Symptome auf, aus welchen sich eine Depression in der Regel zusammensetzt.

Tabelle 8: Mögliche Symptome einer Depression (nach Baierl, 2008, S. 190 f.)

gedrückte Stimmung ohne erkennbaren Auslöser	allgemeines Desinteresse	Aktivitäten, die sonst gern gemacht wurden, machen keine Freude mehr
Reduzierung von Gefühlen bis völliges Fehlen von Gefühlen	Änderungen im Schlafrhythmus, oder der Schlafdauer	besondere Anlaufschwierigkeiten morgens
verlangsamte oder reduzierte Bewegung	gesteigerter oder reduzierter Appetit	Ab- oder Zunahme von Gewicht (Mädchen nehmen eher ab, Jungen eher zu)
kaum oder keine sexuelle Erregbarkeit oder sexuelles Begehren	Motivationslosigkeit	Erschöpfungsgefühle
geringes Selbstvertrauen und Selbstwertgefühl	Selbstzweifel	ausgeprägte Selbstvorwürfe
übersteigerte Schuldgefühle	Nachdenken über Tod und Sterben	Gedanken über Selbstmord und suizidales Verhalten
eingeschränkte Denk-, Konzentrations- und Sprachfähigkeit	keine Entscheidungen treffen können, Unentschlossenheit	Klagen und Jammern, Nörgeln
Grübeln	Zukunftsängste	Schwarz-Weiß-Denken
sozialer Rückzug	Harmoniebedürfnis, mangelnde Auseinandersetzungsfähigkeit	Gereiztheit, Aggressivität, dissoziales Verhalten
körperliche oder innere Unruhe	Stimmungsschwankungen	Leistungsabfall in der Schule
unordentliches Ausführen von Aufgaben	starkes Kontaktsuchen mit Dependenzstrukturen	Regression
Risikoverhalten beim Sport oder Alltag	schlaffe, kraftlose, gebückte Körperhaltung	wenig Mimik, ernst, traurig, maskenhaft
kaum Blickkontakt	kraftloser Händedruck	leises, monotones oder seltenes Sprechen

Ab der Pubertät besonders häufige Symptome:		
kaum Selbstvertrauen	Apathie/Gleichgültigkeit	verringerte Leistungsfähigkeit
Schulschwierigkeiten	Stimmungsschwankungen	Gereiztheit und Unruhe
sozialer Rückzug	körperliche Beschwerden	Suizidalität
Speziell bei bipolarer Störung (manisch-depressiv) sind häufig:		
unangebrachte Hochstimmung	Antriebsteigerung	innere Unruhe bis hin zur Gehetztheit
Reizbarkeit und Aggressivität	vermindertes Schlafbedürfnis	Rededrang, hohes Mitteilungsbedürfnis
schnell wechselnde, beliebig erscheinende Sexualkontakte meist ohne Verhütung	Übernehmen von Aufgaben und Verpflichtungen, die nicht erfüllt werden können	Aktivitäten, deren Gefährlichkeit unterschätzt wird
Selbstüberschätzung	erhöhter Konsum von Alkohol und illegalen Drogen	unnötige, teure Einkäufe und Verschuldung

Gerade bei Jugendlichen zeigen sich Depressionen teilweise nur durch körperliche Symptome – oft in Form wechselnder körperliche Beschwerden – oder in Form von Gereiztheit und innerer Unruhe. Diese werden von Nicht-Fachleuten sehr selten erkannt. Auch psychotische Symptome (siehe Kapitel 11) können Teil einer Depression sein. Spätestens wenn solche Symptome auftauchen, sollte Ihr Kind unmittelbar von einem Fachmann gesehen werden.

12.3 Alltagsgestaltung

Liebe und Geborgenheit: Ein Jugendlicher mit Depressionen bemerkt, dass etwas nicht stimmt. Sein gesamtes bisheriges Welterleben ist in Frage gestellt. Er erlebt sich, seine Mitmenschen und seine gesamte Umwelt nicht nur als verändert, sondern auch als deutlich verschlimmert. Hoffnungslosigkeit, Unruhe, körperlichen Beschwerden, Gereiztheit oder sonstige Symptome sind befremdlich und machen Angst. Das, was Ihr Kind nun am meisten braucht, ist Sicherheit und Geborgenheit. Zeigen Sie ihm, dass es geliebt wird. Sofern Ihnen dies möglich ist, verbringen Sie jetzt am besten viel Zeit mit Ihrem Kind, unterhalten sich mit ihm, binden es in Aktivitäten ein oder sind einfach nur in der Nähe.

Viele Jugendliche, die sich zuvor dafür zu alt fühlten, können es in der Depression gut annehmen, in den Arm genommen und getröstet zu werden. Wenn sich Trauer oder Verzweiflung melden, ist es auch gut, jemanden zu haben, bei dem man sich ausweinen kann. Zeigen und versichern Sie Ihrem Kind immer wieder, dass Sie zu ihm stehen und dass es die aktuelle Misere weder verdient noch verursacht hat.

Ernst nehmen: Nehmen Sie aber auch ernst, dass es Ihrem Kind aktuell schlecht geht, dass es Positives kaum sehen oder annehmen kann und dass es unendliche Kraft kosten kann, irgendetwas zu tun. Es kann sich nicht einfach zusammenreißen und alles wird gut. Jammern, Klagen und Hoffnungslosigkeit sind schwer auszuhalten. Doch werfen Sie dies Ihrem Kind nicht vor, sondern akzeptieren dies als Symptome seiner Störung. Depressive fühlen sich schnell allein gelassen. Sowohl intensive Gespräche darüber, was Ihr Kind bewegt als auch das genaue Beobachten und zwischen den Zeilen lesen, um zu verstehen, was noch nicht ausgesprochen werden kann, können dem entgegenwirken. Während der Depression kann das Lernvermögen deutlich reduziert sein. So ist es oft notwendig, dasselbe Thema immer wieder neu durchzugehen.

Hoffnung, Ermutigung, Stärkung: Es ist wichtig, dass Sie die Hoffnung nicht verlieren und Vertrauen in Ihr Kind setzen. Vermitteln Sie ihm realistische Hoffnung auf das Ende der Depression und eine Verbesserung der Situation, achten Sie aber darauf, keine leeren und haltlosen Versprechungen zu machen. Auch geht es nicht um aufgesetzte Fröhlichkeit und Aktionismus. Achten Sie darauf, dass Depressive Humor, Doppeldeutigkeit und Ironie meist nicht verstehen können und alles Gesagte wörtlich nehmen. Je fester Sie im Leben stehen, je mehr Lebensfreude Sie besitzen und je zuversichtlicher Sie in die Zukunft schauen, desto eher können Sie dies auch an Ihr Kind weitergeben.

Fördern und fordern: Überprüfen Sie, welche aktuellen Belastungen jetzt reduziert werden können. Lässt sich in der Schule Druck herausnehmen? Können weitreichende Entscheidungen verschoben werden? Trägt Ihr Kind in irgendeinem Bereich zu viel Verantwortung? Wird es von Mitschülern unterdrückt? Diese und ähnliche Fragen sollten nun erwogen und beantwortet werden. Falls Ihre familiäre Situation aktuell belastet ist, ob wegen finanzieller

Not, persönlichen Differenzen oder ganz anderen Gründen, ist es wertvoll, diese so gut zu beheben, wie es möglich ist. Vor allem die Lösung von Partnerschaftsproblemen der Eltern und die Verbesserung des Familienklimas können maßgeblich zu einer Verbesserung beitragen.

Hilfe kann auch bei der Alltagsbewältigung nötig sein. Bieten Sie ganz konkrete Unterstützung bei aktuellen Anforderungen. Aufstehen, Körperhygiene, Schulbesuch, Telefonate, Entscheidungen und viele weitere Alltagsanforderungen können nun zum Problem werden. Stehen Sie hilfreich zur Seite, beraten und unterstützen. Drängen Sie eventuell auch einmal vorsichtig und treffen die eine oder andere Entscheidung für Ihr Kind.

Üblicherweise schont man sich, wenn es einem nicht gut geht, und nach einiger Zeit geht alles wieder besser. Bei Depressionen wäre dieses Verhalten fatal und würde immer tiefer in die Depression führen. Es gilt, den Teufelskreis aus Passivität, Rückzug und depressiven Symptomen zu unterbrechen. Dies ist besonders schwierig, weil Aktivitäten zunächst nur mühsam erlebt werden und keinerlei Freude bereiten. Die beständige Aktivierung führt nur langsam wieder zu mehr Lebensfreude und Energie. Diese Durststrecke kostet alle Beteiligten viel Kraft, muss aber bewältigt werden. Es ist sinnvoll, immer wieder gemeinsame Unternehmungen anzubieten. Ideal sind körperliche Aktivitäten, die vor der Depression Freude bereitet haben. Spaziergänge, Sport oder auch körperliche Arbeiten sind gut geeignete Maßnahmen. Oft lohnt es sich, eine Liste mit all den Aktivitäten zu erstellen, die Ihrem Kind vor der Depression Freude bereitet haben, und dann darauf zu achten, dass jeden Tag mindestens drei davon zur Anwendung kommen. Depressive müssen dabei jedoch erst wieder lernen, zu genießen. Zunächst ist es notwendig, dass sie mitgezogen werden, da sie die Motivation von allein nicht aufbringen und auch deutlich früher ermüden als sonst. Machen Sie Ihrem Kind also keine Vorwürfe, wenn es die Angebote (noch) nicht annehmen oder durchhalten kann. Oft hilft es, für Treffen mit anderen Jugendlichen zu sorgen, deren Vitalität ansteckend wirken kann. Schrittweise sollte ein Aktivitätsaufbau jedoch gelingen. Auch Verantwortungsübernahme sollte nach einer Besserung Schritt für Schritt wieder aufgebaut werden. Aufgaben, die gestuft erledigt werden können und bei denen jeder bewältigte Zwischenschritt gewürdigt werden kann, eigen sich dazu besonders gut.

Jede Form der Eigeninitiative, jeder kleine Erfolg und jede eigene Entscheidung sollte bemerkt und anerkannt werden. Arbeiten Sie viel mit Lob und wenig mit Kritik. Strafen und stark konfrontative Vorgehensweisen sind zu dieser Zeit so gut wie immer der falsche Weg. Es ist auch hilfreich, sich all die kleinen Erfolge zu merken, um sie dann rückmelden zu können, wenn gerade einmal wieder alles nur düster zu sein scheint. Verhelfen Sie Ihrem Kind zu Erfolgserlebnissen, sodass es wieder daran glauben lernt, durch sein Handeln etwas bewirken zu können.

Tagesstruktur: Depressive Jugendliche brauchen viel Struktur von außen, da sie sich aktuell kaum Struktur von innen geben können. Oft hilft ein fester Tagesplan für Ihr Kind, der gemeinsam aufgeschrieben und an zugänglicher Stelle aufbewahrt wird. Alle Termine und Aufgaben sollten darin ebenso mit den dazugehörigen Zeiten verzeichnet sein wie Pausen und Freiräume. Ein solcher Plan wird am besten auch mit dem behandelnden Psychotherapeuten abgesprochen. Helfen Sie Ihrem Kind, den Tagesplan so gut wie möglich einzuhalten, ohne sich sklavisch danach richten zu müssen. Der Tagesplan trägt zum einen dazu bei, tatsächlich aktiv zu werden und Struktur zu gewinnen. Andererseits hilft er, Leerzeiten zu verhindern. Leerzeiten bergen die Gefahr, ins Grübeln abzudriften, und auch Suizidgedanken kommen eher. Wo immer es Ihnen auffällt, ist es sinnvoll, die manchmal endlosen Grübelschleifen zu unterbrechen, die Aufmerksamkeit auf andere Inhalte zu richten oder dabei zu helfen, dieselben Inhalte zieldienlicher zu bearbeiten.

Als Gesprächspartner können Sie helfen, Gedankengänge zu strukturieren. Manchmal hilft auch das Aufschreiben von Gedanken, um aus Endlosschleifen auszusteigen. Die schon erwähnte körperliche Aktivität hilft auch, sich ganz im Körper sowie im Hier und Jetzt zu verankern, statt ins Grübeln zu verfallen. Überhaupt sind alle Aktivitäten geeignet, welche die Aufmerksamkeit in die Gegenwart fördern, statt in Vergangenheit oder Zukunft, die jeweils düster scheinen, zu versinken. Wenn schon genügend Verbesserung eingetreten ist, sind manchmal auch Realitätstests angezeigt. Anhand von Aufgaben können Jugendliche testen, ob ihre negativen Gedanken und Vorstellungen sich wirklich so bewahrheiten wie befürchtet. Die Aufgaben für Realitätstests sollten natürlich so gewählt werden, dass ein Erfolg sehr wahrscheinlich ist.

Suizidalität: Depressive Jugendlichen sind besonders suizidgefährdet. Suizidgedanken und alle andere Hinweise auf mögliche Suizidalität sollten auf jeden Fall ernst genommen werden. Ausführlichere Informationen zum Thema Suizidalität finden Sie in Kapitel 18.

Umgang mit manischen Symptomen: Während einer manischen Phase überschätzen Jugendliche sich und ihre Fähigkeiten. Sie haben kaum eine Wahrnehmung für Gefahren und Nachteile, die sich aus ihrem Verhalten ergeben können. In diesen Zeiten haben sie eine nicht enden wollende Energie, können Tag und Nacht unterwegs sein und erleben ein Gefühl von Freiheit, Lebensfreude, Kraft und schier unbegrenzten Möglichkeiten. Ihnen geht es subjektiv blendend, und sie können weder erkennen, dass diese Wahrnehmung gestört ist, noch können sie akzeptieren, dass Sie als Eltern ihre Grandiosität und Möglichkeiten einschränken wollen. Andere werden gerade in manischen Phasen besonders unruhig, gereizt und aggressiv. Da die Gefahr besteht, sich in diesen Phasen hoch zu verschulden oder Unmengen von Geld auszugeben, sollten Sie den Geldfluss gut kontrollieren und eventuell EC-Karten sowie Sparbücher einziehen oder sperren lassen. Zudem muss manchmal im Nachhinein ein von Ihrem Kind geschlossener Vertrag oder Kauf rückgängig gemacht werden. Diesbezüglich sollten Sie sich ausführlich von einer Beratungsstelle informieren lassen. Auch wahlloser und ungeschützter Geschlechtsverkehr ist in manischen Phasen häufig zu beobachten. Dies alles führt dazu, dass die Jugendlichen zu ihrem eigenen Schutz und dem anderer einen sehr engen Rahmen sowie ein hohes Maß an Beaufsichtigung benötigen. Manchmal ist es auch sinnvoll, Freunde zu bitten, kein Geld zu verleihen und mit ein Auge auf Ihr Kind zu haben, um sie vor unerkannten Gefahren zu schützen. Die Verantwortung bleibt aber auch dann bei Ihnen als Eltern. Das hohe Ausmaß an Eingrenzung ist von einer Familie oftmals nicht leistbar. In einer akut manischen Phase wird deshalb häufig die stationäre psychiatrische Behandlung notwendig.

Die Teilnahme am Straßenverkehr, die Handhabung gefährlicher Maschinen sowie die Ausübung von potenziell gefährlichen Sportarten sollte in manischen Phasen nur nach Rücksprache mit dem behandelnden Therapeuten erlaubt werden.

Beim Übergang zwischen depressiven und manischen Phasen (egal in welche Richtung) ist die Suizidgefahr besonders hoch, da teilweise die Energie, etwas zu tun, bereits (oder immer noch) vorhanden ist, während die Hoffnungslosigkeit noch (oder bereits) das Denken und Fühlen bestimmt.

Licht: Licht, vor allem Sonnenlicht, wirkt antidepressiv. Ein helles Zimmer, viele Aktivitäten im Freien sowie das Anbringen spezieller Tageslichtleuchten können daher den Heilungsprozess unterstützen.

12.4 Selbstfürsorge

Der Umgang mit Depressiven ist alles andere als leicht. Auch wenn man weiß, dass die Betroffenen nicht einfach anders können, wenn sie nur wollen, kann schnell Ärger über deren Unbeweglichkeit, Trägheit oder Jammerigkeit entstehen. Auch Frust und Wut werden oft berichtet. Dies zeigt nicht, dass Sie schlechte Eltern wären, sondern ist eine normale Begleiterscheinung der Störung. Halten Sie sich bewusst, dass Ihr Kind einiges selbst erledigen muss. Die eigene Aktivität führt langfristig aus der Depression. Wenn Sie ihm alles abnehmen, verstärken Sie die Symptomatik. Hier gilt es auszuhalten, dass manches quälend langsam geht, was Sie selbst viel schneller erledigt hätten. Besonders schwierig wird es, wenn sich depressive Trägheit mit pubertierendem Verweigerungsverhalten mischt. Holen Sie sich diesbezüglich eine gute Beratung, um unterscheiden zu lernen, wann Schonung und wann Einfordern ansteht. Im Umgang mit einem depressiven Kind geht es immer wieder darum, Kraft für beide aufbringen zu müssen und sich selbst gegen hoffnungslose Gedanken, Erschöpfung und Niedergeschlagenheit zu behaupten. Hinzu kommt oftmals die Sorge, das eigene Kind könne sich womöglich umbringen.

Um all dies zu schultern, benötigen Sie besonders viel Kraft. Achten Sie deswegen darauf, dass es Ihnen auch gut gehen darf, wenn es Ihrem Kind aktuell schlecht geht. Es hilft niemandem und am wenigsten Ihrem Kind, wenn Sie wegen Erschöpfung ausfallen. Zudem besteht die Gefahr, dass Ihr Kind sich sofort schuldig fühlt, wenn es Ihnen nicht gut geht, was dessen Symptomatik verstärken würde. Ihr Lebensmut, Ihre Lebensfreude und Ihre Kraft geben Ihrem Kind einen Halt, den es selbst nicht mehr herstellen kann. Dafür ist es notwendig, sich selbst Gutes zu tun, sich Freiräume zu schaffen, sich Entlastung zu besorgen und nicht rund um die Uhr nur für das Kind da zu sein. Treffen Sie sich mit Freunden und reden Sie mit diesen auch – aber nicht nur – über Ihre Sorgen und Ihr Kind. Pflegen Sie ein Hobby und machen Unternehmungen, die Ihnen Freude und Kraft geben, die Sie dann wiederum Ihrem Kind zur Verfügung stellen können. Und scheuen Sie sich nicht davor, private wie professionelle Hilfe für sich wie Ihr Kind in Anspruch zu nehmen. Besondere Belastungen bedürfen nun einmal der besonderen Unterstützung.

12.5 Psychotherapie, Psychiatrie und Medikamente

Auch wenn sich leichte Depressionen manchmal von selbst legen, erfordern mittlere bis schwere Depressionen immer die psychotherapeutische Behandlung. Verhaltenstherapie und Psychoanalyse mit 80 bis 90 % berichteter Erfolgsquote sind diesbezüglich beide zu empfehlen. Auch die systemische Therapie hat sich bewährt. Bei mittleren und schweren Depressionen wird zudem oftmals eine medikamentöse Behandlung notwendig. Die Entscheidung darüber, ob und wie medikamentös behandelt wird, sollte nur von einem Facharzt für Kinder- und Jugendpsychiatrie getroffen werden. In der Naturheilkunde haben echter Safran (beim Kochen und Backen verwendet) und Johanniskraut (vor allem als Tee) ihre Wirksamkeit erwiesen. Reicht eine ambulante Therapie nicht aus, kann die stationäre Behandlung in einer Kinder- und Jugendpsychiatrie oder Tagesklinik notwendig werden. Dies ist vor allem bei Suizidalität, hoher Aggression, stark manischer Symptomatik oder extremer Reduktion des eigenen Antriebs notwendig. Im Rahmen einer Depression können auch psychotische Symptome (siehe Kapitel 11) auftauchen. Spätestens dann, wenn ein erstes psychotisches Symptom auftaucht, Suizidgedanken geäußert werden, sich eine manische Symptomatik zeigt oder ein geregelter Alltagsvollzug nicht mehr möglich ist, sollten Sie Ihr Kind umgehend bei einem Fachmann vorstellen.

12.6 Jugendhilfe

Depressionen allein sind in der Regel kein Grund für eine stationäre Jugendhilfemaßnahme. Treten sie jedoch gemeinsam mit anderen Störungen auf, kann auch die stationäre oder ambulante Jugendhilfe eine wertvolle Unterstützung sein.

Zusätzliche Informationen finden Sie in »Depressionen im Kindes- und Jugendalter: Erkennen, Verstehen, Helfen« von Christiane Nevermann und Hannelore Reicher.

13 Traumatisierung

13.1 Grundinformationen

Extreme, als existenzielle Bedrohung und überwältigend erlebte Geschehnisse wie sexueller Missbrauch, schwere Unfälle, Gewalterfahrungen oder Naturkatastrophen können die Verarbeitungsmöglichkeiten eines Jugendlichen übersteigen. Ausschlaggebend ist dabei der subjektiv erlebte Grad der Bedrohung. Bei Jüngeren kann dies auch durch Geschichten oder Filme, die als real erlebt werden, geschehen. Übersteigt ein selbst erlebtes oder beobachtetes furchtbares Geschehen die Verarbeitungsmöglichkeiten eines Menschen, spricht man von Traumatisierung. Das Geschehen selbst wird als Trauma bezeichnet. Das Trauma wird oft nicht als zusammenhängendes abgeschlossenes Ereignis erinnert, sondern als unzusammenhängende Einzeleindrücke (Fragmentierung). Einzelne Bilder, Gefühle, Gedanken und Geräusche während des Traumas werden dann einzeln im Gehirn gespeichert.

Dies führt dazu, dass über das Erlebte manchmal nicht gesprochen werden kann, Erinnerungen fehlen, es keiner Zeit und keinem Ort zugeordnet und es nicht als abgeschlossen Vergangenes erlebt wird. Jeder Ort und jede Zeit scheint dann gefährlich. Jeder Erinnerungssplitter kann dazu führen, dass man das Gefühl hat, das Trauma finde aktuell wieder statt. Der Jugendliche fühlt und verhält sich dann dementsprechend. Solche Erinnerungssplitter werden Trigger (Auslöser) genannt. Häufige Symptome sind Intrusionen (sich aufdrängende Erinnerungen an das Trauma), Vermeidung von allem, was an das Trauma erinnern könnte, Hypervigilanz (Bereitschaft, alles als Gefahr anzusehen und schnell darauf zu reagieren), beständige Unruhe sowie extreme Gefühle oder das Fehlen von Gefühlen. Dies kann den gesamten Alltag prägen und die gesamte weitere Entwicklung beeinträchtigen. Die Symptome können unmittelbar nach einem Trauma, aber auch Wochen oder Monate später auftreten.

Erleben Jugendliche ein Trauma, zeigt ein Viertel keine über eine Woche anhaltende Symptome, die Hälfte hat Symptome, die circa ein halbes Jahr andauern, und ein Viertel behält schwere Symptome jahrelang. Eine weitreichende Traumatisierung tritt bei circa 50 % der sexuellen Übergriffe, 25 % der Gewaltverbrechen,

20 % der Opfer von Krieg, Gefangenschaft oder Unfällen und 15 % der schweren Erkrankungen (z. B. Krebs) ein. Je mehr Traumata erlebt werden, desto höher die Wahrscheinlichkeit einer ernsthaften Traumatisierung. Man geht davon aus, dass 1 bis 7 % der Jugendlichen eine psychische Störung als Traumafolge haben. In 50 % der Fälle einer Traumatisierung verschwindet die Symptomatik innerhalb eines Jahres. Circa 80 % der Betroffenen können bei richtiger Behandlung weitgehend symptomfrei werden.

Nicht alle Jugendlichen sind gleich anfällig für Traumatisierungen. Tabelle 9 zeigt die wesentlichen Risikofaktoren dafür, dass ein schlimmes Erlebnis traumatische Folgen hat. Viele der Risikofaktoren liegen im familiären Bereich. Diese zu verändern, kann zwar keine Traumatisierung verhindern, aber Ihr Kind stärken, besser mit schlimmen Erfahrungen umzugehen. Dies gilt auch für die Verarbeitung bereits geschehener Traumatisierungen. Bedeutsame Schutzfaktoren sind Glaube und Spiritualität, welche erlauben, alles Geschehen in einem Sinnzusammenhang zu sehen, sich letztendlich geschützt zu fühlen, sowie die Einbettung in eine entsprechende Glaubensgemeinschaft. Natürlich sind eine gute Eltern-Kind-Beziehung, gute Freunde und Selbstsicherheit ebenfalls wertvolle Schutzfaktoren.

13.2 Erscheinungsbild

Tabelle 10 zeigt häufige Symptome einer Traumatisierung. Traumatisierte Jugendliche haben zudem ein deutlich höheres Risiko für Sucht, Borderline-Persönlichkeitsstörung, Depression, andere Angststörungen, psychosomatische Beschwerden und chronische Schmerzen. Auch Selbsttötungsabsichten und selbstverletzendes Verhalten sind häufig.

Tabelle 9: Risikofaktoren für die Entwicklung einer Traumatisierung

überwältigend schlimme Erlebnisse	frühe Stresserfahrung	wiederholte negative Lebensereignisse
Lebenskrisen	überbeschützendes Erziehungsverhalten	Selbstständigkeitsbestrebungen wurden von engen Bezugspersonen behindert
Verstärkung für ängstliches Verhalten	überängstliche Eltern	rigide Erziehungsmethoden
körperliche Bestrafung	abwertendes Verhalten der Eltern	fehlende, zu starke oder zu schwache Bindung an die Eltern
geringes Selbstwertgefühl	eingeschränkte Fähigkeiten zur Stressbewältigung	eingeschränkte soziale Kompetenz
besonders stark und rigide ausgeprägte Gewissensbildung	eher passive Grundhaltung	
genetische Aspekte	gestörter Gehirnstoffwechsel, vor allem hinsichtlich Serotonin und Dopamin	Hirnschäden, hirnorganische Veränderungen

Tabelle 10: Mögliche Symptome einer Traumatisierung (nach Baierl, 2008, S. 210 f.)

Eher unspezifische Angstsymptome:		
Angstgefühl	Panik	Angst vor der Angst
Angst, die Kontrolle zu verlieren	Schlafstörungen	Alpträume
Vermeiden von Situationen und Reizen, die angstbesetzt sind	Verhaltensweisen, die von den Betroffenen nicht erklärt werden können oder wollen	Scham und Minderwertigkeitsgefühle, weil man sich ängstigt
erhöhtes Bedürfnis nach körperlicher Nähe oder Vermeidung derselben	erhöhtes Zuwendungsbedürfnis	Depersonalisation, Derealisation
Atemnot, Erstickungsgefühle, Hyperventilation, Herzrasen	Beklemmungsgefühl in Brust oder Brustschmerz	Bauchschmerzen, Übelkeit und andere körperliche Beschwerden
Kreislaufbeschwerden	Schwindel	körperliche Unruhe
Muskelzittern, Muskelverspannungen	Hitze- oder Kältegefühl	Körpermissempfindungen wie Kribbeln oder Taubheit
Mundtrockenheit	akute oder chronische Schmerzen	Schwitzen
Eher traumaspezifische Angstsymptome:		
Intrusionen (sich aufdrängende Erinnerungen) oder Wiedererleben des Traumas im Alltag	Reaktionen auf Auslöserreize (Trigger), als ob das Trauma aktuell wieder passieren würde	Aggressivität, teilweise extrem wie Angriffe mit Waffen auf Dritte (im Glauben, selbst gefährdet zu sein und sich verteidigen zu müssen)
Wut auf Eltern oder andere Bezugspersonen, da sie Betroffenen nicht geschützt haben	Schreikrämpfe, Tobsuchtsanfälle	körperliches Erstarren
häufiges Einnehmen der Embryohaltung	emotionaler Rückzug, emotionale Abstumpfung	Gefühle des Verlassenseins
Regression: Zurückfallen auf Verhaltens- und Erlebensweisen von Jüngeren (Daumenlutschen, Kinderspiele, Einnässen …)	Entwicklungsstopps mit einzelnen Verhaltens-, Erlebens- oder Denkweisen, die sich nicht altersgemäß weiterentwickeln	Pendeln zwischen Regression, tatsächlicher Entwicklung und Übererwachsen-sein-Wollen

(Fortsetzung Tabelle 10)

Nachlassen von Neugier- und Explorationsverhalten	Verlust bisheriger Interessen	Angst vor Fremdem und Ungewohntem
sozialer Rückzug	Misstrauen gegenüber Dritten	Angst vor Dunkelheit
Autoaggression und selbstverletzendes Verhalten	Vermeidung von Umständen, die an das Trauma erinnern könnten	Übererregung
Hypervigilanz: Erleben der Welt als gefährlich, andauerndes Gefühl von Angst und Gefahr	erhöhte Schreckhaftigkeit	vegetative Störungen (z. B. in Form wechselnder körperlicher Beschwerden)
gestörtes Körperselbstbild und motorische Einschränkungen	Hyperaktivität	rasche Erschöpfbarkeit
reduzierter Appetit	Dissoziationen	Gefühl, mit allem nichts mehr zu tun zu haben
Gefühl, dass alles unwirklich ist	Gefühl, sich selbst zu verlieren	Stimmungsschwankungen
Depressivität, Verzweiflung und Hoffnungslosigkeit	Schuldgefühle, vor allem wenn andere schwerer geschädigt wurden oder gestorben sind	allgemeine gedankliche Desorganisation mit Verwirrtheit, Merkschwierigkeiten, eingeschränkter Logik und beliebig anmutenden Verknüpfungen von Inhalten
einzelne oder alle Aspekte des Traumas können nicht erinnert werden	Schwierigkeiten, Zusammenhänge zwischen Ereignissen herstellen zu können	Schwierigkeit, traumaspezifische Aspekte sprachlich auszudrücken
Wahrnehmungsverzerrungen	gestörte Raum-Zeit-Wahrnehmung	Konzentrationsstörungen, Merk- und Lernschwierigkeiten
Infragestellen der eigenen Handlungsfähigkeit	Nachspielen der traumatisierenden Situation	Ausdrücken der traumatischen Situation in Bildern
Überwiegend bei sexuellen Traumata:		
stark sexualisierte Verhaltensweisen und Sprache	extremes Suchen oder Vermeiden von Körperkontakt	Schwierigkeiten im Umgang mit Nähe und Distanz

Reinszenierungen des erlebten Übergriffs als Opfer oder mit vertauschten Rollen als Täter	Begehen von sexuellen Übergriffen	Grenzverletzungen gegenüber Dritten
Unterteilung der Menschen in Opfer und Täter (mit keiner Kategorie dazwischen oder unabhängig davon)	Übertragung des erlebten Traumas auf andere ähnliche Bezugspersonen	Misstrauen gegenüber der eigenen Wahrnehmung
Misstrauen gegenüber den eigenen Interpretationen	Schwierigkeit, die eigenen Grenzen zu wahren	deutliche Selbstwertprobleme

13.3 Alltagsgestaltung

Traumatisierte Jugendliche brauchen vor allem Sicherheit. Dazu gehört, dass Sie Ihrem Kind liebevoll, verlässlich und verantwortlich begegnen und mit ihm Zeit verbringen. Eine verlässliche Alltagsstruktur mit wiederkehrenden Rhythmen, nachvollziehbaren Regeln sowie bekannten und konsistenten (angenehmen wie unangenehmen) Konsequenzen wirkt stabilisierend.

Ebenso sollten Sie Freiräume schaffen, Spaß und Lebensfreude fördern. Idealerweise ist Ihre Familie der sichere Hafen, von dem aus sich Ihr Kind die Welt (wieder)erobern und in den es jederzeit sicher zurückkehren kann. Es ist gut nachvollziehbar, wenn Sie Ihr Kind jetzt besonders behüten wollen. Dabei sollten Sie jedoch überprüfen, ob Sie sich nicht überängstlich, überbehütend oder klammernd verhalten. Wäre dies so, würden Sie Ihrem Kind vermitteln, dass die Welt voller Gefahren steckt, die es allein nicht bewältigen kann, und es dadurch eher in der Opferrolle festhalten. So schwer Ihnen dies fallen mag, gilt es zwar einerseits zu schützen, andererseits aber die Eigenständigkeit und die Eigenverantwortlichkeit Ihres Kindes zu fördern und es die Welt tatsächlich erobern zu lassen. Ihr Kind darf ruhig merken, dass auch Sie Ängste haben. Indem Sie aber einen guten Umgang mit den eigenen Ängsten leben, sind Sie ihm ein nicht zu unterschätzendes Vorbild. Ebenso gilt es, darauf zu achten, wo sich Ihr Kind bewusst oder unbewusst Vorteile durch die Symptome verschafft und diese behutsam zu reduzieren. In der Erziehung sollten Sie vor allem über Belohnungen und weniger über Bestrafung Änderungen anstreben.

Umgang mit frischen Traumatisierungen: Unmittelbar nach einem schlimmen Erlebnis braucht Ihr Kind zunächst Sicherheit und Zuwendung. Finden Sie einen Rahmen, in dem Ihrem Kind aktuell keine Gefahren drohen, und nehmen sich viel Zeit für Ihr Kind. Sie sollten es nicht bedrängen, über das Erlebte zu reden, aber Interesse bekunden und gut zuhören, wann immer Ihr Kind zu erzählen beginnt. Parallel dazu gilt es so viel Normalität wie möglich zu schaffen, die Aufmerksamkeit Ihres Kindes auch auf anderes als das Trauma zu richten, Kontakte zu Freunden und Verwandten fördern und insgesamt erfahrbar machen, dass das Trauma vorbei ist und das Leben weitergeht. Dies heißt nicht, das Geschehene zu bagatellisieren, sondern Möglichkeiten zu bieten, das Erlebte in die eigene Lebensgeschichte integrieren zu können und einen guten Umgang damit zu finden. Helfen Sie Ihrem Kind, auch extreme Gefühle wie Angst, Wut, Hass oder Trauer auszudrücken oder mit einer Gefühlstaubheit umzugehen. Gut ist es, Rückzugsmöglichkeiten zu gewähren, ohne Ihr Kind allein zu lassen. Konfrontationen mit dem Geschehenen gegen das Bedürfnis Ihres Kindes sind zunächst zu vermeiden. Auch eine explizite Psychotherapie ist jetzt meist zu früh. Begleitende stabilisierende Gespräche mit einem Kinder- und Jugendlichenpsychotherapeuten, einem Kinder- und Jugendpsychiater oder in einer Traumaberatungsstelle sind jedoch oft wertvoll. Manchmal sind auch Medikamente hilfreich, um die Dauer und die Intensität der akuten Reaktionen zu verringern. Holen auch Sie sich Unterstützung. Diese Aufgabe ist allein kaum zu bewältigen. Zudem ist es normal und in Ordnung, Ihrem Kind nicht unbegrenzt zur Verfügung stehen zu können oder zu wollen. Auch Sie brauchen Freiräume sowie Zeit und Hilfe, zu verarbeiten. Pflegen Sie Freundschaften, Kontakte zur Familie und sichern sich auch professionelle Unterstützung. In der Regel kennen die Telefonseelsorge, der Kinderschutzbund oder das Jugendamt die geeigneten Anlaufstellen.

Beziehung: Langfristig ist die liebevolle und verlässliche Beziehung zwischen Ihnen und Ihrem Kind einer der wichtigsten Faktoren. Allerdings ist die Beziehungsgestaltung mit einem traumatisierten Jugendlichen oft alles andere als einfach. Es gilt, eine Balance zu finden, in der Sie Nähe anbieten, aber nicht einfordern, und die persönlichen Grenzen von sich und dem Jugendlichen wahren. Achten Sie dabei gut auf die Bedürfnisse des Jugendlichen, um nicht Gefahr zu laufen, unaufgefordert in dessen Intimbereich zu stoßen, was schnell als Übergriffigkeit Ihrerseits erlebt würde. Überprüfen Sie auch, wann Ihre Impulse, zu trösten oder Nähe anzubieten, eher Ihrem Bedürfnis entsprechen als dem Wunsch Ihres Kindes. Besonders bei sexuellen Traumata wurde eine unselige Verknüpfung von Nähe, Macht und Gewalt erlebt. Als Elternteil sollten Sie sich Ihrer Machtposition bewusst sein, diese transparent machen – Sie müssen zum Beispiel bestimmte Entscheidungen für Ihr Kind treffen – und darauf achten, Ihre Überlegenheit tatsächlich zum Schutz des Kindes einsetzen.

Das Bedürfnis nach Nähe und Beziehung ist bei Betroffenen oft so tief verschüttet und von Misstrauen überlagert, dass scheinbar jede Annäherung abgeblockt wird. Achten Sie dann sorgfältig auf offene wie verdeckte, teils minimale Beziehungsangebote und gehen sehr behutsam auf diese ein, ohne gleich mehr zu fordern. So kann Ihr Kind erleben, dass Nähe und Beziehung um seiner selbst willen geschehen, nicht mit unangemessenen Ansprüchen und Verpflichtungen einhergehen und es sich Ihrer Fürsorge gut anvertrauen kann. Betroffenen Jugendlichen fällt es oftmals schwer, an eine ehrliche Beziehung glauben zu können. Wahrscheinlich werden Sie heftig auf die Probe gestellt, ob Sie wirklich verlässlich sind, auch in Krisen zu Ihrem Kind stehen und dieses tatsächlich mögen. Solche Angriffe können tief verletzen. Den meisten Eltern hilft es, sich bewusst zu halten, dass ihr Kind aktuell verstört ist und sich, gerade wenn alles gut scheint, immer wieder versichern muss, dass dies wirklich der Realität entspricht. Betroffene übertragen zudem unwillkürlich ihre schlimmen Erfahrungen auch auf die eigenen Eltern, erleben diese zum Beispiel schnell als lieblos, gemein oder unzuverlässig und werfen ihnen dies vor. Als wichtigste Bezugsperson werden Sie unweigerlich zur Projektionsfläche für entsprechende Ängste Ihres Kindes. Es ist wichtig, sich immer wieder bewusst zu machen, dass Sie – auch wenn Sie Grenzen setzen, nicht alle Bedürfnisse des Kindes befriedigen und auf die eigenen Grenzen achten – kein neuer Täter sind, auch wenn dies Ihrem Kind kurzfristig so vorkommen mag. Versuchen Sie, solchen Anfeindungen möglichst gelassen zu begegnen, Ihr Kind weiterhin zu begleiten und ihm die Sicherheit zu geben, tatsächlich von Ihnen gemocht, gehalten und ausgehalten zu werden. Später können Sie diese Dynamik auch mit Ihrem Kind besprechen, ihm helfen, aus dieser Dynamik auszusteigen und alternative Formen des Vertrauensaufbaus zu erarbeiten.

Im Umgang mit traumatisierten Jugendlichen treten sehr intensive Gefühle, vor allem Wut, Angst, Trauer und Hilflosigkeit, bei allen Beteiligten auf. Erlauben Sie Ihrem Kind, diese Gefühle zu zeigen und einen angemessenen Umgang damit zu lernen. Indem es sieht, dass auch Sie diese Gefühle haben und wie Sie mit ihnen umgehen, kann es erfahren, dass diese Gefühle in Ordnung sind, ausgehalten werden können und die Beziehung nicht in Frage stellen. Machen Sie zudem deutlich, dass diese Gefühle zur Situation gehören und Ihr Kind nicht verantwortlich für Ihre Gefühle ist.

Diese Dynamiken erfordern viel Kraft und Geduld. Letztendlich bestimmen die Jugendlichen das Tempo des Heilungsprozesses, den Sie lediglich unterstützen können. Allmachtsphantasien sind hier ebenso fehl am Platz wie der Anspruch, alles richtig oder perfekt machen zu können. Halten Sie sich vor Augen, dass keine Einzelperson und keine Familie alle Beziehungswünsche eines traumatisierten Jugendlichen abdecken kann. Halten Sie Kontakt zu Freunden und Familie und unterstützen Sie auch Ihr Kind, Freundschaften sowie andere soziale Kontakte aufzubauen und zu pflegen.

Sicherheit: Vorhersagbarkeit, Berechenbarkeit und Kontrollierbarkeit helfen Ihrem Kind dabei Sicherheit zu gewinnen. Dabei helfen wiederkehrende Abläufe wie ein festes Tagesraster, Alltagsrituale, regelmäßige gemeinsame Mahlzeiten, ein normaler Tag-Nacht-Rhythmus oder ein verlässliches Regelwerk. Unvermeidliche Veränderungen sollten wenn möglich angekündigt und vorbesprochen werden. Natürlich ist es gut, wenn Sie auch bei Unvorhergesehenem Ruhe und Kontrolle bewahren. Andererseits sollten Sie zu eigener Verwirrung, Angst und Desorganisation stehen und Ihrem Kind vorleben, wie man damit umgehen kann.

Vermeiden Sie zunächst alles, was Ihr Kind unmittelbar mit dem Trauma konfrontieren würde. Falls das Trauma durch andere Menschen verursacht wurde (etwa bei Missbrauch oder Misshandlung), sollten Sie sicherstellen, dass diese weder persönlich noch über Telefon, SMS, E-Mail, Chatrooms, Briefe oder Grüße Dritter Kontakt mit Ihrem Kind aufnehmen können. Falls es sich dabei um ehemals wichtige Bezugspersonen oder Familienmitglieder handelt, ist es sinnvoll, eventuelle Kontakte mit dem Jugendlichen, dessen Therapeuten plus eventuell Jugendamt und gegebenenfalls dem Familiengericht zu besprechen, um eine verbindliche Regelung zu treffen. Dabei sollte immer der Schutz des Jugendlichen im Vordergrund stehen. Je stabiler der Jugendliche wird, desto mehr kann er sich über die Zeit wieder alle Bereiche des täglichen Lebens zu eigen machen.

Zur Sicherheit gehört auch, dass Sie Ihr Kind eingrenzen, wo dieses Grenzen überschreitet, sich oder andere gefährdet beziehungsweise über Gebühr belastet. Dies können zum Beispiel heftige Überreaktionen auf Ereignisse, negative Beziehungsmuster, getriggerte Reaktionen oder das Taktieren mit der Opferrolle sein. Es ist meist hilfreich, Einschränkungen und Konsequenzen vorher anzukündigen und dem Jugendlichen Zeit zu lassen, sich darauf einzustellen. Je nach Situation kann ein sanfter Hinweis bereits ausreichen, in anderen Situationen müssen Sie womöglich körperlich einschreiten, um eine Gefahr abzuwenden. Falls körperliches Einschreiten notwendig wird, geht es zunächst um das Sichern und gegebenenfalls Festhalten des Jugendlichen. Auch wenn körperliches Eingreifen so gut wie möglich vermieden werden sollte, da dies Erinnerungen an das Trauma und entsprechend heftige Abwehrreaktionen des Jugendlichen hervorrufen kann, kann zum Schutz des Jugendlichen, zum Selbstschutz, dem Schutz von Schwächeren und dem Schutz von Mobiliar manchmal notwendig werden. Seien Sie sich dann dessen bewusst, dass Sie kein neuerlicher Täter sind, sondern im Interesse Ihres Kindes sichernd eingreifen. Nachdem die Situation geklärt ist und alle sich wieder beruhigt haben, sollten Sie dies mit Ihrem Kind so besprechen. Ihr Kind kann auf diese Weise erleben, dass Sie bereit und fähig sind, es auch in extremen Situationen zu sichern, Ihre Macht zu dessen Schutz einzusetzen, und dass derlei Aktionen die Beziehung zu Ihnen nicht in Frage stellen. Häufen sich solche Vorfälle oder müssen Sie Angst vor Ihrem Kind haben, sollten Sie jedoch nicht zögern und mit dem behandelndem Therapeuten beziehungsweise dem Jugendamt intensivere professionelle Hilfen zu vereinbaren. Dies kann zum Beispiel eine ambulante sozialpädagogische Familienhilfe, aber auch die zeitweise Behandlung in einer Kinder- und Jugendpsychiatrie oder der stationären Jugendhilfe sein.

Seien Sie sich auch gewahr, dass ehemalige Opfer deutlich anfälliger dafür sind, selbst zu Tätern zu werden. Oftmals sind die eigenen Grenzen sowie die Erfahrung, was normal ist, so weit gelockert, dass die Abschätzung von angemessenem wie unangemessenem Verhalten nicht mehr gelingt. Wenn die Welt (scheinbar) aus Opfern und Tätern besteht, ist es zudem sicherer, zu den Tätern zu gehören. Manche versuchen, das Geschehene zu verarbeiten, indem sie die ursprünglich traumatisierende Situation erneut herbeiführen, diesmal aber die Rolle des Täters einnehmen, um sich zum Beispiel ihrer Handlungsfähigkeit zu versichern. Sobald Sie Anzeichen für eine dieser Dynamiken entdecken, sollten Sie dies mit Ihrem Kind ansprechen und auch dessen behandelndem Therapeuten kundtun. In der Regel können betroffene Jugendliche erst dann von der Täterrolle Abstand nehmen, wenn die eigene Traumatisierung entsprechend aufgearbeitet wurde.

Ein weiterer Grund, begrenzend eingreifen zu müssen, können Entladungen von Wut und Aggressionen sein, die sich bei Traumatisierten manchmal anstauen und explosionsartig entladen. Vorbeugend ist es hilfreich, geeignete Möglichkeiten zu finden, wie Wut und Aggression frühzeitig und angemessen ausgedrückt werden können. Mehr dazu findet sich in Kapitel 17.

Manchmal dauert es einige Monate, bis ein entsprechender Alltagsrahmen aufgebaut werden kann, der von dem Jugendlichen auch angenommen wird. Das fordert dann viel Geduld, Ausdauer, Nerven und Kraft von allen Beteiligten. Steht dieser Rahmen erst einmal, tritt oftmals eine deutliche Entlastung und Entspannung ein.

Manche traumatisierte Jugendliche fallen auf frühere Entwicklungsstufen zurück (Regression). Sie empfinden und handeln dann, wie dies deutlich Jüngere tun würden. Dies kann als unbewusster und unwillkürlicher Versuch verstanden werden, in eine Zeit vor dem Trauma zurückzukehren, als noch alles in Ordnung war, oder auch, um sich Ihrer besonderen Fürsorge zu versichern. Es ist wichtig, Ihrem Kind diesen Rückzugsraum zu gewähren und mit dem behandelndem Therapeuten abzusprechen, wann und wie Sie die Rückkehr in ein altersentsprechendes Leben begleiten.

Sexuelle Traumata führen bei einigen Jugendlichen teilweise zu sexualisierten Verhaltensweisen oder dem Suchen extremer körperlicher Nähe. Halten Sie sich bewusst, dass dies keine echten Angebote zu sexuellen oder intimen Kontakten sind, sondern gestörte Verhaltensweisen. Bieten Sie Körperkontakt und Intimität nur innerhalb des üblichen elterlichen Verhaltens an und lassen diese auch nur in diesem Rahmen zu. Wo Ihr Kind auch außerhalb der Familie entsprechende Verhaltensweisen zeigt, sind die Empfehlungen aus Kapitel 15 und 17 teilweise hilfreich.

Normalität fördern: Für traumatisierte Jugendliche scheint oftmals die gesamte Welt aus den Fugen geraten zu sein. Je mehr Normalität Sie mit Ihrem Kind erarbeiten können, desto eher kann es in diese zurückkehren. Dazu gehört unter anderem die schrittweise Wiedereingliederung in Alltagsvollzüge und Alltagsaufgaben wie Hausarbeit, Schulbesuch, Vereinstätigkeiten oder die Pflege von Freundschaften. Informieren Sie sich über die typischen Dynamiken bei Traumatisierung und erklären Sie Ihrem Kind, wo es sich – angesichts des Traumas – völlig normal verhält. Es ist zum Beispiel normal, aktuell ängstlicher zu sein, sich zurückzuziehen, aggressiver zu sein, von anderen kaum verstanden zu werden oder verunsichert zu sein. Ebenso ist es normal, dass dies sich über die Zeit ändert und eine Rückkehr in den alten oder einen neuen Alltag geschieht. Um diese »Normalitäten« zu wissen, entlastet und gibt Hoffnung. Auch gemeinsame Aktivitäten, welche vor der Traumatisierung Freude bereitet haben, helfen zur Normalität zurückzukehren.

Achten Sie darauf, dass nichts tabuisiert wird. Das Geschehene und die Reaktionen darauf sind kein Makel, der versteckt werden muss. Schaffen Sie Gelegenheiten, über alles zu reden, das Unaussprechliche besprechbar und handhabbar zu machen. Manche Jugendliche würden von sich aus nie erzählen, sind aber dankbar für behutsames Nachfragen. Bieten Sie Gespräche an, ohne diese einzufordern. Halten Sie sich bewusst, dass solche Gespräche furchtbare Inhalte aufdecken und heftige Gefühle wie Verhaltensweisen auslösen können. Bereiten Sie sich darauf vor, diese auszuhalten und zuverlässiges Gegenüber bleiben zu können. Akzeptieren Sie, wenn Ihr Kind gerade nicht gesprächsbereit ist, und signalisieren Sie, dass Sie, falls Ihr Kind dies möchte, zu einem späteren Zeitpunkt weiterhin für Gespräche zur Verfügung stehen. Machen Sie deutlich, dass es in Ordnung ist, falls sich Ihr Kind statt Ihnen zusätzlich andere Vertrauenspersonen seiner Wahl sucht, und fördern Sie Kontakte zu diesen. Manche offenbaren sich zunächst über Bilder, Gedichte oder Rap-Texte. Auch wenn dies nicht Ihrer Welt entspricht, sollten Sie für solche Angebote offen sein und darauf eingehen. Auch Filme oder Bücher über traumatisierte Jugendliche können eine wertvolle Hilfe sein. Es ist oft einfacher, über »das Mädchen im Buch« zu sprechen, als über die eigenen Erfahrungen und Gefühle. Andere Jugendliche haben einen hohen Redebedarf und kauen die einzelnen Aspekte des Traumas immer und immer wieder durch. Dann ein guter Gesprächspartner zu bleiben, kann eine echte Herausforderung sein, besonders wenn beständig nach dem »Warum« gefragt wird, was meist nicht befriedigend beantwortet werden kann. Ideal ist, wenn Sie dennoch gesprächsbereit bleiben, aber auch andere Themen in die Unterhaltung mit einbringen, sodass Ihr Kind sich einerseits mit dem Trauma und andererseits mit normalen, gesunden und alltäglichen Themen auseinandersetzen kann.

Für die anfängliche Verarbeitung ist die klare Unterteilung in »Täter« und »Opfer« meist hilfreich. Achten Sie jedoch darauf, Ihr Kind nicht auf die Opferrolle zu reduzieren. Es bleibt Tochter, Schülerin, Freundin oder Sportlerin und kann auf all die damit verbundenen Eigenschaften und Ressourcen zurückgreifen. »Opfer« ist Ihr Kind nur bezüglich des erlebten Traumas, alle anderen Aspekte seiner selbst bleiben erhalten. Indem Sie dies bewusst halten, helfen Sie, dass die Opferrolle nicht zur Haupt- oder Teilidentität Ihres Kindes wird.

Umgang mit getriggerten Verhaltensweisen: Trigger sind Faktoren, die während des Traumas eine Rolle gespielt haben. Dies kann ein zentraler Fakt wie Atemnot oder etwas gänzlich Nebensächliches wie Vogelgezwitscher im Hintergrund sein. Treten diese Faktoren wieder auf, fühlen und handeln Jugendliche so, als ob das traumatische Geschehen aktuell wieder ablaufen würde. Aggressionen, Kampf, Schreikrämpfe, Erstarrung oder Fluchtversuche sind häufige getriggerte Verhaltensweisen. Dies stellt automatische Reaktionen dar, die sich der Kontrolle der Jugendlichen entziehen und willentlich nicht beeinflusst werden können. Belohnungen oder Bestrafungen führen diesbezüglich zu keiner Veränderung. Doch ist es oft notwendig, schützend einzugreifen. Getriggertes defensives Verhalten (Zurückschrecken, Erstarren, Ängstlichkeit) macht anfällig für weitere Opfererfahrungen. Diese Jugendliche sind bevorzugte Opfer für Mobbing, Misshandlung und Missbrauch. Getriggerte aggressive Reaktionen führen zu Täterverhalten, das teilweise massiv und körperlich eingegrenzt werden muss. Diese Jugendlichen werden schnell als böse, unwillig, unkontrollierbar beziehungsweise untragbar beschrieben und aus Schulen oder Vereinen ausgeschlossen. Informieren Sie daher Lehrer, Vereinsleiter und andere Außenstehende über die

Traumatisierung Ihres Kindes und besprechen Sie Möglichkeiten eines guten Umgangs mit den entsprechenden Verhaltensweisen. Meist finden sich Mitarbeiter von Beratungsstellen, Schulpsychologen oder andere Profis, die in solchen Gesprächen gern unterstützen.

Da es weder sinnvoll noch möglich ist, alle Trigger zu vermeiden, muss ein guter Umgang mit diesen entwickelt werden. Protokollieren Sie Ihre Beobachtungen darüber, wann getriggerte Verhaltensweisen auftauchen, und bitten Sie auch Ihr Kind und eventuell die Lehrer, dasselbe zu tun. Aus dem Vergleich lassen sich dann zentrale Trigger herausfinden, sodass diese zunächst vermieden werden können. Im Rahmen der psychotherapeutischen Aufarbeitung gilt es dann, schrittweise einen neuen Umgang mit früheren Triggern zu finden und sich den Alltag ohne Vermeidung zurückzuerobern. Bis dahin ist es auch sinnvoll, zu protokollieren und auszutauschen, welche Verhaltensweisen am besten dabei helfen, mit getriggerten Reaktionen umzugehen.

Während getriggerter Reaktionen kann der Jugendliche keine neuen Informationen aufnehmen oder verarbeiten und nimmt auch Interventionen manchmal kaum wahr. Eine Bearbeitung der Situation kann erst geschehen, wenn er sich wieder weitgehend beruhigt hat. Während einer getriggerten Reaktion gilt es so gut wie möglich in Kontakt zu bleiben, zu deeskalieren oder sichernd einzugreifen. Dies ist besonders dann schwierig, wenn der Jugendliche verbal nicht mehr zugänglich ist und jede Berührung als Bedrohung wahrnimmt. Dann ist es manchmal hilfreich, über sogenanntes Körperpacing in Kontakt zu bleiben. Sie nehmen dann eine ähnliche Körperhaltung wie Ihr Kind ein und machen eine zeitlang auch ähnliche Bewegungen, die Sie dann langsam in ruhigere Bewegungen überleiten. Oftmals folgen Jugendliche dann ins ruhigere Fahrwasser. Falls Ihr Kind dies bewusst bemerkt, sich nachgeäfft fühlt und sich deswegen beschwert, müssen Sie zwar damit umgehen, haben aber die getriggerte Reaktion erfolgreich unterbrochen. Sobald Ihr Sprössling wieder ansprechbar ist, können Sie ihn auf ihn interessierende traumaferne Themen ansprechen und seine Aufmerksamkeit zur Beruhigung auf anderes lenken. Sofern Ihr Kind aktuell niemanden gefährdet, kann es am sichersten sein, es sich einfach austoben und beruhigen zu lassen. Erstarrungszustände sind dagegen möglichst rasch zu unterbrechen, da im Inneren wahrscheinlich gerade furchtbare traumatische Bilder ablaufen. Betroffene sind oft an einen starren, ins Leere gerichteten Blick zu erkennen. Sprechen Sie Ihr Kind dann laut an oder erregen auf andere angemessene Weise dessen Aufmerksamkeit. Die Fähigkeit, sich von der Außenwelt zu trennen und ganz in inneres Erleben zu gehen, wird Dissoziation genannt und geht oftmals mit beachtlichen kreativen Fähigkeiten und großer Fantasie einher. Indem Ihr Kind diese im Alltag nutzt und zum Ausdruck bringt, lernt es immer besser, dissoziative Zustände selbst herbeizuführen, zu kontrollieren und zu beenden.

Mit der Zeit sollten Sie lernen, zwischen getriggertem und Fehlverhalten zu unterscheiden. Während Ersterem eher mit Nachsicht und Verständnis begegnet werden sollte, erfordert Zweiteres auch bei Traumatisierten das übliche korrigierende Eingreifen. Bedenken Sie dabei, dass manche disziplinarische Maßnahmen getriggerte Verhaltensweisen auslösen können, und beachten Sie dies im Alltag.

Alles, was der Verankerung im Hier und jetzt dient, hilft langfristig, Trigger zu reduzieren. Geeignet sind alle Tätigkeiten, welche die Aufmerksamkeit auf den Körper, aber nicht auf Gefühle lenken, wie etwa körperliche Arbeit, Sport, Tanz, Feldenkrais oder Qui-Gong.

Starke oder häufige getriggerte Reaktionen können den häuslichen Rahmen sprengen und eine zeitweise stationäre Hilfeform erforderlich machen.

Negative Gedanken: Traumatisierte sehen die Welt oft als gefährlichen Ort an, verstehen sich überwiegend als Opfer, erleben sich als wertlos. Sexuell Missbrauchte haben oft die Achtung vor den eigenen Grenzen, der eigenen Wahrnehmung und deren Interpretation sowie den eigenen Bedürfnissen verloren. Von Männern missbrauchte Jungen stellen häufig ihre Männlichkeit in Frage oder überlegen sich, ob sie nun schwul seien. Viele fühlen sich schuldig (am traumatischen Geschehen, dass sie überlebt haben, während andere gestorben sind, dass der missbrauchende Bruder die Familie verlassen musste ...) und viele sind hoffnungslos. Die Aufarbeitung und Veränderung all dieser negativen Gedanken ist primär eine psychotherapeutische Aufgabe, die Sie aber durch Gespräche im Alltag und Aktivitäten, welche die Jugendlichen anderes erleben lassen, unterstützen können.

Trauer verarbeiten: Viele Betroffene haben intensive Trauerarbeit zu leisten. Begleiten Sie Ihr Kind auch in der Trauerarbeit und helfen Sie ihm, Abschieds- und Erinnerungsrituale zu finden. Vor allem die Teilnahme an Beerdigungen ist oft wichtig. In der Regel ist es sogar besser, falls Ihr Kind am Grab zusammenbricht (was viel seltener geschieht als befürchtet) als sich ein Leben lang vorzuwerfen, einem Verstorbenen diesen Dienst nicht geleistet zu haben. Oftmals fühlt sich der Betroffene dem Verstorbenen verpflichtet und erlebt jede Regung von Freude und Lebenslust als Verrat. Dann ist es hilfreich, mit ihm zu erarbeiten, dass der Verstorbene sich wahrscheinlich wünschen würde, dass es ihm gut geht, und er den Toten ehren kann, indem er diesem Wunsch nachkommt.

Umgang mit psychosomatischen Beschwerden: Traumatisierte haben oft viele und wechselnde psychosomatische Beschwerden. Diese unterscheiden sich im Erleben durch nichts von anderweitig verursachten Beschwerden. Hier gilt es zunächst abzuklären, ob eine körperliche Erkrankung vorliegt, und falls dies nicht der Fall ist, die Beschwerden klar als Traumafolgestörung zu benennen und ernst zu nehmen, sodass ein entsprechender Umgang mit ihnen gefunden werden kann, der individuell mit dem behandelnden Therapeuten abgesprochen werden sollte.

Tiere: Der Kontakt zu Tieren ist für Betroffene oft leichter als der zu Menschen. Tiere fordern wenig, geben viel und tratschen ihnen Erzähltes sicher nicht weiter. Vielen bietet der Umgang mit Tieren körperliche Zuwendung, Trost, Sicherheit, Lebensfreude und hilft, aus emotionalen Tiefs auszusteigen. Ein eigenes Tier kann die (Eigen-)Verantwortlichkeit steigern, aktivieren, Lebenssinn und eine Aufgabe bieten.

13.4 Selbstfürsorge

Sicherheit und Stabilität vermittelnde Eltern sind eine unschätzbare Hilfe für traumatisierte Jugendliche. Andererseits stellt der Umgang mit ihnen teilweise so hohe Anforderungen an Beziehungsfähigkeit, Nähe und Abgrenzung, Durchhaltekraft und Stressbewältigung, dass viele Eltern dieser Aufgabe hilflos gegenüberstehen. Eventuell sind Sie selbst ebenfalls traumatisiert oder den Ereignissen, die über Ihre Familie hereinbrachen, einfach nicht gewachsen. Es ist daher unverzichtbar, darauf zu achten, wo

Sie Verantwortung übernehmen können und wo es notwendig ist, andere mit in die Verantwortung zu nehmen beziehungsweise für sich und Ihr Kind professionelle wie private Hilfe in Anspruch zu nehmen. Eltern traumatisierter Kinder befinden sich in einer Ausnahmesituation, in der die althergebrachten Kompetenzen nicht immer ausreichen. Hilfe ist auch deswegen notwendig, weil Sie ab und an Abstand von Ihrem Kind nehmen müssen, um die Dynamik langfristig auszuhalten und dauerhaft als verlässliches Gegenüber zur Verfügung zu stehen. Insofern helfen Sie auch Ihrem Kind, wenn Sie sich nicht ausschließlich auf dessen Versorgung konzentrieren, sondern auch andere Bereiche Ihres Lebens weiter pflegen. Je besser Sie sich über typische Dynamiken und Umgangsweisen informieren, desto besser sind diese zu bewältigen.

Vielleicht haben Sie Schuldgefühle und werfen sich vor, Ihr Kind nicht ausreichend geschützt zu haben. Hier gilt es genau zu überprüfen, ob das Trauma wirklich absehbar oder durch irgendeine Aktion Ihrerseits verhinderbar gewesen wäre. Oftmals geschieht Schlimmes, obwohl man alles getan hat, um dieses abzuwenden, was dann als Schicksal akzeptiert werden muss. Dabei können Beratungsstellen, Psychotherapie oder Kontakte zu Seelsorgern gute Unterstützung bieten.

Es ist hilfreich, wenn Sie erarbeiten, ob und falls ja wie Sie als Eltern(teil) dazu beitragen können, dass sich ähnlich Schlimmes nicht wiederholt oder die Folgen des Geschehenen möglichst gut verarbeitet werden. Überprüfen Sie, welche Ressourcen in Ihrer Familie aktiviert werden können, wer welchen Beitrag leisten kann, wo die Grenzen Ihrer familiären Leistungsfähigkeit erreicht sind, welche Hilfen Ihnen darüber hinaus zur Verfügung stehen. Wichtig ist auch, sich von Allmachtsfantasien zu lösen und zu akzeptieren, dass sich manches im Leben nicht hundertprozentig kontrollieren lässt.

Ihre eigenen Gefühle und Schwierigkeiten müssen Sie nicht vor Ihrem Kind verstecken. Viel wichtiger ist, dass Sie authentisch bleiben und Ihr Kind erlebt, wie mit Extremem auch dann umgegangen werden kann, wenn es richtig schwer wird. Halten Sie sich bewusst, dass die Situation an sich schwierig ist und weder Sie für den Zustand Ihres Kindes noch dieses für Ihre Gefühle verantwortlich ist.

Sofern dies möglich ist, helfen Gelassenheit und Geduld mit sich, Ihrem Kind, schwierigen Situationen, mit anderen Menschen und mit Institutionen, diese Durststrecke zu überwinden. Humor ist dabei eine unschätzbare Ressource. Viele Betroffene sind ebenso wie deren Eltern oft überrascht, wie gut es tut, dem zunächst Unfassbaren später wieder Lebensfreude, Lachen und Leichtigkeit entgegensetzen zu können.

13.5 Psychotherapie, Psychiatrie und Medikamente

Nicht alle, die Schlimmes erlebt haben, benötigen deswegen eine Therapie. Eine diesbezügliche Abklärung sollten Sie relativ rasch und nur von einem Kinder- und Jugendlichenpsychotherapeuten, einem Facharzt für Kinder- und Jugendpsychiatrie oder entsprechend spezialisierten Beratungsstellen vornehmen lassen. Unmittelbar nach einer Traumatisierung sind oft stabilisierende Gespräche hilfreich, während eine tatsächliche Psychotherapie erst wirklich greift, wenn Sicherheit, Stabilität und Normalität zumindest im Ansatz wieder hergestellt sind.

Bewährt haben sich vor allem Verhaltenstherapie, spezifische Traumatherapien wie etwa EMDR (siehe Glossar), hypnotherapeutische Verfahren, aber auch teilweise systemische Ansätze und Psychodrama. Klassisch-psychoanalytische Ansätze sind dagegen weniger geeignet.

Teilweise kann der Heilungsprozess medikamentös unterstützt werden, was dann nur durch einen Kinder- und Jugendpsychiater geschehen sollte. Oft ist eine ambulante Therapie ausreichend. Stationäre Maßnahmen sind jedoch bei besonders ausgeprägten Symptomatiken, ausuferndem Verhalten, Fremd- oder Selbstgefährdung, schwerem selbstverletzendem Verhalten, akuter Suizidalität oder zusätzlichen stark ausgeprägten psychischen Störungen notwendig.

13.6 Jugendhilfe

Zur Unterstützung der Familie sind ambulante zeitlich begrenzte Maßnahmen oft angezeigt. Stationäre Jugendhilfe wird vor allem dann notwendig, wenn eine Traumatisierung nicht rechtzeitig erkannt und behandelt wurde, sodass die Gesamtentwicklung eines Kindes beeinträchtigt wurde. Auch bei besonders schwer ausgeprägten Symptomatiken oder wenn im familiären Rahmen nicht genügend Stabilität und Sicherheit geboten werden kann, ist stationäre Jugendhilfe meist der beste Weg.

Unter www.traumapaedagogik.de finden Sie wertvolle Hinweise zum Umgang mit traumatisierten Jugendlichen und diverse Buchbesprechungen.

14 Essstörungen

14.1 Grundinformationen

Die meisten Jugendlichen lieben ungesundes, schnelles, süßes und fettes Essen, das oft unregelmäßig und zu ungewöhnlichen Tageszeiten verzehrt wird. Manche können Unmengen vertragen und andere vergessen das Essen manchmal den ganzen Tag. Das Ausprobieren der einen oder anderen Diät ist bei Jungen wie Mädchen normal.

Tatsächliche Essstörungen treten fast ausschließlich in westlichen geprägten Wohlstandskulturen auf. Sie beginnen meist zwischen 13 und 25 Jahren. Man geht davon aus, dass zwischen 3 % und 8 % aller Jugendlichen eine Essstörung haben. Über 90 % davon sind Mädchen. Essstörungen verschlimmern sich ohne Behandlung in der Regel immer mehr. Anorexie gehört zu den häufigsten Todesursachen weiblicher Jugendlicher.

Tabelle 11 zeigt die wichtigsten Risikofaktoren für die Entstehung der beiden häufigsten Essstörungen (Anorexie, Bulimie). Die meisten liegen im psychosozialen Bereich. Überprüfen Sie, ob diese in Ihrer Familie eine Rolle spielen. Falls ja, helfen Sie Ihrem Kind dadurch am besten, dass Sie an der Veränderung dieser Faktoren arbeiten. Manchmal ist dazu eine Beratung oder einer Psychotherapie der Eltern notwendig.

Essstörungen entwickeln sich meist schleichend über viele Monate oder Jahre und brauchen oft ebenfalls Jahre der Behandlung, bis sie verschwinden. Auslöser für Essstörungen sind oftmals familiäre Konflikte, Belastungen in Schule oder Beruf, Trennungen, Todesfälle oder Umzüge, Krankheiten, ungewollter Kontakt mit Sexualität, Mobbing oder starkes Diäthalten. Mäßiges Diäthalten erhöht das Risiko einer Essstörung auf das 7-Fache, intensives Fasten auf das 18-Fache.

Essstörungen treten häufig gemeinsam mit Depressionen, Angststörungen, Sucht und Persönlichkeitsstörungen, selbstverletzendem Verhalten und psychosomatischen Beschwerden auf. Das Suizidrisiko ist deutlich erhöht.

Tabelle 11: Ursachen und Risikofaktoren für die Entstehung von Essstörungen (nach Baierl, 2008, S. 244)

überschlankes Schönheitsideal	Familie mit hohem Harmonieanspruch	Familienklima, das wenig Raum für Individualität lässt
besonders starke Eltern-Kind-Beziehungen	wenig Gefühlsäußerungen im Familiensystem	wenig Offenheit bezüglich Konflikten im Familiensystem
Beziehungsprobleme der Eltern	uneinheitliche erzieherische Schwerpunktsetzung der Eltern	hoher Leistungsdruck der Eltern an die Kinder
rigides Erziehungsverhalten der Eltern	Zugehörigkeit zur Mittel- oder Oberschicht	übergewichtige Eltern
Umfeld, in dem Schlankheit und Schönheit besonders wichtig sind	strenges oder häufiges Diäthalten der Eltern	strenges oder häufiges Diäthalten des Kindes
weibliches Geschlecht	psychische Störung, vor allem Depression, Angst oder Sucht	mangelndes Selbstwertgefühl
perfektionistische Grundeinstellung	hohes Kontrollbedürfnis	Unsicherheit über Zugehörigkeit
starkes Bedürfnis nach Anerkennung	mangelnde Bewältigungsstrategien für Probleme und Belastungen	Unbehagen gegenüber Sexualität
frühe Beschäftigung mit dem Thema Sexualität	frühes Einsetzen der ersten Monatsblutung	Opfer sexuellen Missbrauchs
unsicherer Umgang mit Gefühlen	besonders hohe oder besonders niedrige Sensibilität	überdurchschnittliche Intelligenz

14.2 Erscheinungsbild

Tabelle 12 zeigt die häufigsten Symptome von Anorexie und Bulimie.

Von Anorexie und Bulimie Betroffene nehmen ihren Körper oder Körperteile oft als dicker und fülliger wahr, als er tatsächlich ist. Sie fühlen und sehen sich selbst, wenn sie schlank bis abgemagert sind, noch als dick. Anorektische Jugendliche verhungern ohne Behandlung regelrecht. Zuvor kann Unterernährung bereits zu vielfachen und nicht reparablen Gesundheitsschäden führen.

Essanfälle zeichnen sich durch zumindest drei der folgenden Kriterien aus:
- Während der Anfälle wird deutlich schneller gegessen als normal.
- Die Essanfälle hören erst auf, wenn sich ein unangenehmes Gefühl des Überfülltseins einstellt.
- Es werden große Mengen an Nahrungsmitteln verzehrt, obwohl kein Hungergefühl vorhanden ist.
- Sie geschehen heimlich, da man sich für sein Essverhalten schämt.
- Die Essattacken haben häufig Ekel vor sich selbst, Niedergeschlagenheit oder starke Schuldgefühle zur Folge.

14.3 Alltagsgestaltung

Essstörungen spielen sich meist über lange Zeit im Geheimen ab. Achten Sie daher auf die oben beschriebenen Symptome und konsultieren im Zweifelsfall eine Fachperson. Verhungern sowie nicht irreversible Schädigungen bei Unterernährung oder häufigem Erbrechen sind ernst zu nehmende Gefahren. Sammeln Sie Informationen darüber, was Sie tun können und welche professionellen Helfer Ihnen zur Seite stehen können. Bedenken Sie dabei, dass das Essverhalten nur der Ausdruck einer tiefer liegenden Dynamik ist. Dieser gilt es zu begegnen. Ihr Kind kann nicht »einfach so« wieder normal essen, bevor diese Dynamik behoben ist. Dies kann trotz der richtigen Behandlung ein bis sechs Jahre dauern.

Schönheitsideal: Essstörungen treten nur in Kulturen mit überschlanken Schönheitsidealen auf. Überprüfen Sie daher Ihre eigenen diesbezüglichen Vorstellungen. Wem schauen Sie auf der Straße hinterher, auf welchen Bildern bleibt Ihr Blick länger haften, über wen äußern Sie sich als attraktiv? All dies wird Ihr Kind sicher registrieren und ernster nehmen als alle offenen Aussagen zum Thema. Hilfreich ist eine Haltung, welche die Relevanz von Schönheit und Attraktivität anerkennt, aber nicht überbewertet, und die es erlaubt, die überschlanken Bilder aus Werbung und Medien ehrlich kritisch zu hinterfragen.

Tabelle 12: Mögliche Symptome von Essstörungen (nach Baierl, 2008, S. 247)

Anorexie/Magersucht		
Körpergewicht unter 85 % des alterstypischen Gewichts	Gewichtsabnahme ist gewollt und selbst herbeigeführt	absichtliches Halten des Gewichts trotz Wachstum
Selbstwahrnehmung als zu dick	Angst davor, zuzunehmen	beständiges Diäthalten
beständige Beschäftigung mit dem Thema Essen	Leugnen jeglicher Hungergefühle	Entwicklung von Ritualen rund ums Essen
extrem langsames Essen	Horten von Nahrungsmitteln	mehrmals tägliches Wiegen
exzessives Sporttreiben	Überarbeitung	starkes Leistungsstreben
Hohes Pflichtgefühl	alle Symptome von Unterernährung	Verlust sexueller Erregbarkeit
Ausbleiben der Menstruation	Unfruchtbarkeit	eigenes Essverhalten wird als normal oder zuviel erlebt
Bulimie/Ess-Brech-Sucht		
wiederkehrende Essattacken, Verschlingen enormer Mengen wie unter Zwang	absichtliches Erbrechen (muss bei atypischer Bulimie nicht auftreten)	Missbrauch von Substanzen wie Rohrreinigern und Abführmitteln zur Gewichtsreduktion
Häufiges oder extremes Diäthalten	Schuld- und Versagensgefühle	permanente Beschäftigung mit dem Thema Essen
Menstruationsstörungen	Unfruchtbarkeit	Selbstwahrnehmung als zu dick
gestörte Impulskontrolle	Schwanken zwischen Über- und Unterkontrolle	Stehlen von Lebensmitteln
eher normal- bis übergewichtig als unterernährt	Symptome von Über- beziehungsweise Unterernährung	Betroffene wissen, dass ihr Essverhalten gestört ist

Beziehung: Am heilsamsten sind wertschätzende und liebevolle Beziehungen, die allen dennoch genügend Freiheit für das Eigene lassen. In Familien mit essgestörten Kindern sind Beziehungen oft eng, unflexibel und voller Verstrickungen. Dies gilt es gegebenenfalls zu erkennen und zu ändern. Überprüfen Sie auch, ob Ihre Familienrollen stimmen. Haben die Eltern wirklich das Sagen? Fühlt sich der Sohn als der Mann im Haus? Wird die Tochter eher wie eine Geliebte behandelt? Dürfen die Jugendlichen zwischen

Kind- und Erwachsensein pendeln oder werden sie klein gehalten beziehungsweise überfordert? Wer trägt für was Verantwortung und ist dies angemessen? Diese und ähnliche Fragen helfen, Rollenverschiebungen zu erkennen und zu ändern. Veränderungen im Familiengefüge sind oft extrem schwer zu erreichen. Dann ist es wertvoll, wenn Sie sich auf familientherapeutische Hilfe einlassen können. Eine Verbesserung in der Paarbeziehung der Eltern ist übrigens eine der wertvollsten Hilfen für essgestörte Jugendliche.

Wichtig ist zudem, dass Ihr Kind sich unabhängig von Aussehen, Leistung und Essverhalten von Ihnen geliebt weiß. Verbringen Sie Zeit mit Ihren Kindern und wählen dafür Aktivitäten, die alle gern haben. Probleme miteinander sind normal. Sie sollten ebenso offen angesprochen und diskutiert werden können wie alle anderen unangenehmen Themen auch. Signalisieren Sie Ihrem Kind, dass alles ausgesprochen werden darf und es keine Probleme allein mit sich ausmachen muss. Gehen Sie diesbezüglich mit gutem Beispiel voran, indem Sie selbst Angenehmes wie Unangenehmes offen zur Sprache bringen. Dazu gehört auch, auszusprechen, was Sie erwarten, was Sie sich wünschen und wo Ihre Grenzen erreicht sind beziehungsweise überschritten werden. Achten Sie darauf, mehr miteinander als übereinander zu reden. Die meisten Jugendlichen mit Essstörungen haben Schwierigkeiten im Umgang mit Gefühlen, halten diese etwa kaum aus, können sie schwer unterscheiden oder kaum offen äußern. Gefühle im Gespräch immer wieder anzusprechen, ist eine wertvolle Unterstützung. Wenn dies alles wertschätzend geschieht, baut sich eine Beziehung auf, die auch über Krisenzeiten hinweg trägt.

Fördern Sie Freundschaften und andere soziale Kontakte außerhalb der Familie. Steht ein Klinikaufenthalt an, ist es meist sinnvoll, dies den Freunden zu erzählen und ihnen zu erlauben, weiter Kontakt zu halten. In Phasen der starken Unterernährung und nach Klinikaufenthalten sind die Jugendlichen teilweise geschwächt und empfindlich. Auch dann sind soziale Kontakte wichtig, sollten aber sorgfältiger gehandhabt werden.

Rahmensetzungen: Als Eltern stehen Sie vor der Herausforderung, einen Rahmen zu setzen, der einerseits Sicherheit bietet und andererseits die Selbständigkeit fördert. Jugendliche mit Essstörungen brauchen hierfür klare Strukturen mit eher wenigen, aber sinnvollen, nachvollziehbaren und einhaltbaren Regeln. Diese sollten verbindlich sein, jedoch flexibel genug angewandt werden, dass besonderen Situationen und Veränderungen Rechnung getragen werden kann. Es hat sich bewährt, eher gutes Verhalten zu belohnen, als schlechtes zu bestrafen. Die Autorität im Haus sollten Sie als Eltern bleiben, auch wenn mit zunehmendem Alter das Unabhängigkeitsstreben Ihrer Kinder berücksichtigt werden muss. Seien Sie klar in Ihren Aussagen und versuchen Sie sich so gut wie möglich mit Ihrem Partner abzusprechen, am gleichen Strang zu ziehen. Vor allem bei Anorexie, aber auch bei Bulimie empfinden sich die Jugendlichen oft als ohnmächtig und versuchen dies über verstärktes Kontrollstreben auszugleichen. Entsprechende Konflikte mit den Eltern sind daher noch häufiger zu erwarten als üblich. Sprechen Sie mit dem behandelnden Therapeuten ab, was Sie als Symptom hinnehmen und wie Sie mit welchen Konflikten umgehen. Im Kapitel 17 finden Sie Ausführlicheres zur Konfliktbewältigung. Wichtig ist, dass Sie auch in Konfliktsituationen gesprächsbereit bleiben beziehungsweise nach einem Konflikt in Ruhe besprechen können, was geschehen ist und wer was dazu beitragen kann, dass zukünftige Konflikte zum Teil vermieden und zum Teil besser gelöst werden. Es ist normal für Sie wie Ihre Kinder, sich auch einmal aufzuregen, laut zu werden und im Streit ungerecht zu sein. Gestehen Sie dies allen Parteien zu und zeigen Sie Größe, indem Sie eigenes Fehlverhalten ansprechen sowie dazu stehen. So ermutigen Sie Ihre Kinder, dasselbe zu tun.

Besonders heftig werden die Konflikte zu Krisenzeiten im Essverhalten. Bei einer akuten Anorexie oder einer ausgeprägten Bulimie ist es notwendig, dass Sie sicher überprüfen, wann und wie viel Ihr Kind isst und ob es nach dem Essen wieder erbricht. Akzeptieren Sie dabei keine Angaben (»ich habe schon bei meiner Freundin gegessen«), die Sie nicht sicher überprüfen können, und werden Sie aufmerksam, wenn Ihr Kind nach den Mahlzeiten schnell verschwindet. Auch beständige Magen-Darm-Probleme können Warnzeichen sein. Gelingt es trotz professioneller Hilfe nicht, zu Hause ein angemessenes Essverhalten zu etablieren, besteht die Notwendigkeit einer stationären Behandlung.

Essverhalten: Essgestörte brauchen außer bei extremer Unterernährung oder entsprechendem Übergewicht keine Spezialnahrung. Die üblichen Richtlinien für gesundes und ausgewogenes Essen reichen völlig aus. Es sollte keine verbotenen Lebensmittel geben. In Maßen ist auch Sahnetorte, Schokolade und Fastfood völlig akzeptabel. Es sollten immer ausreichend Nahrungsmittel im Haus sein, die überwiegend gesund sind. Besonders Begehrtes sollte dennoch keine Mangelware sein, um Essattacken vorzubeugen. Ernährungsberatung bei einem Profi ist für Ihr Kind deshalb wichtig, weil essgestörte Jugendliche oft ein umfangreiches Halbwissen über gesunde Ernährung haben und verteidigen. Korrekturen werden Sie am ehesten von Menschen annehmen, die sich deutlich besser auskennen und dies beweisen können. Fünf bis sechs kleinere Mahlzeiten sind gesünder als wenige große und bauen Essattacken vor. Ideal sind regelmäßige gemeinsame Mahlzeiten in angenehmer Atmosphäre, bei denen sowohl auf Genuss wie auf Sättigung geachtet wird. Das fördert die Gemeinschaft, Sie gehen mit gutem Beispiel voran, werden glaubwürdiger und motivieren Ihr Kind, es Ihnen nachzutun. Zudem bekommen Sie so ganz nebenbei mit, wie viel Ihr Kind tatsächlich isst. Teilweise haben sich Ernährungsprotokolle bewährt, in die Ihr Kind jeweils einträgt, wann, was und wie viel es gegessen hat.

Über ein normales Essverhalten reguliert sich moderates Untergewicht ganz gut. Übergewicht bedarf etwas mehr Aufmerksamkeit. Sprechen Sie mit dem behandelndem Therapeuten und einer Ernährungsberatung ab, ob, wann und wie abgenommen werden soll. Ausgeprägtes Diäthalten ist dabei zu vermeiden, da dies Rückfälle begünstigt. Mit der Zeit soll Ihr Kind lernen, auf die unterschiedlichen »Hungersignale« zu achten. Hunger zeigt einen allgemeinen Energiebedarf des Körpers an, Appetit zeigt an, welche speziellen Nährstoffe womöglich fehlen. Frustessen dient lediglich der Ersatzbefriedigung und sollte immer mehr vermieden werden.

Wenn irgend möglich, sollten Diskussionen über Essmengen und Essverhalten nicht während den Mahlzeiten, sondern zu anderen Zeiten geführt werden. Versuchen Sie nicht selbst, Ihr Kind zum Essen zu zwingen, dies gelingt meist nur unter heftigem Kampf und erhöht den Druck auf alle Beteiligten. Wenn die meisten Essenszeiten zu Kämpfen ausarten, ist die Notwenigkeit einer stationären Behandlung wahrscheinlich.

Viele anorektische Jugendliche entwickeln komplexe und zähe Rituale rings ums Essen, die von Außenstehenden kaum ausgehalten werden können. Wenn Ihr Kind sich nur über solche Rituale zum Essen bringen kann und Sie dies nicht aushalten, sind getrennte Essplätze manchmal doch die bessere Lösung.

Das Bekochen der gesamten Familie oder der beständige Aufenthalt in der Küche dient vielen essgestörten Jugendlichen dazu, besser auszuhalten, nichts oder wenig zu essen. Ist dies der Fall, sollten Sie darauf achten, dass Ihr Kind nicht für andere kocht und möglichst wenig Zeit in der Küche verbringt.

Gewichtskontrollen sind ein heikles Thema. Wöchentliches Wiegen ist völlig ausreichend, häufigeres trägt meist zu mehr Druck und Anspannung bei. Bei kritischem Untergewicht müssen Sie jedoch auf dieses bestehen, andererseits konfrontiert dies anorektische Jugendliche mit ihrer größten Angst, zuzunehmen und zu dick zu sein. Besprechen Sie im Einzelfall mit dem behandelnden Therapeuten, wie vorzugehen ist.

Entwässerungstabletten, Abführmittel oder gar Rohrreiniger helfen nicht wirklich beim dauerhaften Abnehmen, schädigen aber den Körper erheblich. Achten Sie darauf, dass diese Mittel nicht von Ihrem Kind missbraucht werden.

Gespräche zum Thema Essen: Essen und Körpergewicht bleiben meist über Jahre zentrale Themen im Familiengeschehen. Zeigen Sie Interesse, bohren Sie aber nicht nach diesen Themen und lassen Sie sich auch nicht in beständige Gespräche verwickeln. Meist ist es hilfreicher, ausführlich über alle anderen Themen zu sprechen, die Sie oder Ihr Kind beschäftigen, als über das Essen. So kann sich manches an Dynamik lösen, die bisher über die Essstörung reguliert wurde. Wichtig dabei ist, sich nicht zu überfordern. Sie können diesbezüglich gut unterstützen, die letztendliche Aufarbeitung der Themen ist aber Aufgabe eines Therapeuten.

Es ist hilfreich, gut informiert zu sein. Essgestörte haben meist ein umfangreiches Halbwissen, das sie in Diskussionen ins Feld führen. Dann selbst informiert argumentieren zu können, erleichtert vieles. Vor allem zu Beginn werden Essgestörte leugnen, sich über Ihre »unverschämte Einmischung« beklagen oder sonst auf irgendeine Weise aggressiv werden. Sofern kein bedrohliches Untergewicht besteht, ist es dann hilfreich, das Thema erst einmal auf sich beruhen zu lassen und zu einem späteren Zeitpunkt wieder aufzugreifen. Manchmal ist es notwendig, Jugendliche einer Essattacke, eines absichtlichen Erbrechens oder tagelangen Fastens zu überführen, bevor sie dies eingestehen können. Das ist zwar peinlich und nervenaufreibend, aber besser als bleibende Folgeschäden.

Manchen Jugendlichen fällt es einfacher, mit professionellen Helfern oder in Selbsthilfegruppen über Essen und die damit verbundenen Themen und Ängste zu reden als mit den Eltern. Ihnen solche Ansprechpartner zu vermitteln, ist eine wertvolle Hilfe.

Selbstwertgefühl: Alle Möglichkeiten, das Selbstwertgefühl zu steigern, unterstützt bei der Bewältigung von Essstörungen. Helfen Sie Ihrem Kind zu entdecken, wo es stolz auf sich als Person, seine Eigenschaften, seine Fähigkeiten, seine Familie oder Freunde sein kann. Dabei sollten Leistung und Aussehen nicht im Vordergrund stehen. Indem Sie wertschätzend mit Ihrem Kind umgehen, Ihren Stolz auf es zeigen und seine Eigenart würdigen, ebnen Sie ihm den Weg dahin, sich selbst als wertvoll zu erleben.

Helfen Sie Ihrem Kind, eine eigene Identität zu finden und zu entwickeln. Dazu gehört auch, sich mit den Geschlechtsrollen auseinanderzusetzen und sich als Mann beziehungsweise Frau wohlfühlen zu lernen. Betroffene Jungen haben dabei oft ein zusätzliches Problem, da Essstörungen vielfach als Frauenkrankheiten angesehen werden und deren Vorliegen scheinbar ihre Männlichkeit infrage stellt. Zudem sind – aufgrund des dort schlankeren Schönheitsideals – bei Schwulen Essstörungen deutlich häufiger als bei heterosexuellen Jungen. Viele betroffene Jungen beschäftigt somit möglicherweise die Frage, ob sie schwul sind, oder sie befinden sich gerade in ihrem Coming-out. In diesen wie in allen anderen Fragen der Sexualität braucht Ihr Kind jetzt Ihre besondere Unterstützung. Klären Sie Ihr Kind gut auf und vermitteln Sie ihm, dass heterosexuelle wie homosexuelle Gefühle und Verhaltensweisen normal und gut sind. Ein liebevoller, freier, sicherer, informierter und schuldfreier Umgang damit trägt enorm zur Lebensqualität bei.

Zur Entwicklung der eigenen Identität gehört auch die Ablösung vom Elternhaus. Unterstützen Sie Ihr Kind dabei, sich langsam die eigene Welt zu erobern, und bieten Sie ihm einen sicheren Familienrahmen, von dem aus dies geschehen kann. Respektieren Sie die Eigenart ihres Sprösslings und prüfen Sie sorgfältig, ob Ihre guten Wünsche für diesen wirklich ihm gelten oder der Verwirklichung eigener Träume.

Lebensfreude: Hungern auszuhalten, gelingt nur starken Jugendlichen. Andererseits schwächt längeres Hungern Körper und Geist. Alles, was hilft, Stress sicher zu begegnen, Spannungen abzubauen und Kraft zu schöpfen, ist daher sinnvoll. Wer ausgeglichen ist, neigt auch weniger zu Kummerspeck, der dann zu Diäten animieren kann. Erarbeiten Sie mit Ihrem Kind Orte und Vorgehensweisen, die eigenen Kräfte sowie deren Grenzen zu erkunden, zu nutzen und einzuhalten. Auch die Unterstützung in lebenspraktischen Fragen oder beim Erlernen von Möglichkeiten, Probleme sicher zu bewältigen, Enttäuschungen auszuhalten oder sicher mit anderen Menschen umgehen zu können, ist eine wertvolle Hilfe. Niemand kann oder muss immer hundertprozentige Leistung erbringen. Vermitteln Sie Ihrem Kind Lebensfreude und sorgen Sie dafür, dass Leichtigkeit und Lachen ihren festen Platz im Alltag bekommen. Viele Essgestörte haben es verlernt zu genießen oder versagen sich jeden Genuss. Dies gilt es zu ändern, machen Sie erfahrbar, wofür es sich zu leben lohnt.

Bewegung: Angemessene Bewegung ist gesund und schützt davor, ungewollt Gewicht anzusetzen. Entsprechend sollte Sport und andere Bewegung einen festen Platz im Alltag bekommen. Andererseits missbrauchen vor allem anorektische Jugendliche Sport oft, indem sie heftig übertreiben und weit über die eigenen Grenzen gehen. Dies gilt es einzudämmen und auf ein normales Maß zurückzuführen. Bewegung sollte hauptsächlich Freude bereiten und erst in zweiter Linie (wenn überhaupt) unter Leistungsaspekten gesehen werden. Bei starkem Untergewicht ist mit dem Arzt abzuklären, welche Bewegung in welchem Maß hilfreich oder gefährlich ist.

Rückfall: Betroffene Jugendliche können ihr Essverhalten erst dann beständig verändern, wenn die zugrunde liegenden Dynamiken sich verändert haben. Dies dauert in der Regel ein bis sechs Jahre. In dieser Zeit werden die einzelnen Symptome immer wieder auftauchen, was zum Heilungsprozess gehört und nicht als Versagen oder Unwillen der einen oder anderen Partei zu werten ist. Achten Sie darauf, welche Veränderungen bei Ihrem Kind, in Ihrer Familie und deren Umfeld einem Rückfall vorausgehen, diesen ankündigen oder womöglich mitverursachen. Diese Information kann dann in der Therapie genutzt werden, um neuen Rückfällen entgegenzuwirken.

Erkennen von Untergewicht: Es ist notwendig, dass Sie ein gefährliches oder gar lebensbedrohliches Untergewicht erkennen, weil Betroffene oft versuchen, heimlich weiterzufasten. Erschöpfungszustände, beständiges Frieren, kalte Hände oder Füße, Schwindel,

Bauchschmerzen, Muskelkrämpfe und bei Mädchen Ausbleiben der Monatsblutung können ernste Gefahrenzeichen sein. Erkundigen Sie sich bei Ihrem Arzt, ab welchem Gewicht bei Ihrem Kind eine kritische Grenze erreicht ist, und kontrollieren Sie Gewichtsveränderungen sorgfältig, falls Ihr Kind sich dieser Grenze nähert. Es gilt, Ihr Kind vor dem Verhungern oder irreversiblen Schädigungen durch Unterernährung zu schützen.

14.4 Selbstfürsorge

Der Umgang mit einem essgestörten Jugendlichen ist immer eine Heraus- manchmal eine Überforderung. Dies liegt an der störungseigenen Dynamik und nicht an Ihrer vermeintlichen Unfähigkeit oder der vermeintlichen Böswilligkeit Ihres Kindes. Wichtig ist, dass Sie die Störung des Kindes nicht als Maßstab für die eigene Befindlichkeit nehmen. Es darf Ihnen gut gehen, auch wenn Ihr Kind aktuell leidet. Gerade wenn es dem Kind schlecht geht, können Sie am besten helfen, wenn Sie auf Ihre Befindlichkeit achten und Ihre Grenzen einhalten, statt sich zu erschöpfen und zusammenbrechen. Keinem Kind ist damit gedient, sich schuldig am Leid von Eltern zu wähnen. Indem Sie Ihre Grenzen wahren und sich nicht aufopfern, signalisieren Sie Ihrem Kind, dass es in Ordnung ist, auf sich und die eigenen Bedürfnisse zu achten, statt sich beständig zu überfordern. Wie können Sie sich etwas Gutes tun? Wo nehmen Sie sich Freiheiten? Wo gönnen Sie sich etwas? Wo schöpfen Sie Kraft? Wo sind Ihre Grenzen? Wo sind Sie bereit, Hilfe anzunehmen oder um diese zu bitten? Und wie leben Sie Ihr Leben? Fragen Sie sich ehrlich, ob Ihr Vorbild Ihr Kind dazu ermuntert, Lebensfreude zu entwickeln oder lediglich Pflichtgefühl.

Oftmals sind die Themen Tod und Sterben bei Essstörungen relevant, was schwer auszuhalten ist. Setzen Sie sich mit diesen Themen auseinander und holen Sie sich gegebenenfalls professionelle Hilfe bei Geistlichen, Beratern oder Therapeuten. Das bei Essstörungen häufige Schwanken zwischen Macht und Hilflosigkeit führt dazu, dass Sie und andere Ihr Kind jeweils ganz unterschiedlich erleben können. Während der eine gerade schützen will, möchte der andere eventuell gerade herausfordern und konfrontieren. Entsprechende Konflikte sind Teil der Störungsdynamik und sollten mit professionellen Helfern angesprochen werden. Zudem ist es wichtig, dass Sie als Eltern sich nicht gegenseitig ausspielen lassen, sondern Wege finden, an einem Strick zu ziehen. Achten Sie jetzt besonders auf eine gute Paarbeziehung und sichern Sie sich die Unterstützung durch Freunde und Verwandte.

Betroffene entwickeln oft viel Abwehr gegenüber allen, die sie zum Essen drängen. Heftige Beschimpfungen, anderweitige Aggressionen, Klagen darüber, im Krankenhaus schlecht behandelt zu werden, Anklagen den Eltern gegenüber und andere Zerwürfnisse sind ebenfalls Teil der Störungsdynamik. Versuchen Sie, sich davon so gut wie möglich nicht persönlich treffen zu lassen und darauf zu vertrauen, dass sich das Verhältnis zu Ihrem Kind nach überstandener Krise wieder bessern wird.

Vor allem aber sollten Sie sich bewusst halten, dass Essstörungen den Familienrahmen oftmals sprengen. Beratung, Psychotherapie, stationäre kinder- und jugendpsychiatrische Behandlung oder Jugendhilfe sind oftmals notwendige Schritte dabei, Ihr Kind zu schützen oder gar am Leben zu halten.

14.5 Psychotherapie, Psychiatrie und Medikamente

Kognitive Verhaltenstherapie, systemische Therapie und analytische Therapieformen können gute Erfolge vorweisen. Da die Familiendynamik zur Veränderung von Essstörungen besonders viel beitragen kann, ist es meist sinnvoll, die gesamte Familie in die Therapie miteinzubeziehen.

Die Grenzen dessen, was eine Familie leisten kann, sind spätestens erreicht bei:

- lebensbedrohlichem Untergewicht (informieren Sie sich beim behandelnden Arzt, wann dies bei Ihrem Kind der Fall ist);
- körperlichen Komplikationen wie zum Beispiel zu wenig trinken, Fieber, das bei Untergewicht schon ab 38°C tödlich sein kann;
- häufigen oder extremen Essattacken beziehungsweise Erbrechen;
- starkem selbstverletzenden Verhalten oder Suizidalität;
- zusätzlicher schwerwiegender psychischer Störung.

In diesen Fällen wird eine stationär psychiatrische Behandlung – im Zweifelsfall auch gegen den Willen Ihres Kindes – notwendig. Sie sollten bereit sein, die dazu notwendigen Schritte einzuleiten (siehe Kapitel 11). Auch wenn es schwerfällt und Ihr Kind Sie deswegen womöglich heftig beschimpft, ist es notwendig, dass Sie dort Verantwortung übernehmen, wo Ihr Kind die Gefahr nicht abschätzen kann und sich ohne Ihre Eingreifen selbst gefährden oder gar sterben würde. Je nach Entwicklung kann auch eine Behandlung mit Psychopharmaka angebracht sein.

14.6 Jugendhilfe

Eine Essstörung allein ist selten der Grund für eine Heimunterbringung. Bei gleichzeitigem Vorliegen einer weiteren Störung wird dies jedoch wahrscheinlicher. Ambulante Jugendhilfe etwa in Form einer sozialpädagogischen Familienhilfe kann öfters hilfreich sein.

Mehr zum Thema Essstörungen finden Sie in »Essstörungen. Was Eltern und Lehrer tun können« von Sylvia Baeck.

15 Borderline-Persönlichkeitsstörung

15.1 Grundinformationen

Bei Persönlichkeitsstörungen sind einzelne Persönlichkeitsmerkmale besonders stark und schwer veränderbar ausgeprägt. Dies zeigt sich durch rigide Verhaltens- und Erlebensweisen die relativ unabhängig von Situationen und Kontexten immer wieder gezeigt werden. Persönlichkeitsstörungen beginnen meist in der Kindheit und verstärken sich zunehmend bis ins Erwachsenenalter. Nachdem Jugendliche sich noch in der Persönlichkeitsentwicklung befinden, spricht man in diesem Alter eher von Persönlichkeitsentwicklungsstörungen. Persönlichkeitsstörungen können als unbewusster Versuch gesehen werden, sich bei einer gestörten Persönlichkeitsentwicklung eine künstliche Sicherheit zu verschaffen. Betroffene sind Umwelteinflüssen gegenüber zu offen oder zu verschlossen. Sie versuchen dies unbewusst und unwillkürlich über eine Pseudopersönlichkeit auszugleichen. Es ist die Pseudopersönlichkeit, die alle Kontakte zur Außenwelt tätigt und sich nach starren Vorlagen verhält, was Erfahrungslernen und Anpassungsfähigkeit einschränkt, wodurch die Unsicherheit steigt und die Symptomatik sich verstärkt.

Oft leidet zunächst die Umwelt mehr unter der Störung als die Betroffenen. Diese werden zum Beispiel als manipulativ, schwierig oder bösartig erlebt. Ihre Hilfsbedürftigkeit wird selten gesehen. Statt Verständnis, Unterstützung, Fürsorge und Behandlung zu erhalten, wird ihnen meist mit Reglementierung, Ermahnung, Disziplinierung und Strafe begegnet. Sie erleben sich dann als ungeliebt, ungerecht behandelt oder nicht wirklich wahrgenommen und sehen die Schuld dafür bei den anderen, was wiederum die Unsicherheit erhöht und die Symptomatik verstärkt. Dieser Teufelskreis führt unerkannt fast immer zum Rückzug der Betroffenen oder zu deren Ausstoßung.

Persönlichkeitsstörungen sind bei Jugendlichen sehr selten. Nur die emotional instabile Persönlichkeitsstörung vom Borderlinetyp, kurz Borderline-Störung, ist häufig genug, um hier besprochen zu werden. Man geht davon aus, dass 0,5 bis 1,5 % der Jugendlichen betroffen sind, drei Viertel davon sind Mädchen. Die Prognose ist unbehandelt sehr ungünstig. Bei rechtzeitiger, kompetenter und langfristiger Hilfe werden mäßige bis gute Erfolge berichtet. Einzelne Untersuchungen sprechen von bis zu 80 % Verbesserungen. In der Regel bleiben mehr oder weniger Symptome lebenslang erhalten und es muss ein Umgang mit ihnen gefunden werden.

Als Ursachen werden hauptsächlich Genetik, kleine Hirnschädigungen und lebensgeschichtliche Umstände wie Traumatisierungen, Trennungs- und Verlusterlebnisse, unvollständige Familien, familiäre Gewalt, eine kühle Familienatmosphäre, Misshandlung, Missbrauch, psychisch gestörte Eltern und Heimaufenthalte diskutiert. Fürsorgliche Eltern, die verlässlich sind, viel Zuwendung geben, flexibel auf die Bedürfnisse ihres Kindes eingehen können und es zur Selbstständigkeit ermutigen gelten als Resilienzfaktoren.

Die Borderline-Störung tritt häufig zusammen mit einer anderen Persönlichkeitsstörung, Essstörung oder Depression auf. Betroffene sind besonders anfällig für Sucht, selbstverletzendes Verhalten und Suizidalität.

15.2 Erscheinungsbild

Persönlichkeitsstörungen sind Überausprägungen einzelner Persönlichkeitsmerkmale, die zu festen und wenig flexiblen Denk-, Fühl-, Wahrnehmungs-, und Verhaltensmustern führen, sodass unterschiedlichen Situationen immer wieder ähnlich begegnet wird, wodurch der Alltagsvollzug deutlich eingeschränkt ist. Dadurch wird auch die Beziehungsgestaltung schwierig und es kommt zu beständigen Konflikten mit Anderen. Die Betroffenen erleben sich als normal und alle anderen als schwierig oder gestört, was den Umgang mit Ihnen zusätzlich erschwert. Zudem erschwert dies, sich zu verändern, da die Jugendlichen selbst ja nicht spüren, dass sie anders sind.

Tabelle 13 zeigt häufige Symptome einer Borderline-Persönlichkeitsstörung. Betroffene leiden unter ständig wechselnden Gefühlen, Gedanken, Vorstellungen und Präferenzen. Die sich daraus ergebenden oft sprunghaften Veränderungen sind für sie selbst und andere oft nicht nachvollziehbar, was zu erheblichen inneren wie äußeren Konflikten führen kann. Die Jugendlichen erleben dadurch, sich weder auf sich selbst noch auf andere verlassen zu können. Unter diesem Gesichtspunkt gehen sie Beziehungen ein und ziehen sich auch ganz schnell wieder aus diesen zurück. Die

Beziehungsgestaltung mit ihnen ist daher eine beständige Herausforderung.

Tabelle 13: Symptome der Borderline-Persönlichkeitsstörung (nach Baierl, 2008, S. 290)

unklares Selbstbild, Identitätskrisen	unklare Ziele und inkonsistente Lebensplanung	unklare Vorlieben, Neigungen, sexuelle Ausrichtung
Tendenz, Impulse ohne Berücksichtigung der Folgen auszuleben	sprunghafte, unvorhersehbare Stimmungswechsel oder Launen	Neigung zu heftigen Gefühlsausbrüchen
eingeschränkte Impulskontrolle und mangelnde Handlungsplanung	Suchen von Streit und Konflikten	Schwierigkeiten, wenn das Ausleben von Impulsen nicht unmittelbar möglich ist
chronisches Gefühl der Leere	intensive, aber unbeständige Beziehungen	selbstschädigendes oder selbstverletzendes Verhalten
Suizidalität (circa 10 % sterben durch Suizid)	braucht beständige Belohnung oder Bestätigung	wenig Ausdauer bei Aufgabenerfüllung
Angst vor dem Verlassenwerden und heftige Bemühungen, dies zu vermeiden	extreme Probleme bei der Nähe-Distanz-Regulierung; Suchen extremer Nähe, ohne diese aushalten zu können	lebt von Krise zu Krise
Depersonalisationserlebnisse	Promiskuität	innere Spannungszustände
Selbstzweifel	eingeschränkte Problemlösefähigkeiten	Schwierigkeit, Gefühle zu erkennen und auszuhalten
Schwierigkeit, zwischen eigenen und fremdem Gefühlen zu unterscheiden	Schwanken zwischen Überidealisierung und Abwertung Dritter	Schwarz-Weiß-, Gut-Böse-, stark polarisiertes Denken
nicht allein sein können	stark fordernd	manipulative Beziehungsgestaltung
mangelnder Selbstwert	eingeschränkte Fähigkeit, Grenzsetzungen zu tolerieren	

15.3 Alltagsgestaltung

Die vielleicht wichtigste Aufgabe von Eltern ist, Besonderheiten zu bemerken und eine entsprechende Diagnostik einzuleiten. Die Beziehungs- und Krisendynamik von betroffenen Jugendliche ist so komplex, dass ihr kaum begegnet werden kann, solange die Störung nicht als solche erkannt ist. Nach einer entsprechenden Diagnose sollten Sie sich möglichst gut über die Störung und die sie begleitenden Dynamiken informieren, wobei alles Wissen und Können lediglich dabei hilft, gut mit Ihrem Kind umzugehen. Schwierigkeiten wird es trotz aller Anstrengung über Jahre hinweg geben. Sie müssen sich darauf einstellen, dass Ihr Kind manche Eigenschaften lebenslang behalten wird. Viele der hier angesprochenen Themen lassen sich nur selten im Familienrahmen lösen. Meist wird eine gute Kombination aus elterlicher Fürsorge und professioneller Unterstützung für Eltern und Kind notwendig.

Beziehung: Die Beziehungsgestaltung mit einem betroffenen Jugendlichen ist extrem komplex. Um die wahre Person hinter der Pseudopersönlichkeit zu erreichen bedarf es einer persönlichen, liebevollen, authentischen und langfristigen Beziehung, die Ihr Kind aber zunächst nicht aushalten kann. Es wird beständig testen, ob die Beziehung auch wirklich tragfähig ist und sie immer wieder torpedieren. Zudem wird Ihrem Kind die Beziehung teilweise als viel zu lose erscheinen und es wird versuchen, förmlich mit Ihnen zu verschmelzen, um Sie ganz für sich zu haben. Zu anderen Zeiten wird Nähe als bedrückend und bedrohlich erlebt und vehement zurückgewiesen. Dies auszuhalten, kostet enorme Kraft und ist eine beständige Gratwanderung. Einerseits sollten Sie eine ernsthafte Beziehung anbieten, diese aber andererseits nicht einfordern. Einerseits sollten Sie sich offen zeigen und andererseits müssen Sie sich vor Zurückweisungen und emotionalen Angriffen schützen. Die Nähe-Distanz-Regelung wird über Jahre hinaus eine Herausforderung bleiben.

Dabei hilft es, die spezifischen Beziehungsmuster und Beziehungsfallen zu kennen, um Ihnen besser begegnen zu können. Betroffene Jugendliche projizieren ihre Wünsche, Sehnsüchte und Ängste schnell auf andere Personen. Abwechselnd werden Sie überidealisiert oder verteufelt werden. Mal sind Sie der einzige Menschen, der Ihr Kind versteht und der es vor bösen anderen schützen muss, mal sind Sie ganz allein schuld an allem Elend

Ihres Kindes. Die Herausforderung ist, sich auf dieses Spiel nicht einzulassen, sondern zu versuchen, die realistischen Forderungen, Wünsche, Kränkungen etc. hinter diesen Projektionen aufzuspüren um diesen dann begegnen zu können, während andere abgeblockt werden. Auch gilt es Loyalitätsfallen und Spaltungsprozesse zu begegnen. Ihr Kind wird die innere Zerrissenheit und Unsicherheit nach außen projizieren. Unterschiedliche Menschen werden zu unterschiedlichen Zeiten zum Beispiel eher den bedürftigen oder den aggressiven Teil Ihres Kindes sehen und darauf ansprechen. Statt sich dann darüber zu streiten, wer nun recht hat, sollte bewusst bleiben, dass beide Anteile da sind und gewürdigt werden wollen.

Die Unsicherheit der betroffenen Jugendlichen kann dazu führen, dass sie sich in ihrem Verhalten ganz auf ihr Gegenüber einstellen und ihm ganz unterschiedliche Aspekte ihrer selbst zeigen. Dies führt dann dazu, dass alle meinen, Ihr Kind zu kennen, dieses Bild auch verteidigen und gar nicht verstehen können, dass andere ein ganz anderes Bild haben. Teilweise wird dies auch bewusst eingesetzt, indem etwa schlecht über Dritte gesprochen wird. Lassen Sie sich dann auf diese Beurteilung ein, bekommt der andere erzählt, was Sie Schlechtes über ihn erzählt haben. Es gilt immer wieder zu hinterfragen und im unmittelbaren Austausch mit allen beteiligten Personen zu stehen. So können alle Erfahrungen zusammengetragen werden, um ein umfassendes Bild zu bekommen.

Jugendliche mit Borderline-Störung sind häufig sehr manipulativ. Diesbezüglich gilt es unterscheiden zu lernen, ob ein Verhalten tatsächlich manipulativ ist, wo es lediglich eine echte Not ausdrückt und wo aus einer echten Not heraus manipuliert wird. Je nach Einschätzung kann dem Verhalten dann begegnet werden. Wenn Sie sich bewusst halten, dass viele dieser Verhaltensweisen Störungssymptome sind, fällt es leichter, nicht mit persönlicher Betroffenheit zu reagieren.

Manchen Beziehungsfallen kann durch Metakommunikation begegnet werden. Sie reagieren dann nicht auf den Inhalt des eben Gesagten, sondern wiederholen Sie nur, was gerade gesagt wurde. Fragen Sie, was Ihr Kind damit erreichen will, erzählen Sie, was dies bei Ihnen auslöst, oder sprechen Sie aus, was Sie für einen Hintergrund vermuten. Wenn Sie etwa in einem Streit über die Ausgangsregelung als tyrannische Mutter aus dem letzten Jahrhundert beschimpft werden, fangen Sie nicht an sich zu verteidigen, sondern fragen Ihr Kind, was es mit dieser Aussage bezwecken möchte. Dies bedarf etwas Übung und womöglich auch eines kleinen Trainings mit einem Erziehungsberater oder ähnlichen Fachkräften. Metakommunikation kann viele Konflikte entschärfen und Ihrem Kind dabei helfen, aussprechbar zu machen, was bisher nur über das Ausagieren ausgedrückt werden konnte. Zudem können Sie so vermitteln, dass Sie manches zwar verstehen, es aber dennoch nicht hinnehmen.

Rahmen: Auch wenn diese beständig unterlaufen und in Frage gestellt werden, benötigt Ihr Kind verbindliche Regeln und Vereinbarungen, die ihm einen detaillierten und klaren Rahmen setzen, innerhalb dessen dann flexibel reagiert werden kann. Ihr Kind soll wissen, was von ihm erwartet wird, sodass es angenehme wie unangenehme Konsequenzen des eigenen Verhaltens erkennen kann. Indem Sie Ihr Kind die Folgen seines Handelns erfahrbar machen, stärken Sie dessen Selbstkontrollfähigkeiten. Zum Rahmen gehört auch eine Tagesstruktur, die längere Leerzeiten eher vermeidet, da dann leicht Gefühle von Leere und Verlassenheit auftreten. Es geht darum, die innere Struktur, die Ihrem Kind noch fehlt, durch eine äußere Struktur zu stützen, Ihr Kind zur vollen Ausnutzung dieses Rahmens anzuregen, dessen Einhaltung jedoch einzufordern und zu überwachen. Stecken Sie den Rahmen so, dass Sie mit Überschreitungen noch gut umgehen können.

Identität: Betroffene Jugendliche haben kein sicheres Gefühl ihrer selbst. Die Antworten auf die Frage »Wer bin ich?« wechseln ständig und führen zu entsprechenden Sprüngen in Stimmung und Verhalten. Häufig wechseln sich Phasen der Überfülle und des Überschwangs mit Phasen der inneren Leere und Bedeutungslosigkeit ab. Dies verunsichert zutiefst, da man selbst und seine Umwelt als unzuverlässig und wechselhaft erlebt wird. Es ist hilfreich, wenn Sie um diese Prozesse wissen, ihnen mit Empathie begegnen, sie Ihrem Kind deuten können und unabhängig davon als zuverlässiger Ansprechpartner zur Verfügung stehen. Wenn Sie nicht jeden Schwenk mitmachen und nicht auf die Beziehungsspiele hereinfallen, sondern sich treu bleiben, zu Ihrem Kind stehen und es auch in Krisen begleiten, gibt dies Sicherheit und stärkt die Hoffnung, später selbst auch stabiler zu werden. Zudem können Sie Ihr Kind bei der Identitätsfindung unterstützen, indem Sie Grübeln vermeiden helfen. Statt dessen können Sie Fragen zur

Selbstwahrnehmung stellen, was Ihrem Kind erlaubt, zielgerichteter zu denken. Auch was Sie selbst an Ihrem Kind wahrnehmen und wie Sie dies deuten, kann ihm helfen, ein besseres Gefühl der eigenen Person zu bekommen. Weisen Sie dabei sowohl auf Konstantes wie auf Widersprüchlichkeiten hin, die Sie von außen wahrnehmen können. Außer in akuten Gefahrensituationen sollten Sie es jedoch Ihrem Kind überlassen, ob es Ihre Wahrnehmungen und Deutungen übernehmen oder ablehnen will. Schwarz-Weiß-Denken und Absolutismen gilt es zu hinterfragen und Zwischentöne zu entdecken helfen.

Wahrnehmung: Der beständige Wechsel macht es besonders schwer, eine sichere Wahrnehmung der eigenen Person und anderer zu entwickeln. Alle Maßnahmen zur Selbstwahrnehmung, Körperwahrnehmung, sozialen Wahrnehmung, Wahrnehmung des eigenen Verhaltens und dessen Folgen sowie der Wechselwirkungen zwischen sich und der Umwelt, sind diesbezüglich wertvoll. Dies kann in tatsächlichen Trainings geschehen, aber auch über Gespräche im Alltag, über zu Papier gebrachte Gedanken, Gefühle, Phantasien und Erlebnisse in einem ein Tagebuch geübt werden. Helfen Sie Ihrem Kind zudem, Kriterien dafür zu entwickeln, was ihm eher nützt oder eher schadet. Wer genau wahrnimmt, wird viel Schönes entdecken, aber auch vieles, vor dem man am liebsten die Augen verschließen würde. Um all das Unangenehme aushalten zu können, bedarf es der Unterstützung von Selbstwerterleben, Selbstwirksamkeitserleben, Stressbewältigung sowie der Fähigkeit mit Enttäuschungen und Kränkungen umzugehen.

Nebenschauplätze: Jugendliche mit Borderline-Störung sind Meister im Ausweichen. Zum einen leiden sie selbst unter beständigen inneren Wechseln und zum anderen haben sie Schwierigkeiten damit, Unangenehmes auszuhalten. In Gesprächen ist es häufig, dass sie eigentlich Wichtiges nicht benennen, lügen, sich scheinbar offen präsentieren, aber nichts Wesentliches preisgeben oder Nebensächlichkeiten zu Dramen stilisieren, um sich dem eigentlichen Thema nicht stellen zu müssen. Teilweise können auch selbstverletzendes Verhalten und Suizidandrohungen (siehe dort) zu diesen Szenarien gehören. Wenn Sie etwas klären wollen, ist es daher notwendig, beständig wachsam zu sein, um sich nicht auf Nebenschauplätzen zu verlieren. Es hilft, sich vor dem Gespräch zu überlegen, welches Ziel Sie verfolgen und welche Themen dabei eine Rolle spielen. Dann fällt es leichter, am Ball zu bleiben oder den Gesprächsfaden wieder aufzunehmen, falls man sich doch hat ablenken lassen. Auf Ausweichmanöver lässt sich gut mit Metakommunikation reagieren.

Übrigens sind die meisten Jugendlichen viel stabiler, als es in Krisen oft scheint, und halten es aus, wenn Ausweichmanöver nicht mitgegangen werden. Haken Sie nach, wenn Ihr Kind ausweicht, und stellen Sie genau die Fragen, die es umgehen will. Zur Klärung ist es meist am besten, im Hier und Jetzt zu bleiben. Vergangenheit und Zukunft sind zwar wichtig, aber das Leben findet immer jetzt statt. Werden Vergangenheit und Zukunft wichtig, hilft die Frage »Was kann Ihr Kind jetzt tun, um mit der Vergangenheit fertig zu werden oder um für die Zukunft gerüstet zu sein?«. Wichtig ist auch, sich bewusst zu halten, dass nicht der (scheinbar oder real) unfaire Lehrer, die Trennung vom Freund, das Ausmaß des Taschengelds oder Ähnliches das grundlegende Problem ist, sondern der Zugang Ihres Kindes zur Welt. Es gilt, das Aktuelle zu würdigen, ohne die große Linie aus den Augen zu verlieren. Indem Sie Ihr Kind immer wieder auf sich selbst zurückwerfen, helfen Sie ihm, Selbstverantwortung zu übernehmen und sich nicht als Spielball des Schicksals zu erleben. Helfen Sie Ihrem Kind, das eigene Potenzial zur Lebensbewältigung auszubauen, indem Sie es beständig anfragen, was es selbst tun kann, um zu einer Verbesserung beizutragen und wie es die eigenen Möglichkeiten sogar noch erweitern könnte.

Alles auf einmal geht nicht. Einigen Sie sich mit Ihrem Kind auf einige wenige Kernziele, die es aktuell anzugehen gilt. Formulieren Sie diese so konkret wie möglich und achten Sie darauf, dass die Zielerreichung objektiv geprüft werden kann. Also nicht »ich will mehr für die Schule tun«, sondern »ich werde jeden Tag zehn neue Englischvokabeln lernen«. Wenn Sie sich auf zentrale Ziele geeinigt haben, hilft dies, Kern- und Folgeprobleme sowie Nebenschauplätze zu unterscheiden. Zudem kann dann bei konkreten Konflikten immer danach gefragt werden, wie die eine oder andere Alternative sich auf die Zielerreichung auswirken würde, was manche Diskussion um Ethik oder Moral vermeiden lässt. Überprüfen Sie regelmäßig, ob Sie und Ihr Kind sich eher auf die vereinbarten Ziele zu bewegen oder eher davon weg. Dann können Sie rechtzeitig gegensteuern und bereits erreichte Teilziele gebührend würdigen. Körperliche Bedrohungen und Weglaufen sind zwei Möglichkeiten, auszuweichen, die im Kapitel 17 angesprochen werden.

Sich und der Welt ehrlich ins Auge zu blicken, ist eine enorme Aufgabe, die betroffene Jugendliche immer wieder überfordert. Daher werden Krisen, Ausweichmanöver und Dramen selbst dann nicht ausbleiben, wenn Sie und Ihr Kind alles tun, um auf einem guten Weg zu bleiben. Mit diesem Wissen ist es manchmal einfacher, das Auf und Ab auszuhalten und auch beim soundsovielten Drama noch stabilisieren und Halt geben zu können.

Krisen: Die beständigen inneren Wechsel, die gefühlte Not, die anders noch nicht abbaubaren inneren Spannungen, die Tendenz zu dramatischem Erleben, die Ausweichbewegungen und die Versuchung zu manipulieren, wird immer wieder zu Krisen führen. In der Regel braucht es psychotherapeutische Begleitung, um einen anderen Umgang mit diesen Themen zu erlernen. Bis diese greift, gehören Krisen zum Alltag und müssen irgendwie bewältigt werden. Auch nach erfolgreicher Therapie werden Krisen bestenfalls seltener und weniger dramatisch. Suizidgedanken, -ankündigungen oder -versuche können in Krisen immer wieder auftauchen, sowohl aus ernsthafter Verzweiflung als auch als Manipulationsversuch. Im Vordergrund steht immer das Sichern des Überlebens ihres Kindes. Erscheint Ihnen das Verhalten appellativ oder demonstrativ, lohnt sich die Frage, welcher Appell ausgesprochen wird beziehungsweise was demonstriert werden soll. Bedenken Sie zudem, dass auch manipulativ gedachte Suizidversuche tödlich enden können. Einerseits gilt es, Krisen als solche ernst zu nehmen, andererseits sollten Sie aufpassen, dass diese nicht zuviel Raum einnehmen. Vor allem aber dürfen Sie sich durch Krisen nicht erpressen lassen. Sprechen Sie offen aus, wenn Sie sich erpresst fühlen und machen Sie deutlich, dass dies nicht angehen kann und Alternativen notwendig sind.

Falls Ihr Kind sich davon nicht beeindrucken lässt, Sie es nicht mehr erreichen oder Gefahr für Sie, Ihr Kind oder andere in Verzug ist, müssen Sie professionelle Hilfe einfordern. Für akute Krisen haben Kinder- und Jugendpsychiatrien einen 24-Stunden-Bereitschaftsdienst, bei dem Sie Ihr Kind vorstellen können – eventuell auch gegen dessen Willen und Gegenwehr (siehe dazu Kapitel 11). Für nicht ganz so akute Krisen sind Jugendamt, Erziehungsberatungsstellen und niedergelassene Therapeuten gute Ansprechpartner. Bei einer akuten Bedrohung kann auch die Polizei gerufen werden. Verbindliche Krisenpläne mit Wenn-dann-Bedingungen, die festlegen, wer was tut beziehungsweise nicht tut und über die im Ernstfall nicht diskutiert wird, können helfen, manche Eskalation zu vermeiden. Auf lange Sicht geht es darum, mit Ihrem Kind Wege zu entwickeln, wie Krisen vermieden werden können, und wie die Jugendliche sich selbst aus einer Krise befreien kann.

Für Krisen ist es besonders notwendig, sich gut mit dem Partner, der Familie, Freunden und professionellen Helfern abzusprechen, um gemeinsam sinnvoll, schnell und effektiv handeln zu können.

Gefühle: Gefühle werden von vielen Betroffenen generell als bedrohlich erlebt, da sie mit Erregung, Unruhe, Unsicherheit und innerem Druck verbunden sind. Zudem können Gefühle oft nicht sicher erkannt, benannt und voneinander unterschieden werden. Auch die Unterscheidung zwischen eigenen Gefühlen und denen anderer fällt teilweise schwer. Eine besondere Herausforderung stellen mehrdeutige Situationen und die zugehörigen, oft zwiespältigen Gefühle dar. Zu manchen Zeiten wehren Jugendliche so gut ab, dass sie völlig gefühllos wirken, zu anderen Zeiten werden sie regelrecht von Gefühlen überschwemmt. Unterstützen Sie Ihr Kind dabei, Zugang zur gesamten Bandbreite der Gefühle zu bekommen und diese weder aufbauschen noch unterdrücken zu müssen. Sprechen Sie Gefühle bei sich und Ihrem Kind an. Indem Sie einen offenen Ungang mit Gefühlen leben, geben Sie ein Vorbild dafür, wie mit Gefühlen umgegangen werden kann. Aggressionen werden von Betroffenen oft generell gerechtfertigt und ausgelebt oder aber generell verteufelt und unterdrückt. Beide Wege sind wenig ratsam. Es ist gut, wenn Sie Ihrem Kind unterscheiden helfen, unter welchen Bedingungen welchen aggressiven Impulsen auf welche Art Ausdruck verliehen werden kann.

Sexualität: Betroffene Jugendliche kämpfen auch bezüglich ihrer Sexualität mit beständig wechselnden, teils überwältigenden Gefühlen. Viele sind sich unsicher über ihre sexuelle Ausrichtung. Sexueller Missbrauch ist einer der Hauptsrisikofaktoren für eine Borderline-Störung. Wie in allen anderen Bereichen gehen sie auch Sexualität mit wenig Struktur und oft grenzenlos an. Frühe und häufig wechselnde Sexualkontakte sind eine Folge davon. Auch Prostitution ist nicht selten. Viele können dieses Verhalten von sich aus nicht wirklich steuern, lassen aber auch nicht zu, dass Dritte sichernd eingreifen. Beziehen Sie diesbezüglich klar Position und verbieten entsprechendes Verhalten. Dennoch sollten Sie das Thema besprechbar halten, um Ihr Kind auch dann begleiten zu können, wenn es sich nicht an die entsprechenden Verbote halten kann. Machen Sie auf die körperlichen wie sozialen Risiken aufmerksam. Weisen Sie auch ausdrücklich auf Verhütungsmaßnahmen hin. Die meisten Betroffenen gehen jedoch nicht besonders sorgfältig mit Verhütung um und wählen sich wenig zuverlässige Partner. Bei Mädchen ist es oft sinnvoll, über Langzeitpräparate zumindest Schwangerschaften zu verhüten. Wenn das Sexualverhalten zu sehr ausufert, sollten Sie wieder Beratung und, wo diese nicht ausreicht, stationäre Maßnahmen in die Wege leiten.

Der Wunsch nach Nähe, Machtspiele oder Manipulationsversuche werden manchmal auch über sexuelle Verhaltensweisen gegenüber Erwachsenen ausagiert. Dies kann schnell falsch verstanden oder gar ausgenutzt werden, sodass Betroffene besonders gefährdet sind, sexuell missbraucht zu werden. Diesbezügliche Hinweise sind besonders ernst zu nehmen. Andererseits erfinden manche Betroffene immer wieder Bettgeschichten und erzählen, vom Therapeuten, dem Bürgermeister, dem Vater oder Nachbarn missbraucht worden zu sein, ohne dass dies wirklich so geschehen ist. Sichern Sie sich diesbezüglich unbedingt beim ersten Verdacht die Unterstützung entsprechender Profis.

Umgang mit Reizen: Jugendliche mit Borderline-Störung haben oft kein sicheres Gefühl dafür, wie viel Stimulation ihnen gut tut. Ihre wechselnden extremen Gefühlslagen führen zu extremer Reizsuche (laute Musik, schnelles Radfahren, Balancieren in großer Höhe, Selbstverletzungen …) oder extremem Rückzug. Helfen Sie Ihrem Kind dabei, sowohl Überstimulation, die lebensgefährlich sein kann, als auch Unterstimulation, die Depressionen und Suizidalität fördert, zu vermeiden. Helfen Sie bei der Suche nach aufregendem, aber angemessenem Nervenkitzel. Das darf ruhig etwas Skurriles und Ausgeflipptes sein, solange es niemandem wirklich schadet. Abenteuersportarten, ausgefallene Hobbys, erlebnispädagogische Angebote und manche Großveranstaltung bieten oftmals angemessene Möglichkeiten, den ersehnten Kick zu erleben. Grenzen sind jedoch da zu ziehen, wo Ihr Kind sich oder andere gefährdet, gegen die guten Sitten beziehungsweise die öffentliche Ordnung verstößt oder das Zusammenleben über die Maße belastet. Negative Stimuli wie Drogen (siehe Kapitel 10), Selbstverletzung (siehe Kapitel 19) oder Konflikte gilt es zu hinterfragen und Alternativen dafür zu suchen. Helfen Sie ebenso, angemessene Formen des Rückzugs und der Entspannung zu finden. Wellness, Schönheits- und Körperpflege, Entspannungstechniken, Massagen, Kochen, Tanz, Musikhören oder Videos sind nur ein paar Möglichkeiten. Ideal ist es, wenn Sie zudem ruhige wie lebhafte Aktivitäten finden, die Sie gemeinsam mit Ihrem Kind genießen können. Dies bildet einen Gegenpol zu den ohnehin häufig vorkommenden Konflikten, Dramen und Krisen.

Begleitende Komplikationen: Suizidalität, selbstverletzendes Verhalten, Essstörungen, Traumatisierungen, Aggressionen und Depressionen sind häufige Begleiterscheinungen einer Borderline-Persönlichkeitsstörung. Zum Umgang mit diesen Themen verweise ich auf die entsprechenden Kapitel dieses Ratgebers.

15.4 Selbstfürsorge

Ein Jugendlicher mit Borderline-Störung ist ein ziemlicher Härtetest für die Familie. Krisen, emotionale Wechselbäder, ausfallendes Verhalten und all die anderen Dynamiken sind oft mehr, als für eine Familie leistbar ist. Viele klagen besonders über die Beziehungsdynamik, die beständig neu ausbalanciert werden muss. Halten Sie sich bewusst, dass diese Dynamik nicht auf Ihr Versagen zurückzuführen ist, sondern Teil der Störung Ihres Kindes. Ebenso ist es gut zu wissen, dass Sie vieles nur deswegen abbekommen, weil Sie als Elternteil nun einmal in der Nähe sind, und anderes, weil Sie als Elternteil nun einmal Grenzen setzen müssen. Vieles der Dynamik geschieht ziemlich unabhängig von Ihrer Person und ist rein in der Rolle begründet. Dennoch werden Verletzungen geschehen und auch Sie werden ab und an zu Verhaltensweisen greifen, die Sie eigentlich nie befürworten würden. Halten Sie sich bewusst, dass dies Teil der Störungsdynamik ist, die sich selbst im professionellen Rahmen nicht ganz abstellen lässt. Auch Verstrickungen wird es immer wieder geben, wenn Sie sich ganz oder teilweise von den Projektionen, Manipulationen oder einfach dem inneren Chaos Ihres Kindes gefangen genommen fühlen. Da sich dies nicht gänzlich vermeiden lässt, ist es wichtig, sich dessen bewusst zu sein, sich und anderen zuzugestehen, sich zu verstricken und sich gegenseitig aus den Verstrickungen zu helfen. Werden die Verstrickungen zu stark, kann die zeitweise Herausnahme des

Jugendlichen aus Ihrer Familie der einzige Weg sein, sich wieder zu lösen und später neu begegnen zu können.

Wichtig ist auch, sich die Spaltungsdynamik der Störung bewusst zu halten. Selbst erfahrene Psychiatrieteams geraten manchmal miteinander in heftigen Streit, wenn sie einen Jugendlichen mit Borderline-Störung behandeln. Dasselbe wird innerhalb Ihrer Familie, im Freundeskreis und im Umgang mit professionellen Helfern geschehen. Es braucht dann meist zumindest einen Beteiligten, der darauf hinweist, dass man sich gerade heftig verstrickt, und die Bereitschaft aller, nach so einem Hinweis Abstand zu nehmen und wieder etwas nüchterner in Kontakt zu treten. Manche Spaltung lässt sich vermeiden, indem alle sehr genau wahrnehmen und ihre Wahrnehmungen beständig gegenseitig austauschen. Dies lässt weniger Raum für Missverständnisse und hilft, unterschiedliche Wahrnehmungen in Ruhe besprechen zu können. Wichtig ist zudem, viel miteinander und weniger übereinander zu reden.

Betroffene Jugendliche sind oft wahre Meister darin, die Wirklichkeit anders erscheinen zu lassen als sie ist. Dann ist es ist hilfreich, selbst ein stabiles Weltbild mit eigenen Wertvorstellungen und Prinzipien zu haben und sich dies immer wieder vor Augen zu führen. Zerrbilder und Manipulationsversuche werden dann ebenso rascher erkennt wie Ausweichmanöver und Verstrickungen. Oftmals tut es gut, sich aus dem aktuellen Geschehen herauszunehmen und eine Situation gleichsam von außen zu betrachten. Auch der Austausch mit einem Unbeteiligten ist wertvoll, um Wirklichkeitsverzerrungen und Verstrickungen zu erkennen.

Es ist absolut in Ordnung und sogar notwendig, sich ab und an zurückzuziehen, Zeit für sich zu nehmen, sich etwas Gutes zu tun und dergleichen mehr. Nur so kann es gelingen, sich nicht völlig zu verausgaben, und nur so ist es möglich, sich immer wieder aus Verstrickungen und negativen Dynamiken zu lösen. Es ist zudem wichtig, sich zuzugestehen, dass es einem selbst gut geht, obwohl das eigene Kind leidet. Wenn Sie darauf warten, dass die Störung überwunden ist, werden Sie beständig leiden, wodurch weder Ihnen noch Ihrem Kind geholfen ist. Suchen Sie sich Hobbys, die Sie ohne Kind ausüben, gehen Sie mit Ihrem Partner aus, besuchen Sie Freunde oder sorgen Sie anderweitig für Erholung und zusätzliche Themen in Ihrem Leben. Dies alles kann auch dazu beitragen, trotz all der Erziehungsschwierigkeiten ein gesundes Selbstwertgefühl zu behalten.

Einige Risikofaktoren liegen in der Familie, andere sind völlig unabhängig von Ihnen und der Art, wie Sie erziehen. Falls Sie grobe Fehler begangen haben, ist es meist hilfreicher, diese Schuld – eventuell mithilfe von Therapeuten oder Geistlichen – zu bearbeiten und sich erneut dem Leben zu stellen, anstatt sich ewig Vorwürfe zu machen. In den meisten Fällen läuft die Dynamik sowieso in die andere Richtung, weil Ihr Kind störungsbedingt von klein auf schwieriger war und auf die üblichen Erziehungsmethoden nicht angesprungen ist, haben sich mit der Zeit seltsame und ungute Verhaltensmuster eingeschlichen. Dies zu erkennen, ist der erste Schritt, sie zu verändern.

Ohne professionelle Hilfe ist diese Aufgabe nicht zu leisten. Scheuen Sie sich also nicht, Angebote von Beratungsstellen, Psychotherapeuten, der Kinder- und Jugendpsychiatrie und dem Jugendamt in Anspruch zu nehmen. Je früher Ihr Kind eine geeignete Hilfe erfährt, desto eher kann eine schwerwiegende Entwicklung abgefangen werden und desto besser sind die Entwicklungschancen Ihres Kindes.

15.5 Psychotherapie, Psychiatrie und Medikamente

Ohne eine Psychotherapie verstärkt sich die Störung bis ins Erwachsenenalter und auch mit Psychotherapie kann es Jahre dauern, bis sich wesentliche Veränderungen einstellen. Dies hat vor allem damit zu tun, dass betroffene Jugendliche sich nicht als krank oder gestört erleben. Zudem spielen sich die oben beschriebenen Dynamiken auch im Therapierahmen ab, was zu häufigen Therapieabbrüchen und Therapeutenwechseln führt. Es hat sich als vorteilhaft erwiesen, wenn derselbe Therapeut immer wieder in Anspruch genommen werden kann. Kognitive Verhaltenstherapie, analytische Verfahren und systemische Ansätze haben sich gleichermaßen bewährt.

Bei einer stark ausgeprägten Störung wird meist eine stationäre psychiatrische Behandlung notwendig; vor allem bei Fremd- und Selbstgefährdung, entsprechend ausgeprägten Begleitstörungen, Dynamiken, welche den Alltagsvollzug unmöglich machen, drohendem Impulskontrollverlust, mangelnde Mitarbeit im ambulanten Setting und wenn ambulante Therapie keinen ausreichenden Erfolg bringt. Da die Wartezeiten meist lang sind, ist eine frühe Kontaktaufnahme zu empfehlen. Bei akuter Fremd- oder Selbstgefährdung und in akuten Krisen sollten Sie Ihr Kind als Notfall vorstellen und mit den klinischen Kollegen ein gemeinsames Vorgehen absprechen.

Je nach Ausprägung der Störung kann eine medikamentöse Unterstützung empfehlenswert sein. In Frage kommen vor allem Antidepressiva, Sedativa und niederpotente beziehungsweise atypische Neuroleptika. Jugendliche mit Borderline-Störung sind in der Medikamenteneinnahme meist recht unzuverlässig, sodass diese von Ihnen kontrolliert werden sollte. Potenziell süchtig machende Medikamente sollten ebenfalls Sie verwalten und unter Ihrer Aufsicht einnehmen lassen. Betroffene Jugendliche neigen dazu, das volle Nebenwirkungsspektrum zu zeigen. Daher kann es sinnvoll sein, sie Ihrem Kind zu verschweigen, sich diese in Abwesenheit Ihres Kindes vom Kinder- und Jugendpsychiater erklären zu lassen und sich von ihm auch über den Umgang mit Nebenwirkungen beraten zu lassen.

15.6 Jugendhilfe

Bei stärker ausgeprägten Störungen wird häufig eine stationäre Jugendhilfe notwendig, da die Dynamik im familiären Rahmen dann nicht mehr aufgefangen werden kann. Zuvor können ambulante Angebote wie die Sozialpädagogische Familienhilfe oder Erziehungsberatung wertvolle Hilfen sein.

Die Spaltungsdynamik macht auch vor Psychotherapie, Psychiatrie und Jugendhilfe nicht halt. Entsprechende Unstimmigkeiten, Beschuldigungen und Konflikte lassen sich kaum vermeiden. Solange dies aber allen Beteiligten bewusst ist, sollte es möglich sein, sich immer wider zusammenzuraufen, um gemeinsam auf der Seite des Jugendlichen stehen zu können.

Weitere Informationen finden Sie in »Borderline. Ein Ratgeber für Betroffene und Angehörige« von Ewald Rahn.

16 Aufmerksamkeits- und Hyperaktivitätsstörung (ADHS)

16.1 Grundinformationen

Jugendliche haben oft einen enormen Bewegungsdrang. Vor allem bei Jungen sorgen Testosteronschübe manchmal für überschießendes Verhalten und Aggressionen. Konzentrationsstörungen sind für Pubertierende völlig normal und zudem setzen Jugendliche oft ganz andere Prioritäten als Erwachsene, sodass sie alles von den ihnen gestellten Aufgaben abzulenken scheint. Zeigt sich jedoch durchgängig in ganz unterschiedlichen Situationen und in mindestens zwei Lebensbereichen ein Muster von Unaufmerksamkeit, Ablenkbarkeit, Impulsivität und Hyperaktivität, sollten Sie abklären lassen, ob womöglich eine Aufmerksamkeits- und Hyperaktivitätsstörung (ADHS) vorliegt. Dies sollte nur von einem Kinder- und Jugendpsychiater, einem Kinder- und Jugendlichenpsychotherapeuten, einem in diesem Thema wirklich erfahrenen Kinderarzt oder einer spezialisierten Beratungsstelle vorgenommen werden. Es gibt sehr viele Störungsbilder und Lebensbedingungen wie etwa Traumatisierungen, Psychosen, verdeckte Depressionen, Drogenmissbrauch, Familienstreits, beengte Wohnverhältnisse, Mobbing oder zu hoher Leistungsdruck, die zu ganz ähnlichem Verhalten führen können. Es braucht echte Expertise, um diesbezüglich eine saubere Diagnose zu treffen. ADHS beginnt meist vor dem fünften Lebensjahr. Treten die unten beschriebenen Symptome im Jugendalter neu auf, kann es sich um eine ADHS handeln, andere Diagnosen sind jedoch wahrscheinlicher. Je nach Untersuchung sollen 3 bis 15 % der deutschen Jugendlichen ADHS haben. Der deutsche Ärztetag geht von circa 4 % aus. Jungen sind zwei bis vier Mal so häufig betroffen wie Mädchen. Unbehandelt setzt sich die Störung bei ungefähr drei Viertel der Betroffenen bis ins Erwachsenenalter fort und selbst bei guter Behandlung behält über die Hälfte einzelne Einschränkungen bei. Häufig begleitende Störungen sind Störungen des Sozialverhaltens, Suchterkrankungen, Teilleistungsstörungen, Depressionen, Ängste oder auch Delinquenz.

Als Ursachen werden hauptsächlich genetische und neurologische Faktoren angenommen. Auch Komplikationen während der

Schwangerschaft wie etwa Stress, aber auch bereits kleine Mengen von Nikotin oder Alkohol erhöhen das Risiko einer ADHS erheblich. Allergien und Lebensmittelunverträglichkeiten scheinen bei 10 bis 15 % der Betroffenen eine Rolle zu spielen. Psychosoziale Faktoren wie etwa das Erziehungsverhalten oder das Familienklima können eine bestehende Symptomatik beeinflussen, sind jedoch keine Ursachen für ADHS. Inkonsequentes und undurchschaubares Erziehungsverhalten etwa trägt zu einer Verstärkung der Symptomatik bei.

16.2 Erscheinungsbild

ADHS gibt es in zwei Hauptausprägungen. Bei der Aufmerksamkeitsdefizitstörung (ADS) sind überwiegend Konzentration und Aufmerksamkeitsfähigkeit gestört, bei der Hyperaktivitätsstörung (HKS) stehen innere und äußere Unruhe sowie Impulsivität im Vordergrund. Tritt beides gemeinsam auf, spricht man von ADHS. Alle drei Formen können mit einer Störung des Sozialverhaltens einhergehen. Dann gelten auch die Empfehlungen aus Kapitel 17. Die Gewichtung sollten Sie mit dem behandelnden Therapeuten absprechen. Während bei Jüngeren meist die motorische Unruhe im Vordergrund steht, sind bei Jugendlichen öfters innere Unruhe, Reizbarkeit, Aufmerksamkeits- und Impulskontrollstörungen zu beobachten. Eventuelles dissoziales Verhalten wird nun ernsthafter und kann zu straffälligem Verhalten führen. Tabelle 14 zeigt die wichtigsten Symptome von ADS, HKS und ADHS.

Tabelle 14: Symptome bei ADHS (Baierl, 2008, S. 310 f.)

Unaufmerksamkeit		
Ablenkbarkeit, Unkonzentriertheit, Vergesslichkeit, Flüchtigkeitsfehler	wenig Ausdauer bei der Aufgabenerledigung, entsprechende Abneigung gegenüber diesen Aufgaben	Abneigung gegen fremdbestimmten Aufgaben und solchen, die Nachdenken erfordern
Schwierigkeiten, Erklärungen zu folgen und diese zu verstehen	unvollständiges Ausführen von Anweisungen ohne böse Absicht	Schwierigkeiten, Aufgaben oder Abläufe zu koordinieren und zu organisieren
Tagträumen	nicht mitbekommen, wenn andere einen ansprechen	nicht zuhören können

häufiges Verlieren von Gegenständen	Vergessen von Verabredungen und Terminen	Unpünktlichkeit
Überaktivität		
motorische Unruhe, nicht still sitzen können, herumzappeln, ständig in Bewegung sein	Aufstehen und Herumlaufen, wenn längeres Sitzen angesagt wäre, Klettern über Tische und Bänke	Geräusche machen, beständiges Spielen mit Gegenständen, Herumkritzeln
fahrige, ausholende, hektische, überschießende Bewegungen	Schwierigkeiten mit allen feinmotorischen Aufgaben, auch dem Schreiben	permanentes, häufiges, ausführliches und schnelles Reden
viele laute Aktivitäten	Anspannung und Gereiztheit bei Inaktivität	
Impulsivität		
schnelles Wechseln zwischen einzelnen Aktivitäten	vieles beginnen, nichts zu Ende führen	wenig Eigenkontrolle möglich
plötzliches Handeln, ohne zu überlegen	häufiges Nichteinhalten von Regeln	Unterbrechen und Stören von Gruppenaktivitäten, Gesprächen, Spielen
Herausplatzen von Antworten, bevor die Frage fertig gestellt wurde	zu allem ungefragt Stellung nehmen	sich ständig einmischen, andere unterbrechen, dazwischenreden
nicht warten können, bis man an die Reihe kommt	aufbrausend, Ausraster, Kontrollverlust, häufig in Streitereien verwickelt bis hin zu Handgreiflichkeiten	Stimmungsschwankungen
Streben nach unmittelbarer Bedürfnisbefriedigung	Umgang mit Geld schwierig	Schwierigkeiten, komplexe Zusammenhänge darstellen zu können, dadurch Schwierigkeiten, eigene Gedanken, Motivationen, Befindlichkeiten anderen verständlich machen zu können

(Fortsetzung Tabelle 14)

Sich daraus ergebend:		
Versagensgefühle, Schuldgefühle	geringes Selbstwertgefühl, hohe Kränkbarkeit	Ängstlichkeit, Depressionen
Hypersensibilität, alles auf sich beziehen	achtloser Umgang mit sich, anderen und Gegenständen	häufige Verletzungen und Unfälle
Schwierigkeiten mit Autoritätspersonen durch (oft) unbeabsichtigte Regelverstöße, wirken dadurch ungehorsam, oppositionell oder rebellisch	nicht verstehen, weswegen sie getadelt werden, obwohl sie sich doch richtig anstrengen	dissoziale Verhaltensweisen bis hin zu Delinquenz
Schwierigkeiten, Nähe und Distanz richtig zu regulieren; extreme Offenheit bis extremer Rückzug	häufiges Suchen oder Vermeiden von Körperkontakt, Betroffene werden meist als distanzlos erlebt	Schwierigkeiten, Ordnung zu halten
Schwierigkeiten, strukturiert vorzugehen	viele Missverständnisse	Schwierigkeiten, Beziehungen langfristig aufrechtzuerhalten
schnell wechselnde intensive Beziehungen, häufige Beziehungsprobleme	Intoleranz gegen alles, was der eigenen aktuellen Sichtweise widerspricht	Begeisterung und Faszination für alles Extreme und Exotische
hohe Begeisterungsfähigkeit	hohe Beeinflussbarkeit	oftmals hohe Hilfsbereitschaft
oftmals sehr intensiver und fürsorglicher Umgang mit Tieren	Schulschwierigkeiten, verlangsamtes Lesen, verminderte Informationsaufnahme durch Lesen und/oder Zuhören	soziale Isolation
Klassenkasper	Sündenbock	

16.3 Alltagsgestaltung

Haltung: Ideal ist, wenn Sie Ihrem Kind wertschätzend, wohlwollend, liebevoll und gelassen gegenübertreten können. Machen Sie sich und Ihrem Kind immer wieder deutlich, dass nicht das Kind, sondern die ADHS das Problem ist. Dieses zu bewältigen, ist Ihre gemeinsame Aufgabe. Mit dieser Grundlage können die nachstehenden Forderungen nach Struktur lebendig umgesetzt werden, statt zu einem starren Korsett zu verkommen. Bedenken Sie auch, dass niemand perfekt ist und niemand so tun müsste, als ob er es wäre. Der Umgang mit ADHS ist eine große Herausforderung. Dass Sie zwischendurch erschöpft, wütend oder ungerecht sind, gehört da einfach mit dazu und ist kein Zeichen von Versagen.

Rahmensetzung: Jugendliche mit ADHS brauchen besonders klare Regeln und Strukturen. Oftmals sind eher wenige, dafür aber strengere Regeln einfacher einzuhalten als ein offenerer Rahmen, der dafür mehr Regeln benötigt. Die Regeln sollten klar, eindeutig, überschaubar, einhaltbar und verständlich formuliert sein. Aufgrund der verkürzten Aufmerksamkeitsspanne und Merkfähigkeit sind kurze, markante Formulierungen hilfreich. Viele Jugendliche tun sich übrigens leichter, wenn sie zumindest die zentralen Regeln und Aufgaben schriftlich vorliegen haben und immer wieder nachschauen können.

Eine feste Tagesstruktur mit täglich wiederkehrenden, immer wieder gleich ablaufenden Ritualen (z. B. nach Hause kommen, Schultasche wegstellen, Schuhe und Jacke wegräumen, Hände waschen, Tisch decken, zum Mittagessen hinsetzen) sorgen für Sicherheit und werden langfristig geschätzt. Vielen hilft ein Tages- und Wochenplan, in dem alle Termine, aber auch Hausaufgabenzeiten und Pausen eingetragen sind und an dem sie sich orientieren können. Auch wenn sie sich damit schwer tun, sollten Jugendliche mit ADHS in die üblichen Haushaltsaufgaben miteinbezogen werden. Zum einen lernen sie so, diese zu bewältigen, zum anderen zeigt dies, dass sie wie alle anderen auch Teil der Gemeinschaft sind. Betroffenen fällt es leichter, wenn immer eine Aufgabe vollständig beendet wird, bevor mit der nächsten begonnen wird. Sonst verzetteln sie sich leicht und stehen abends vor einem Berg unerledigter Aufgaben. Die Zimmerordnung wird ein Dauerproblem bleiben. Viele Regale, Fächer und Schubladen helfen dabei, wenigstens ein Mindestmaß an Ordnung halten zu können. Jugendliche mit ADHS haben Schwierigkeiten, Strukturen von einem Kontext in einen anderen zu übernehmen. Idealerweise finden Sie zu Hause, in der Schule und in anderen Gruppen zumindest ein ähnliches Grundregelwerk. Dies ist selten wirklich möglich, kann aber über intensive Absprachen verbessert werden. Leben Sie getrennt, sollten Sie sich mit Ihrem Expartner auf einen gemeinsamen Grundrahmen einigen.

Konsequenz: Das beste Regelwerk hilft wenig, wenn es nicht eingehalten wird. Ihr Kind braucht klare Ansagen darüber, was Sie erwarten, und die Überprüfung dessen, ob es diese Erwartungen erfüllt. Dafür benötigt es konsequente Rückmeldung sowie transparente und verhältnismäßige Konsequenzen für Einhaltung oder Überschreitung des Rahmens. Lassen Sie Ihren Worten Taten folgen und kündigen Sie nichts an, was Sie nicht durchzusetzen gewillt und fähig sind. Überprüfen Sie, wo Ihr Kind eine klare Ansage über Erwartungen und Konsequenzen braucht und wo Sie gemeinsam mit ihm die Rahmensetzung verhandeln können. Vergesslichkeit und Impulsivität erschweren es Betroffenen, sich strikt an Regeln zu halten. Um sie nicht beständig ins Messer laufen zu lassen, hilft das gestufte Ermahnen. Stellen Sie eine Forderung zunächst freundlich, dann deutlich und zuletzt ruhig auch im ernsteren Ton. Reicht diese dreigestufte Ansprache nicht, setzen Sie eine Konsequenz fest. Als Konsequenzen eignen sich vor allem Aufgaben, bei deren Bewältigung Ihr Kind noch Schwierigkeiten hat und die es nebenher gleich einüben kann. Achten Sie darauf, immer die Verhältnismäßigkeit zu wahren. Es gibt zum Beispiel einen Unterschied zwischen Vergesslichkeit und Verweigerung. Bei echtem Fehlverhalten sollten Sie Ihrem Kind die Möglichkeit der Wiedergutmachung und Entschuldigung einräumen und, wenn diese geschehen ist, das Ganze auch auf sich beruhen lassen. Bei Wutausbrüchen gilt es abzuwägen, ob Sie direkt eingreifen, um eine Machtdemonstration zu unterbrechen beziehungsweise Schaden abzuwehren, oder einfach abwarten, bis Ihr Kind sich wieder beruhigt hat und von selbst besser erreichbar ist. Viele Betroffene haben die Fähigkeit, sich binnen kurzer Zeit wieder herunterzukochen, wenn sie den Freiraum dazu bekommen.

Lob und Kritik: Egal, wie sehr sich Ihr Kind anstrengt, es wird deutlich öfter ermahnt werden als andere. Daher ist es wichtig, ein Gegengewicht zu schaffen und ganz gezielt auf Fähigkeiten, gut

Gemachtes, Anstrengungsbereitschaft und anderes Positives zu achten, dieses Ihrem Kind gegenüber zu benennen und zu würdigen. Ihr Kind muss erleben, dass seine Bemühungen erkannt und wertgeschätzt werden. Dafür ist es hilfreich, größere Aufgaben in Teilziele zu untergliedern. Zum einen kann sich Ihr Kind die ersten Schritte dann besser merken, zum anderen können Sie jeden Teilschritt gesondert kontrollieren und dessen Bewältigung würdigen. Oft ist es notwenig, sich mehr an den tatsächlichen Bemühungen Ihres Kindes zu orientieren als am Endergebnis. Wenn es sich etwa richtig anstrengt, den Boden perfekt zu wischen, kann es einer Katastrophe gleichkommen, statt des erwarteten Lobs nur zu hören zu bekommen, dass eine Ecke übersehen wurde. Je nach Situation kann sich Anerkennung in einem entsprechenden Blickkontakt, einem ausgesprochenen Lob oder einer tatsächlichen Belohnung äußern.

Wichtig ist, die individuellen Leistungen und Fortschritte Ihres Kindes zu würdigen, da die absoluten Ergebnisse oft lange hinter dem üblichen Level zurückbleiben. Erklären Sie kurz und präzise, was Sie erwarten. Schauen Sie Ihrem Kind bei wichtigen Punkten in die Augen oder berühren es leicht, dies hilft ihm, die Aufmerksamkeit zu halten. Lassen Sie sich wiederholen, was Sie gesagt haben, um sicherzustellen, dass Ihr Kind verstanden hat, was Sie sagen wollten. Betroffene verstehen übrigens vieles wörtlich und sind dann völlig überrascht, dass Sie nicht die Befolgung des Wortsinns erwarten, sondern etwas anderes. Lob und Belohnungen sollten ebenso unmittelbar geschehen wie Kritik und Eingrenzungen. Machen Sie deutlich, auf was genau sich Lob oder Kritik beziehen. Kritik sollte kurz, präzise, aktuell und umsetzbar geäußert werden. Eine noch so ausgefeilte Ermahnung nützt wenig, wenn Ihr Kind Ihr nach den ersten beiden Sätzen nicht mehr folgen kann. Formulieren Sie so, dass Ihrem Kind auch bei der schärfsten Kritik klar bleibt, dass Sie sein Verhalten ansprechen, Ihr Kind selbst aber annehmen.

Bedenken Sie auch, dass manches schiefgehen kann, obwohl Ihr Kind es richtig machen wollte. Dann ist es gut, fünfe gerade sein zu lassen und über das Missgeschick hinwegzusehen. Eine sehr strukturierte Rückmeldung, Anerkennung und Würdigung bieten sogenannte Verstärker- oder Punktepläne (ein kreativer Umgang damit ist in Wüschner, 2003, ausführlich dargestellt). Sprechen Sie mit dem behandelnden Therapeuten ab, ob und wie sich ein Punkteplan in Ihrem Fall einsetzen lässt. Jugendlichen mit ADHS fällt es meist schwer, eigene Wünsche oder Kritik angemessen zu äußern. Vieles fällt zunächst grob, unverhältnismäßig oder ungeschickt aus. Würdigen Sie diese Versuche und versuchen Sie den Kern der Aussagen herauszuarbeiten, statt wegen des Tones sofort dicht zu machen. Mit der Zeit können Sie Ihr Kind dann immer besser darin anleiten, angemessen zum Ausdruck zu bringen, was ihm am Herzen liegt.

Beziehung und Zeit: Jugendliche mit ADHS sind meist richtig beziehungshungrig, brauchen körperliche wie emotionale Nähe und ein deutlich höheres Maß an Anerkennung als Gleichaltrige. Achten Sie darauf, viel angenehme Zeit miteinander zu verbringen, in der Ihr Kind diese Nähe unmittelbar erfahren kann. Im Streit wird es sowieso immer wieder zum intensiven Kontakt kommen. Setzen Sie dem positive Beziehungserfahrungen entgegen. Es geht nicht darum, immer und unbegrenzt zur Verfügung zu stehen, sondern sich gezielt Zeit für Angenehmes mit Ihrem Kind zu nehmen. Gleichzeitig im selben Raum zu sein, reicht dafür nicht aus. Wichtig sind tatsächlich die gemeinsamen Aktivitäten. Beim gemeinsamen Tun kommen zudem schnell Gespräche zu Themen auf, die betroffene Jugendliche sonst manchmal gern vermeiden.

Besprechen Sie in ruhiger Atmosphäre, was Ihnen wichtig ist, und hören Sie gut zu, wenn Ihr Kind redet. Helfen Sie ihm, die oft wirren Formulierung zu strukturieren und den gemeinten Sinn offenzulegen. In solchen Gesprächen haben auch Ihre Eltern-Kind-Beziehung oder Ihre eigenen Gefühle ihren Platz. Es tut Ihrem Kind gut, wenn es hört, dass Sie zum Beispiel manchmal traurig erschöpft oder wütend sind, Ihr Kind dessen ungeachtet aber lieb haben und annehmen. Betroffene sind teilweise wahre Meister im Nebenherhören. Was am Nachbartisch und scheinbar nicht für ihre Ohren bestimmt ist, prägt sich oft besser ein als eine direkte Ansprache. Diese Fähigkeit können Sie nutzen, indem Sie wichtige Inhalte gerade dann mit Dritten ansprechen, wenn Ihr Kind in der Nähe ist und »heimlich« mithören kann.

Aktivität: Innerer wie äußerer Unruhe lässt sich am besten durch Bewegung begegnen. Integrieren Sie möglichst viele Bewegungsmöglichkeiten in den alltäglichen Ablauf. So kann manch ein Jugendlicher den Schulvormittag oder die Hausaufgabe besser überstehen, wenn er in allen Pausen kurz um den Block rennt, Treppen steigt oder sich anderweitig Bewegung verschafft. Auch

Einzelwettkampfsport, bei dem schnell reagiert werden muss, Ausdauersportarten oder sehr strukturierte Aktivitäten wie Golf oder Angeln sind gut geeignet. Mannschaftssport macht nur dann Sinn, wenn Ihr Kind für diesen Begeisterung und Fähigkeiten mitbringt. Betroffene sind meist sehr begeisterungsfähig, was sich für spontane und ungewöhnliche Aktivitäten gut nutzen lässt. Zudem sind sie meist sehr hilfsbereit, sodass Engagement im THW, Umweltschutz oder sozialen Organisationen oft gern erbracht wird. Viele zeigen ein enormes kreatives Potenzial, das sich im musisch-künstlerischen Bereich nutzen lässt. Tiere sind für die meisten eine echte Attraktion und fast alle Betroffenen gehen gut mit Tieren um. Die Verantwortung für ein eigenes Haustier kann daher für Anerkennung und Selbstwert ebenso genutzt werden wie zur Tagesstrukturierung oder die tägliche Bewegung. Im Zweifelsfall sollte jedoch ein Erwachsener die Verantwortung übernehmen können, falls Ihr Kind doch nicht gut mit dem Tier umgehen kann oder will.

Jugendliche mit ADHS sind oft wahre Meister in Computerspielen. Oft ist dies eines der wenigen Felder, in dem sie deutlich besser sind als Gleichaltrige. Entsprechend groß ist die Versuchung, den gesamten Tag vor dem Rechner zu verbringen. Hier gilt es, eine Balance zu finden, welche einerseits diese Quelle für Anerkennung und Selbstwert würdigt, andererseits Zeit und Raum für andere Aktivitäten, Bewegung und soziale Kontakte lässt. Das Erlernen einer Entspannungstechnik, mit deren Hilfe Betroffene die innere wie äußere Unruhe reduzieren können, ist oftmals Gold wert.

Geschwister: Einerseits sind Jugendliche mit ADHS eine echte Herausforderung für ihre Geschwister, die immer wieder auch Freiräume brauchen, in denen sie ungestört und in Ruhe ihren Beschäftigungen nachgehen können. Andererseits wissen Geschwister sehr genau, dass betroffene Jugendliche wunderbar auf die Palme zu bringen sind und dass eine winzige Stichelei oft enorme Auswirkungen hat. Diesbezüglich gilt es dann die Betroffenen in Schutz zu nehmen. Meist ist es sinnvoll, diese Dynamik mit der ganzen Familie immer wieder anzusprechen und auch offenzulegen, dass in dieser Dynamik nicht immer die beste oder gerechteste Entscheidung getroffen werden kann.

Schule: Beschulung ist ein eigenes Problemfeld, das hier nur angeschnitten werden kann. Leider ist es im schulischen Kontext oft nicht möglich, den speziellen Anforderungen der Betroffenen gerecht zu werden. Viele Jugendliche mit ADHS haben eine entsprechende Misserfolgsgeschichte hinter sich. Dann ist es oft erfolgversprechender, zunächst einen Rahmen zu suchen, in dem die Freude am Lernen zurückgewonnen werden kann, anstatt sich auf Notenerfolg zu konzentrieren.

Hausaufgaben werden am besten bewältigt, wenn sie als gleichbleibendes Ritual durchgeführt werden. Aufschreiben aller Aufgaben inklusive Unterpunkte auf eine Liste, Bereitlegen aller Materialien für die erste Aufgabe, deren vollständige Erledigung, Zeigen der Aufgabe und Lob dafür bekommen, Abhaken der Aufgabe, neue Aufgabe könnte etwa so ein Ablauf sein. Lern- und Pausenzeiten sollten sich dabei an der Konzentrationsspanne des Jugendlichen orientieren. Bei der Hausaufgabenkontrolle sollten Sie auf alles achten, was richtig oder besonders gut erledigt wurde und dies hervorheben und sich zudem aufs Wesentliche konzentrieren. In einem Sozialkundetext etwa sind Inhalt und Struktur wichtiger als Rechtschreibung oder Schriftbild, die dann nicht unbedingt verbessert werden müssen. Ideal ist ein abgetrenntes, ruhiges Zimmer mit wenig Ablenkungspotenzial. Der Schreibtisch sollte groß genug und bis auf die benötigten Materialien leer sein. Am besten schaut Ihr Kind dabei auf eine leere Wand.

Je weniger Ablenkung begegnet werden muss, desto leichter fällt die Konzentration. Störende Nebengeräusche (z. B. kleinerer Geschwister) lassen sich mit sanfter Entspannungsmusik, Meeresrauschen oder einer ähnlichen Geräuschkulisse leichter ausblenden. Einzelne Betroffene lernen tatsächlich mit laut dröhnender Musik, die alle anderen Ablenkungsquellen ausschließt, am besten. Kaugummikauen oder das Knabbern von Nüssen oder Obst kann helfen, der Unruhe Ausdruck zu geben. Dem Bewegungsdrang kann durch unterschiedliche Körperhaltungen begegnet werden. Schreibarbeiten lassen sich auch am Stehpult machen, Texte lassen sich auch am Boden liegend lesen und Vokabeln lassen sich gut im Gehen abfragen. Probieren Sie Unterschiedliches aus und achten Sie darauf, was eher ablenkt und was eher strukturierend wirkt. Alles, was hilft, lässt sich dann in die Hausaufgabenroutine einbinden. Übrigens lassen sich auch die Hausaufgaben gut in Verstärkerpläne einbinden.

16.4 Selbstfürsorge

Der Umgang mit einem Kind, welches ADHS hat, ist sehr komplex. Dann alles richtig zu machen, ist kaum möglich, und oft genug entwickeln sich über die Zeit eher negative Familiendynamiken. Viele Eltern haben das Gefühl, alles falsch gemacht zu haben und Ihrem Kind nicht richtig begegnen zu können. Halten Sie sich vor Augen, dass die Familiensituation und auch Ihre eventuell nicht idealen Verhaltensweisen die Folge davon sind, dass Sie ein Kind/einen Jugendlichen mit ADHS großziehen und nicht umgekehrt. Halten Sie sich auch bewusst, dass Jugendliche mit ADHS einen sehr hohen Bedarf haben, den kein Mensch und kaum eine Familie allein abdecken kann. Um Ihrem Kind gerecht zu werden, müssen Sie nicht 24 Stunden bereitstehen. Im Gegenteil gilt es, den Umgang mit den eigenen Grenzen und Fähigkeiten immer wieder neu auszubalancieren. Niemandem ist damit gedient, wenn Sie sich verausgaben und als Ansprechpartner ausfallen.

Schaffen Sie sich Freiräume, auch außer Haus, pflegen Sie ein Hobby und nutzen Sie Ihre soziale Kontakte. Es tut gut, anderen von den eigenen Problemen erzählen und diese gemeinsam besprechen zu können. Sie brauchen sich diesbezüglich auch nicht zu schämen, befinden Sie sich doch in einer besonders belastenden Situation. In Krisen oder wenn ein schwieriges Gespräch ansteht, ist es zudem oft hilfreich, Freunde mit zum Gespräch oder einfach ins Haus zu bitten. Allein die Anwesenheit eines weiteren Erwachsenen kann manche Situation entspannen, wo alles eigene Tun dies nicht erreichen könnte; dies umso mehr, wenn der oder die Geladenen auch für Ihr Kind Vertrauenspersonen sind. Informieren Sie sich ausgiebig über ADHS, damit verbundene Dynamiken, Hilfsmöglichkeiten und Umgangsweisen. Manchmal rentiert sich ein spezielles Elterntraining, in dem Sie Fähigkeiten speziell für den Umgang mit ADHS lernen können.

16.5 Psychotherapie, Psychiatrie und Medikamente

Betroffene Jugendlich benötigen in der Regel eine Kombination aus wohlwollend strukturierter Alltagsgestaltung im familiären Umfeld, Psychotherapie, zumindest zeitweiser Unterstützung durch Psychopharmaka oder alternative Medikamente und der Behandlung meist vorliegender zusätzlicher Störungen. Eine spezifische Gestaltung der Schul- oder Ausbildungssituation wäre zwar ideal, ist aber selten umsetzbar. Psychotherapeutisch haben sich vor allem kognitive Verhaltenstherapie sowie entsprechende Trainingsprogramme und systemische Ansätze bewährt. Psychomotorik und andere Bewegungstherapien sind wertvolle Ergänzungen. Bei guten Rahmenbedingungen und leichter bis mittlerer Symptomatik ist ambulante Therapie meist ausreichend. Bei besonders starker Symptomatik, stark ausgeprägter zusätzlicher Störung, wenn die Grenzen der Leistungsfähigkeit Ihrer Familie überschritten werden oder wenn ambulante Maßnahmen keinen ausreichenden Erfolg zeigen, kann auch die stationäre Behandlung in einer Kinder- und Jugendpsychiatrie notwendig sein. Nachdem die Familiensituation einen wesentlichen Einfluss auf die Ausprägung hat, sollten auch Sie die Inanspruchnahme entsprechender Hilfen für sich in Erwägung ziehen.

Medikamente (Psychopharmaka wie Alternativmedizin) heilen ADHS nicht. Sie vermitteln auch keine guten Manieren, sozialen Fähigkeiten oder neue Wertvorstellungen. Sie führen lediglich dazu, dass Ihr Kind zeitweise ruhiger wird, stiller sitzt, sich konzentrieren und Aufgaben zu Ende führen kann, die eigenen Impulse besser kontrolliert, das eigene Denken besser strukturiert, sich besser an Regeln hält und weniger aggressiv ist.

Erst diese Veränderungen ermöglichen es vielen Betroffenen, sich auf pädagogische wie psychotherapeutische Vorgehensweisen einzulassen, deren Anstöße umzusetzen, um die ihnen notwendigen Lernschritte gehen zu können. Zudem schützen Sie Ihr Kind wie auch dessen Umfeld vor allzu heftigen Auswirkungen der Symptomatik. Ritalin® und andere Stimulanzien oder Psychopharmaka sind bei echter ADHS oder entsprechender Begleitstörung oft ein notwendiger Bestandteil einer Gesamtbehandlung, den Sie Ihrem Kind nicht vorenthalten sollten. Andererseits sind Nebenwirkungen möglich, die sich negativ auswirken. Die meisten davon verschwinden zwar innerhalb weniger Wochen oder nach Absetzen des Medikaments, sind aber dennoch erst einmal da. Die fachgerechte medikamentöse ADHS-Behandlung senkt langfristig das Suchtrisiko erheblich, statt dass es dieses erhöht, wie leider noch in vielen Publikationen zu lesen ist. Suchen Sie sich einen erfahrenen Kinder- und Jugendpsychiater, dem Sie vertrauen, der nach eingehender Diagnose mit Ihnen bespricht, ob und welche Medikamente bei Ihrem Kind sinnvoll sind.

Wenn Ihr Kind Medikamente bekommt, sollten Sie deren regelmäßige Einnahme sicher stellen. Ritalin® etwa wirkt sofort, dafür aber nur wenige Stunden, was eine präzise Einnahme zur Unterstützung von Schule oder Hausaufgaben notwenig macht. Andere Medikamente benötigen Wochen, bis sie wirken, müssen in dieser Zeit jedoch zuverlässig eingenommen werden.

16.6 Jugendhilfe

Jugendliche mit einer ausgeprägten ADHS benötigen häufig einen Erziehungsrahmen, welcher die Möglichkeiten einer Familie übersteigt. Entsprechend häufig wird eine Heimunterbringung oder andere Form der stationären Jugendhilfe notwendig. Bei schwächeren Symptomatiken ist ein Verbleib in der Familie meist möglich. Psychotherapie, familienunterstützende Maßnahmen und Medikation sind dann wertvolle Hilfen.

Ausführlichere Informationen finden sich in »ADHS bei Kindern, Jugendlichen und Erwachsenen. Symptome, Ursachen, Diagnose und Behandlung. Rat und Hilfe« von Cordula Neuhaus.

17 Störungen des Sozialverhaltens

17.1 Grundinformationen

Während der Pubertät stellen Jugendliche ihre bisherige Weltsicht sowie die ihrer Eltern und anderer Autoritäten radikal in Frage. Sie testen ihre sich erweiternden Fähigkeiten und überschreiten dabei so manche Grenze. Dies ist ein notwendiger Schritt des Erwachsenwerdens, durch den es erst möglich wird, sich ein eigenes Selbst- und Weltbild aufzubauen. Aufsässigkeit, Aggressionen sowie häufige kleine oder manchmal auch größere Regelüberschreitungen sind in diesem Alter ganz normal. Laut Umfragen haben fast 100 % der 18-Jährigen bereits ein oder mehrmals das Gesetz gebrochen (Bagatelldiebstähle, Schwarzfahren, Ausprobieren illegaler Drogen u. Ä.). Streit mit den eigenen Eltern gehört in dieser Zeit oft zum Alltag. Die meisten diesbezüglichen Probleme sind pubertätsbedingt und nicht auf eine Störung des Sozialverhaltens zurückzuführen. Häufen oder steigern sich diese Verhaltensweisen und dauern sie über ein halbes Jahr an, sollte eine Beratungsstelle oder ein Kinder- und Jugendlichenpsychotherapeut zur Abklärung aufgesucht werden.

Man geht davon aus, dass 4 bis 6 % der Jugendlichen von Störungen des Sozialverhaltens betroffen sind, die bei Jungen circa vier Mal häufiger vorkommt als bei Mädchen. Die Störung beginnt meist in der Kindheit, manchmal auch erst mit der Pubertät. Unbehandelt verstärkt sich die Störung meist bis ins frühe Erwachsenenalter. Tabelle 15 benennt diejenigen Faktoren, welche die Entwicklung einer Störung des Sozialverhaltens begünstigen. Viele davon liegen im familiären und psychosozialen Bereich. Sofern diese in Ihrer Familie beziehungsweise deren Umfeld vorliegen, wäre die Veränderung dieser Umstände – sofern dies möglich ist – einer der wichtigsten Beiträge, Ihr Kind zu unterstützen.

Tabelle 15: Risikofaktoren für Störungen des Sozialverhaltens (Baierl, 2008, S. 335)

Genetik	– wird vielfach als Ursache angenommen, ist, aber nicht belegt
Biologie mittlerer Einfluss	– Geburtskomplikationen – Alkoholkonsum während Schwangerschaft (Gehirnschädigung) – Mangelgeburt und Kopfwachstum bis 2. Lebensjahr nicht aufgeholt – geringe Intelligenz
familiäre Bedingungen hoher Einfluss	– häufige Familienstreits – Partnerschaftsprobleme der Eltern – mangelnde Konfliktlösefähigkeit der Eltern – Erziehung: autoritativ, strafend, inkonsequent, unklare Regeln – keine sicheren Beziehungen in den ersten 18 Monaten – Duldung oder Verstärkung von delinquentem Verhalten – mangelnde Beaufsichtigung der Kinder – Vernachlässigung – Misshandlung – Sündenbockfunktion des Kindes – Diskrepanz zwischen elterlichen Erwartungen und Fähigkeiten des Kindes – aggressive Eltern – geringe Kontrollüberzeugung der Mutter – psychisch kranke Verwandte – Kinderreichtum – ungünstige Wohnverhältnisse
gesellschaftliches Umfeld mittlerer Einfluss	– Zugehörigkeit zu einer Randgruppe – soziale Isolierung oder Ablehnung durch Gleichaltrige – Anschluss an deviante Gleichaltrigengruppe – Armut – geringe Schulbildung, geringe sprachliche Fähigkeiten

Jugendliche mit einer sehr ausgeprägten Symptomatik haben ein hohes Risiko, zum Mehrfach- beziehungsweise Gewaltstraftäter zu werden. Ungünstige Ausgangsbedingungen führen oftmals zum Auftreten schwieriger Verhaltensweisen. Diese führen zu häufigen Bestrafungen und der Ablehnung durch Gleichaltrige, Eltern und andere. Dies führt zu Frust und einer Verstärkung des schwierigen Verhaltens, was wiederum zu mehr Ablehnung führt. Diese Spirale dreht sich unbehandelt immer weiter, bis ein Jugendlicher sich seine Freunde in aggressiven oder kriminellen Gruppen sucht, die ihn und sein Verhalten anerkennen und deren Normen er übernimmt. Je früher die Störung erkannt, behandelt und dieser Teufelskreis unterbrochen wird, desto besser können negative Folgen abgewehrt werden.

17.2 Erscheinungsbild

Bei einer Störung des Sozialverhaltens werden die allgemeinen Regeln des Zusammenlebens immer wieder oder in extremer Weise gebrochen und die Rechte anderer missachtet. Tabelle 16 zeigt die entsprechenden Symptome. Diese werden von Eltern und anderen in der Regel bemerkt, aber zu selten frühzeitig als Ausdruck einer Störung verstanden. Eine ausgeprägte Symptomatik kann Eltern das Leben richtig schwer machen. Vor allem dann, wenn keine professionellen Helfer gerufen werden oder diese die Eltern in Ihrer Sorge nicht ernst nehmen und keine (ausreichende) Hilfe anbieten. Manchmal zeigen Jugendliche diese Verhaltensweisen (fast) nur außerhalb der eigenen Familie. Dann gilt es, die Schilderungen von Dritten ernst zu nehmen.

Tabelle 16: Symptomatik bei Störungen des Sozialverhaltens (angelehnt an Baierl, 2008, S. 337)

Leitsymptome (DGKJP et al., 2003): – deutliches Maß an Ungehorsam und Streiten – Tyrannisieren und Quälen anderer – ungewöhnlich häufige oder schwere Wutausbrüche – Grausamkeit gegenüber anderen Menschen oder Tieren – erhebliche Destruktivität gegenüber Eigentum – Zündeln – Stehlen – häufiges Lügen – Schuleschwänzen – Weglaufen von zu Hause **Leitsymptome bei überwiegend oppositionellem Verhalten:** – keine schweren dissozialen Handlungen – Aufsässigkeit, Ungehorsam, Feindseligkeit, Trotz – Nichteinhalten von Regeln und Anforderungen Erwachsener – gezieltes Ärgern und Provozieren – anderen Verantwortung für die eigenen Fehler zuschreiben – Wutausbrüche und geringe Frustrationstoleranz	**Häufige Symptome:** – schnell reizbar, Ärger, Groll, Rachsucht – Gehässigkeit, Hänseln, Mobbing – Streit mit Autoritätspersonen – Ablehnung jeder Art von allgemeinen Vorschriften – Suchen von Streit und Suchen körperlicher Auseinandersetzungen – Versprechen nicht einhalten – häufiges gefährliches Verhalten – Waffengebrauch (Stock, Bierkrug, Messer …) – absichtliches Zerstören oder Beschädigen von Gegenständen – Schuleschwänzen – Delinquenz jeder Art (kleine Ladendiebstähle, Handtaschenraub, Einbruch, Drogendealen …) – Begehen von sexuellem Missbrauch – eingeschränkte soziale Wahrnehmung – eingeschränkte Beziehungsfähigkeit – Außenseiter, wenig oder keine Freunde – nur ebenfalls schwierige Freunde – häufige Klagen durch Dritte über das Kind – Eltern fühlen sich hilflos oder haben Angst vor dem eigenen Kind – Eltern greifen zu immer drastischeren Strafen – Atmosphäre zu Hause wird immer angespannter und aggressiver

17.3 Alltagsgestaltung

Bis ein betroffenes Kind in die Pubertät kommt, hat die gesamte Familie meist bereits einen schwierigen Weg hinter sich, in dessen Verlauf sich gute wie ungute Muster verfestigt haben. Es gilt zu überprüfen, welche Ihrer Muster eine Lösung erleichtern oder erschweren und wie die hier vorgestellten Wege zu Ihrer Situation passen. Bei jahrelang bestehenden Schwierigkeiten sind Eltern wie Kinder teilweise bereits so miteinander im Kampf oder auch einfach so erschöpft, dass eine Lösung nur noch durch die Unterstützung von Fachleuten möglich ist.

Die Gefahr der Isolation ist enorm. Zum einen werden schwierige Kinder und Familien oft gemieden. Die Frage, was man selbst falsch gemacht hat, Scham, Hass auf oder Angst vor dem eigenen Kind tragen zudem nicht dazu bei, sich offen zu zeigen. Je isolierter Sie sind, desto weniger Handlungsmöglichkeiten werden Sie sehen. Umso wichtiger ist es, sich bei Familie, Freunden, Selbsthilfegruppen und Institutionen Unterstützung zu suchen. Bedenken Sie bei alledem, dass bei einem ausgeprägten Störungsbild auch Fachleute an ihre Grenzen kommen können. Dann können Sie als Eltern sich das auch zugestehen. Falls Sie insgeheim stolz auf den kleinen Rebellen sind, der allem und jedem trotzt, wird Ihr Kind dies merken und sein Verhalten beibehalten.

Unabhängig von aller Erziehung sollten Sie sich auch dahingehend absichern, dass Sie sich eine gute Rechtschutz- und Haftpflichtversicherung zulegen.

Beziehung und Eingrenzung: Neben einer guten, liebevollen und wertschätzenden Beziehung sind der konsequente Umgang mit Regeln, ausreichende Beaufsichtigung und Kontrolle, klare Ablehnung von Gewalt bei sich und dem Jugendlichen sowie Interesse an Ihrem Kind und dessen Aktivitäten die wichtigsten Erfolgsfaktoren. Zeigen Sie Ihrem Kind immer wieder Ihre Zuneigung und fordern gleichzeitig sehr konsequent ein, dass es sich an den von Ihnen gesetzten Rahmen hält. Bewährt haben sich klare, einfache und verständliche Regeln, hinter denen die Eltern aufrichtig stehen können. Jugendliche müssen wissen, welche Regeln unumstößlich sind und worüber diskutiert werden kann. Ebenso sollten sie wissen, welche Konsequenzen aus Regelüberschreitungen folgen. Konsequenzen, die in einem logischen Zusammenhang mit der begangenen Regelübertretung stehen, werden eher akzeptiert.

Prüfen Sie, wo Sie den Rahmen schlicht vorgeben, weil Sie das für notwendig halten, und wo Sie gemeinsam mit Ihrem Kind Absprachen entwickeln können. Ideal wäre es, wenn der Sinn der Regeln den Jugendlichen deutlich gemacht werden kann, was jedoch nicht immer gelingt. Betroffene glauben meist, dass alles, was nicht angesprochen, nicht verboten oder nicht geahndet wird, erlaubt sei. Nur über ein konsequentes Vorgehen lernen Jugendliche natürliche wie vorgegebene, kurzfristige wie langfristige und positive wie negative Folgen des eigenen Verhaltens wahrzunehmen und zu berücksichtigen. Dafür ist es notwendig, dass Sie als Eltern sich auf ein gemeinsames Vorgehen einigen, sich immer wieder gut absprechen und an einem Strang ziehen. Ein solch konsequenter Rahmen hält es dann aus, wenn Sie auf besondere Situationen mit Ausnahmen reagieren, anstatt sich rigide an ein starres Regelsystem zu halten.

Beachten Sie bei der Rahmensetzung, was Sie wirklich bereit und fähig sind durchzusetzen und stellen Sie sicher, dass Ihr Kind die Rahmensetzung verstanden hat. Geben Sie auch im Alltag klare und eindeutige Anweisungen. Große Anforderungen lassen sich oft gut in Teilschritte zerlegen, die einzeln ausgeführt, überprüft und im Idealfall gelobt werden können. Ihr Kind sollte zudem merken können, wo Sie einen Wunsch äußern, dem widersprochen werden kann, und wo Sie eine Ansage machen, deren Einhaltung Sie erwarten. Positive Konsequenzen für gutes Betragen sollten ebenso selbstverständlich sein wie unangenehme Folgen für Regelüberschreitungen. Manchmal hilft die Etablierung von Punkteplänen. Bei diesen werden feste Regeln vereinbart, nach denen sich Ihr Kind bestimmte Belohnungen verdienen kann. Solche Pläne helfen oft, aus Negativschleifen auszusteigen, wenn die Situation zwischen Ihnen und Ihrem Kind immer mehr zu eskalieren droht. Mögliche Umgangsweisen mit Punkteplänen werden in »Pubertät: Das Überlebenstraining für Eltern« von Peer Wüschner gut beschrieben. Meist empfiehlt es sich, ein Punktesystem gemeinsam mit dem behandelnden Psychotherapeuten zu erarbeiten.

Es gehört zu den Entwicklungsaufgaben von Jugendlichen, Grenzen zu hinterfragen und zu überschreiten. Setzen Sie den Rahmen daher so, dass Sie bei dessen Überschreitung handlungsfähig bleiben. Dürfen etwa keine Schimpfworte verwandt werden, müssen Sie damit umgehen können, wenn dies doch immer wieder geschieht. Setzen Sie die Grenze erst bei Bedrohungen, wird Ihr Kind diese immer wieder ausprobieren.

Dies alles setzt voraus, dass Sie bereit sind, als Autorität im Haus aufzutreten. Dies entspricht Ihrer Rolle als Eltern und entlastet Ihr Kind langfristig davor, zu viel Verantwortung selbst übernehmen zu müssen. Bei einem klaren, konsequenten, gerechten und liebevollen Vorgehen ist die Chance, (über die Zeit wieder) als Autorität anerkannt zu werden, am größten. Seien Sie sich Ihrer Rolle als Vorbild bewusst. Ihre Glaubwürdigkeit wird immer wieder geprüft werden, wobei das, was Sie tatsächlich tun, als gewichtiger angesehen werden wird als das, was Sie sagen. Entspricht Ihr Verhalten dem, was Sie einfordern? Sind Sie ehrlich mit sich und anderen? Halten Sie sich an Gesetze und die Familienregeln? Greifen Sie selbst zu Gewalt? Können Sie eigene Fehler eingestehen und einen guten Umgang damit finden?

Trennung von Person und Verhalten: Zeigen Sie Ihrem Kind, dass Sie zwar sein Verhalten ablehnen, es selbst aber lieb haben. Es ist gut, dies einerseits immer wieder auszusprechen und es andererseits durch Ihr Verhalten im Alltag auszudrücken. Betonen und unterstützen Sie Eigenschaften und Verhaltensweisen, welche Sie an Ihrem Kind mögen. Ansonsten besteht die Gefahr, dass sich Ihr Kind nur noch über sein Fehlverhalten definiert. Oft ist es auch hilfreich, darauf zu achten, welche Fähigkeiten Ihr Kind nutzt, um Fehlverhalten zu zeigen. Diese können dann benannt, auf andere Ziele gerichtet und entsprechend gewürdigt werden.

Aktuelle Probleme lösen: Häufig rührt Fehlverhalten von aktuellen Problemen her, mit denen Ihr Kind noch überfordert ist (schulische Überforderung, Mobbing, Konflikte zwischen den Eltern, Streit mit Freund oder Freundin …). Manches verschwindet wie von selbst, wenn die dahinter liegenden Probleme lösbar werden oder ein anderer Umgang mit ihnen gefunden wird. Ideal ist es, eine Balance darüber zu finden, wo Sie schützend eingreifen und wo Sie Ihr Kind darin unterstützen, eigene Lösungswege zu finden. Den größten diesbezüglichen Effekt hat es, wenn Eltern, die vorher zerstritten waren, einen Weg finden, ihr Zusammen- oder Getrenntleben wieder harmonischer zu gestalten und sich zumindest der gemeinsamen Verantwortung, zum Besten des Kindes zu handeln, stellen können. Dies gelingt oft nur, wenn Sie sich als Eltern Beratung und Hilfe holen.

Ziele: Sprechen Sie mit Ihrem Kind darüber, welche Wünsche und Ziele es hat, welche davon ihm wirklich wichtig sind, was es selbst tun kann, um diese Ziele zu erreichen, und welche Unterstützung Sie dabei geben können. Nachdem Sie sich auf Ziele geeinigt haben, die Sie gemeinsam angehen wollen, können Sie immer wieder hinterfragen, inwiefern das aktuelle Verhalten Ihres Kindes dazu beiträgt, diese Ziele zu erreichen. Oftmals erkennen Jugendliche unter diesem Blickwinkel schneller, wo sie sich selbst durch das eigene Verhalten schaden. Die so vereinbarten Ziele sollten realistisch und in absehbarer Zeit erreichbar sein. Fernziele lassen sich gut in Teilschritte untergliedern, deren Erreichen dann gefeiert werden sollte. Mit Zielen vor Augen, die ihnen selbst wichtig sind, und der Erfahrung, dass sie diese erreichen können, sind betroffene Jugendliche oft zu erstaunlichen Leistungen bereit.

Verantwortungsübernahme: Betroffene Jugendliche sind Meister darin, Verantwortung an andere abzugeben. Schuld sind immer die anderen und vor allem die blöden Eltern. Sie müssen immer wieder aufgezeigt bekommen, dass sie zu jeder Sekunde selbst entscheiden, wie sie sich verhalten und wie sie auf ihre Umwelt reagieren. Sie können zwar manchmal wenig für die Umstände, tragen aber dennoch die volle Verantwortung dafür, wie sie mit diesen umgehen. Es gilt, Ihrem Kind beständig und immer wieder aufzuzeigen, wie es sich verhält, welche Auswirkungen dies hat und dass es in seiner Macht liegt, die eine oder andere Entscheidung zu treffen. Diesbezüglich ist es unumgänglich, die Folgen des eigenen Handelns selbst erfahren zu können. Schützen Sie Ihr Kind daher nicht vor negativen Konsequenzen von Fehlverhalten; weder im Kleinen noch im Großen, um etwa eine Strafanzeige oder Verurteilung abzuwenden. Andernfalls würde Ihr Kind lernen, dass die allgemeinen Regeln und Gesetze nur für andere gelten, und in seinem Verhalten bestärkt werden. Für die Alltagsgestaltung ist es oft hilfreich, für einzelne Anforderungen Wenn-dann-Regeln zu vereinbaren und dann strikt einzuhalten. Dies hilft Ihrem Kind zu erfahren, wie das eigene Verhalten die Folgen für einen selbst bestimmt. Meistens ist es hilfreicher, negatives Verhalten und dessen Auswirkungen aktuell nur zu unterbinden, die Diskussion darüber aber außerhalb von Krisen zu führen. In solchen Vor- beziehungsweise Nachgesprächen können Sie Ihrem Kind helfen, zu erkennen, wie es sich und die Welt um es herum gewollt oder ungewollt beeinflusst. Zur Verantwortungsübernahme gehört auch die Möglichkeit der Entschuldigung, Versöhnung, Wiedergutmachung und der endgültigen Sühnung eines Verhaltens. Ist diese in angemessener Weise geschehen, sollte das Thema auch von Ihnen nicht immer wieder aufgewärmt werden.

Wahrnehmung und Interpretation: Betroffene Jugendliche haben oft Wahrnehmungsdefizite, schauen einem etwa seltener in die Augen und bekommen dadurch die einen Satz begleitende Mimik nicht mit, was zu vielerlei Missverständnissen führt. Das, was sie wahrnehmen, interpretieren sie überwiegend als feindlich und gegen sich gerichtet. Unterstützen Sie Ihr Kind dabei, sich alternative Deutungen zu erarbeiten. Dazu ist es hilfreich, sich in die Rolle des Gegenübers (also etwa des »ungerechten« Lehrers) hineinzuversetzen und zu erkunden, wie eine Begebenheit aus dessen Sicht gewirkt haben mag. Dabei muss es noch gar nicht darum gehen, wer recht hat, sondern lediglich darum, anzuerkennen, dass ein und dieselbe Situation zu Recht ganz unterschiedlich interpretiert werden kann.

Werte: Moralisierende Belehrungen bewirken meist eher die Abkehr von den gepredigten Werten. Wird dem Jugendlichen aber eine echte, ehrliche und offene Diskussion und Auseinandersetzung über Wertvorstellungen angeboten, wird dies häufig gern angenommen. Sie müssen dann allerdings aushalten, dass Ihr Kind womöglich ganz andere Werte als Sie vertritt und diese auch argumentativ verteidigt. Aus einer so geführten Diskussion kann über die Zeit ein besseres gegenseitiges Verständnis entstehen und manchmal wird dann sogar die eine oder andere Wertvorstellung der Eltern ins eigene Weltbild übernommen.

Macht und Ohnmacht: Vieles an Fehlverhalten dient dazu, einer gefühlten Hilflosigkeit zu entkommen. Unterstützen Sie Ihr Kind darin, eigene Entscheidungen zu treffen, Probleme eigenständig zu lösen sowie die eigenen Wünsche und Bedürfnisse angemessen zu vertreten. Greifen Sie helfend ein, wo dies Ihrem Kind noch nicht möglich ist. Auch in der Familie und in der Auseinandersetzung mit Ihnen sollten Sie auf diese Themen achten. Wo können Sie Freiräume gewähren, innerhalb derer Ihr Kind tatsächlich eigenständig und für sich entscheiden und handeln kann? Schaffen Sie es, Konflikte so zu lösen, dass Ihr Kind dabei sein Gesicht wahren kann? Zudem ist es hilfreich, Bereiche zu finden, in denen Ihr

Kind gut und interessiert ist. Schule, Sport, Musik, Engagement bei der Jugendfeuerwehr oder im Umweltschutz sind nur einige wenige Beispiele. Fördern Sie Ihr Kind darin, sich eigene Bereiche zu suchen, an denen es Freude hat und innerhalb derer es Anerkennung und Erfolgserlebnisse haben kann. Viele delinquente und aggressive Verhaltensweisen dienen überwiegend dazu, sich und anderen zu beweisen, wozu man fähig ist. Je mehr Selbstwert Ihr Kind aus anderen Aktivitäten ziehen kann, desto geringer ist das Bedürfnis, auf unangemessene Alternativen zurückzugreifen. Kriminelle und gefährliche Verhaltensweisen werden von einigen Jugendlichen als spannende Abenteuer in einem sonst eintönigen Alltag erlebt. Diese Jugendlichen können ihr Fehlverhalten meist leichter aufgeben, wenn man ihnen hilft, sich auf angemessene Weise Spannung und Abenteuer ins Leben zu holen.

Die einfachste Form, sich Macht zurückzuholen, ist Verweigerung. Durch Nichtstun und Ablehnung können die Bemühungen sämtlicher anderer gut unterlaufen werden. Hier hilft es öfter, wenn Sie zunächst gar nicht auf das eigentliche Thema eingehen, sondern verstärkt Beziehung anbieten. Häufig erlaubt dies den Betroffenen, ihren Widerstand leichter aufzugeben. Andererseits kann der Entzug von wertgeschätzten Privilegien dazu beitragen, die Kosten für Nichtkooperation höher zu halten als fürs Mitarbeiten.

Weglaufen ist häufig ein Ausdruck von Ohnmachtserleben, der Versuch, einer anders nicht lösbar scheinenden Situation zu entkommen. Ist dies der Fall, sollten Sie bei Rückkehr eher verstärkt Beziehung anbieten und nach gemeinsamen Lösungen suchen, als mit Strafen und Vorwürfen zu reagieren. Viele Jugendliche drücken Handy-Anrufe zwar weg, während sie weggelaufen sind, reagieren aber auf SMS. Wenn Ihr Kind weggelaufen ist, können Sie Freunde und Verwandte anrufen, bei denen sich Ihr Kind womöglich melden wird, und um Rückruf bitten, sobald diese etwas wissen. Versuchen Sie abzuschätzen, ob durch das Weglaufen eine aktuelle Gefahr entsteht. Falls nicht, lohnt es sich meist abzuwarten. Falls doch, sollten Sie die Polizei informieren und Ihr Kind suchen lassen. Auch Freunde, Verwandte und Freunde Ihres Kindes können bei der Suche helfen.

Gefühle, insbesondere Aggressionen: Sich dissozial verhaltende Jugendliche haben oft Schwierigkeiten, Gefühle zu erkennen, zuzuordnen, auszuhalten und einen angemessenen Umgang damit zu finden. Aggressionen werden etwa als verboten angesehen und so lange unterdrückt, bis sie sich explosionsartig Raum schaffen, oder aber ganz ungeniert ausgelebt. Hinzu kommt, dass besonders Jungen während der Pubertät Testosteronschübe erleben, durch die sie ohne äußere Anlässe aggressiv werden. Vermitteln Sie Ihrem Kind, dass alle Gefühle in Ordnung sind und gefühlt werden dürfen. Zwar gilt es immer wieder zu prüfen, ob die Anlässe die Gefühle rechtfertigen und wie manche Gefühle gelebt werden können, doch zunächst gilt es anzuerkennen, dass sie da sind und bewältigt werden wollen.

Aggressionen können durch regelmäßige Bewegung, Auspowern, Dampf ablassen und alle Tätigkeiten, die Kämpfen oder Fliehen simulieren (Radfahren, Joggen, Holzhacken, Tennis spielen, gegen ein Kissen schlagen …), abgebaut werden. Auch lautes Schreien sollte zwischendurch erlaubt sein und ist allemal besser, als jemanden anzugreifen oder Dinge zu beschädigen. Das Erlernen und regelmäßige Anwenden einer Entspannungstechnik wirkt zudem ausgleichend. Aggressionen sollten aus- und besprechbar sein, um einen guten Umgang mit ihnen zu lernen. Es gilt, Aggressionsauslöser zu finden und angemessene Reaktionen darauf zu entwickeln. Wutanfälle können, solange niemand dadurch gefährdet wird, meist abgewartet werden. Ihr Kind wird sowieso erst, wenn die erste Wut verraucht ist, wieder für andere Informationen zugänglich sein. War Ihr Kind bislang häufig körperlich aggressiv, ist es ein Fortschritt, wenn es nun nur noch schreit, wegläuft, droht oder mit den Türen knallt. Anerkennen Sie diesen Fortschritt, auch wenn er noch nicht das Ziel darstellt. Überprüfen Sie auch Ihre eigene Aggressivität. Haben Sie einen guten Umgang damit gefunden? Können Sie Wut zulassen, aussprechen und handhaben? Kann Ihr Kind von Ihnen lernen, wie man mit Aggressionen umgehen kann?

Konflikte: Konflikte gehören zu jedem menschlichen Zusammenleben. Es geht nicht darum, sie zu vermeiden, sondern sie auf angemessene Art zu lösen. Meist ist es sinnvoll, konflikthafte Themen in Ruhe anzusprechen. Während einer Eskalation sind Klärungen am schwersten zu erreichen. Arbeiten Sie an einer Familienkultur, in der jeder offen aussprechen kann, was er will und nicht will. Helfen Sie Ihren Kindern bei der Formulierung eigener Wünsche und Bedürfnisse, sodass diese nicht (mehr) gewaltsam durchgesetzt werden müssen. Machen Sie dabei aber auch klar, welchen

Rahmen Sie setzen und wo tatsächlicher Verhandlungsspielraum besteht. Bei der Konfliktlösung ist es oft hilfreicher, danach zu schauen, wer ab jetzt welchen Beitrag zu einer Veränderung beitragen kann, als zu klären versuchen, wer woran Schuld war. Fehlverhalten sollte dennoch wie beschrieben klar benannt und mit entsprechenden Konsequenzen belegt werden. Bringen Sie allen bei, mehr über sich als über andere zu reden, sagen Sie also eher »Ich bin traurig, wenn du mir Geld stiehlst« statt »Immer musst du mich beklauen«. Kritik sollte sich auf konkretes, aktuelles Verhalten beziehen und keinen Rundumvernichtungsschlag darstellen, also eher »Du hast deinen Bruder gerade geschlagen, das möchte ich nicht noch einmal sehen« als »Wie kannst du nur so herzlos und brutal sein – immer musst du sofort zuschlagen«.

Sprechen Sie Ihre Erwartungen offen aus und ermuntern Sie auch Ihr Kind zu diesem Vorgehen. Versuchen Sie, sich gegenseitig zu verstehen – auch wenn Sie nicht mit allem einverstanden sind – und Wege zu finden, die so vielen Aspekten wie möglich gerecht werden. Oft hilft es, nach übergeordneten gemeinsamen Zielen zu suchen und daraus dann Kompromisse abzuleiten oder Lösungen zu finden, bei denen jeder etwas gewinnt. Wenn Sie bereits bei Kleinigkeiten angemessen einschreiten, ist das zwar zunächst sehr anstrengend, kann aber helfen, größere Konflikte erst gar nicht entstehen zu lassen.

Wenn Konflikte zu eskalieren drohen, kann es sinnvoll sein, selbst eher leiser zu werden und ruhigere Bewegungen zu machen. Auch Beruhigungsrituale, wie bis zwanzig zählen oder sich für ein paar Minuten zurückzuziehen und zu beruhigen, bevor weitergesprochen wird, können helfen. Wenn Sie bereits im Vorfeld eine Eskalation befürchten, kann es hilfreich sein, sich jemand Unparteiischen, dem oder der alle vertrauen, mit ins Gespräch zu holen. Auch die Anwesenheit von einem oder mehr zusätzlichen Erwachsenen in der Wohnung, die einfach nur da sind, kann manche Eskalation verhindern.

Körperliches Eingreifen führt bei Jugendlichen meist zu heftigen Eskalationen und sollte nur dann angewendet werden, wenn dadurch noch größerer Schaden verhindert werden kann. Spätestens dann, wenn Sie vor Ihrem Kind Angst haben oder ohne körperliches Eingreifen nicht mehr auszukommen scheinen, ist es notwendig, sich und Ihrem Kind professionelle Hilfe zukommen zu lassen. Manchmal ist es hilfreich, an einem Elterntraining zur Konfliktlösung teilzunehmen, teilweise kann Familienberatung oder eine Maßnahme des Jugendamts notwendig werden. Jugendliche, die gewalttätig werden, andere verletzen oder größere Sachbeschädigungen begehen, sollten in der Regel angezeigt werden. Je unmittelbarer sie erfahren, dass dieses Verhalten Straftaten darstellt, auf keinen Fall geduldet wird und auch für sie selbst letztendlich zum Nachteil gereicht, desto größer ist die Chance, dass es nicht zur Gewohnheit wird und es bei einmaligen Übergriffen bleibt. Ähnliches gilt für alle anderen Straftaten. Natürlich ist es schwierig, das eigene Kind anzuzeigen, oder, wenn man von diesem bedroht wird, die Polizei zu rufen. Doch wäre es wirklich besser, weitere Übergriffe in Kauf zu nehmen sowie den Jugendlichen glauben zu lassen, dass sein Verhalten doch gar nicht so schlimm war? Viele wegen wiederholter Straftaten oder Körperverletzungen inhaftierter Jugendliche geben an, dass alles nicht so weit gekommen wäre, wenn sie frühzeitig auch die rechtlichen Konsequenzen ihres Verhaltens zu spüren bekommen hätten. Bezüglich Straftaten lohnt es sich auch, darauf zu achten, wie viel Geld Ihr Kind zur Verfügung hat. Tauchen immer wieder neue Sachen auf, sollten Sie die diesbezüglichen Quellen gut überprüfen. Diebstähle, Dealen, Erpressung und Ähnliches können den Geldsegen leider oft genug erklären.

Einige Konflikte entstehen dadurch, dass Ihr Kind dabei ist, sich altersgemäß von Ihnen und dem Familiensystem abzulösen, um eigene Wege entwickeln zu können. Die Balance zwischen Beheimaten, Eingrenzen und Freilassen ist dabei nicht immer einfach zu finden und bedarf der dauernden Überprüfung. Ideal wäre, wenn Ihr Kind erfährt, dass es einerseits immer geliebter Teil der Familie bleiben wird und sich andererseits das Eigene erarbeiten darf.

Freunde: Jugendliche orientieren sich stark an ihren Freunden und diese sind ihnen zeitweise oft wichtiger als die eigene Familie. Falls Sie den Eindruck haben, dass Ihr Kind an die falschen Freunde geraten ist, stellt dies ein echtes Dilemma dar. Kontaktverbote helfen in der Regel wenig, auch wenn es manchmal notwendig wird, diese auszusprechen. Oftmals ist es sinnvoller, unvoreingenommen mit Ihrem Kind zu besprechen, welche Freunde es hat, wie im Freundeskreis miteinander umgegangen wird und welche gemeinsamen Aktivitäten unternommen werden. In solchen Gesprächen kann dann vorsichtig bis deutlich nachgefragt werden, wenn ungute Dynamiken wahrgenommen werden.

Sofern Sie mit Ihrem Kind bereits Ziele besprochen haben,

kann auch gefragt werden, wo diese Freunde eher dabei helfen, diese Ziele zu erreichen, und wo sie diesen eher im Weg stehen. Dabei hilft es immer, die Freunde tatsächlich kennen zu lernen. Versuche, Ihrem Kind einen neuen Freundeskreis zu vermitteln, sind meist zum Scheitern verurteilt. Andererseits können Sie über die Anmeldung bei einem Sportverein, einer Theatergruppe, dem technischen Hilfswerk oder anderer Gruppen einen Rahmen schaffen, innerhalb dessen Ihr Kind »freiwillig« neue Jugendliche kennen lernt und vielleicht neue Freundschaften schließt.

Medien: Jugendliche werden immer Wege finden, sich diejenigen Medien zu beschaffen, derer sie sich bedienen wollen. Dennoch lohnt es sich, auf einen sorgfältigen Umgang mit Medien zu achten, etwa keine Computerspiele oder Filme oberhalb der Altersgrenze zuzulassen. Der Internetzugang lässt sich über entsprechende Programme zeitlich limitieren. Filter, die etwa gewalttätige oder pornografische Inhalte unterdrücken sollen, sind dagegen oft unzuverlässig. Meist ist es am effektivsten, nicht einfach zu verbieten, sondern (auch) den Medienkonsum kritisch zu begleiten, etwa zu besprechen, was wie dargestellt wird und wie Ähnliches in der Realität aussehen würde. Zudem gilt es sich über Alternativen zu Verbotenem zu informieren. Es gibt spannende Filme, Comics, Bücher, PC-Spiele, die inhaltlich völlig in Ordnung sind. Vor allem aber können spannende Aktivitäten im richtigen Leben dazu führen, weniger Zeit mit ungeeigneten Medien zu verbringen.

17.4 Selbstfürsorge

Sich dissozial verhaltende Jugendliche stellen vielleicht die höchsten Anforderungen an elterliche Erziehung überhaupt. Sie machen Angst, sind kaum zu begrenzen und viele stellen sich nicht mehr die Frage, ob man etwas falsch gemacht hat, sondern was man falsch gemacht hat. Auch aus der Umgebung kommt eher Ablehnung als Hilfsangebote für Jugendliche oder Eltern. Die Gefahr, sich zu isolieren oder ausgegrenzt zu werden, ist nicht zu unterschätzen. Doch diese Aufgabe ist allein nicht bewältigbar. Gehen Sie offen mit der Diagnose um und bitten Freunde wie professionelle Helfer um Rat und Hilfe. Wenn Sie sich in einer einzelnen Situation vor Ihrem Kind fürchten, hilft es oft, sich einen zweiten Erwachsenen als Beistand zu holen, um die Situation zu klären. Geschieht dies öfter, ist es notwendig, sich professionelle Hilfe zu holen und, falls ambulante Hilfen nicht fruchten, auf eine stationäre Unterbringung für Ihr Kind zu bestehen. Zum einen schadet es Ihrem Kind, ohne Führung leben zu müssen, zum anderen ist es keinem Elternteil zuzumuten, in dauernder Angst leben zu müssen. Hier Hilfe einzufordern, ist oft genug der einzige Weg, sich einer schwierigen Situation weiterhin verantwortlich zu stellen. Auch alle anderen Arten von Überforderung sollten Sie erkennen, sich zugestehen und die entsprechende Unterstützung privat wie von Profis einfordern. Gestehen Sie sich dabei Fehler zu. Solche Zeiten überhaupt zu bewältigen, ist auch ohne den Anspruch, perfekt zu sein, schwierig genug. Hilfreich ist, wenn Sie sich Ihrer eigenen Schattenseiten oder Gewalttendenzen bewusst sind. Dann fällt es leichter zu unterscheiden, ob Grenzsetzungen und Konsequenzen pädagogischen Erwägungen entspringen, persönlicher Verletztheit oder Rachegefühlen. Je klarer Sie sich über die eigenen Werte sind, desto einfacherer ist es, aus einer inneren Haltung heraus zu handeln und diese auch gegenüber dem Jugendlichen zu vertreten. Manchmal ist es notwendig, sich in neuen Wegen der Konfliktbewältigung, des Umgangs mit Krisen oder anderen erzieherischen Fähigkeiten schulen zu lassen. Alles, was Ihre persönliche Stabilität stützt, ist in dieser Situation wertvoll. Betätigungen außer Haus, Freundschaften, Hobbys oder Entspannungstrainings sind nur einige Beispiele.

17.5 Psychotherapie, Psychiatrie und Medikamente

Es sind vor allem die kognitive Verhaltenstherapie und systemische Ansätze zu empfehlen. Psychoanalyse, nondirektive Ansätze, Selbsthilfegruppen und soziale Trainingskurse ohne weitere Maßnahmen haben sich für diese Jugendlichen wenig bewährt. Spezifische Antigewalttrainings können dagegen hilfreich sein. Eine stationär psychiatrische Behandlung wird nur bei besonders starker Ausprägung der Störung mit entsprechender Fremd- oder Selbstgefährdung, oder wenn andere Maßnahmen scheitern, notwendig. Teilweise können Medikamente – vor allem Stimulanzien, niederpotente Neuroleptika oder Antidepressiva – den Veränderungsprozess unterstützen.

17.6 Jugendhilfe

Störungen des Sozialverhaltens sind der häufigste Grund für stationäre oder ambulante Jugendhilfemaßnahmen. Häufig ist es nicht möglich, die für diese Jugendlichen notwendige Konsequenz, Transparenz, Aufsicht, Reglementierung und Beziehungsgestaltung im familiären Rahmen zu leisten. Für besonders schwer betroffene oder noch nicht gruppenfähige Jugendliche kann dann auch ein geschlossenes Heim oder eine Auslandsmaßnahme die beste Hilfe sein.

Jugendliche mit einer Störung des Sozialverhaltens werden von Laien wie Fachleuten oft eher als böse denn als krank und hilfsbedürftig erlebt. Viele Eltern schämen sich, gerade »so ein« Kind zu haben. Dies macht es oft schwer, sich angemessene Hilfe zu suchen. Bedenken Sie jedoch, dass sich eine dissoziale Störung unbehandelt mit der Zeit meist verstärkt. Je eher Sie und Ihr Kind fachkräftige Hilfe erhalten, desto mehr Schaden kann von allen abgewendet werden.

Übersichtliche Grundinformationen finden sich auch in »Ratgeber Aggressives Verhalten: Informationen für Betroffene, Eltern, Lehrer und Erzieher« von Franz Petermann, Manfred Döpfner und Martin H. Schmidt.

18 Suizidalität

18.1 Grundinformationen

Die meisten Jugendlichen machen sich Gedanken um den Sinn des Lebens und denken in diesem Zusammenhang auch über Tod und Sterben nach. Als reines Gedankenspiel spielt dabei manchmal auch Suizid eine Rolle. Zudem wollen Jugendliche ihre Grenzen testen, sich und anderen zeigen, was sie können und wagen. Gefährliche bis lebensgefährliche Verhaltensweisen treten auch in diesem Zusammenhang immer wieder auf. Obwohl dies – in gewissen Grenzen – normal ist, sollten diese Themen und Verhaltensweisen immer ernst genommen werden. Zum einen können sie Hinweise auf eine bestehende Suizidalität sein, zum anderen führt eine ernsthafte Auseinandersetzung oft dazu, entsprechende Gedankenspiele nicht in die Tat umsetzen zu wollen.

Selbsttötungsabsichten oder Suizidversuche stellen keine psychische Störung dar, aber Jugendliche mit psychischen Störungen sind besonders suizidgefährdet. 90 % der Suizidversuche werden von psychisch Kranken begangen. Etwa zwei Drittel der suizidalen Jugendlichen sind depressiv, die Hälfte ist drogensüchtig, ein Viertel leidet unter einer Angststörung. Über die Hälfte der psychisch kranken Jugendlichen hat zumindest einen ernsthaften Suizidversuch hinter sich. Über 80 % probieren es mindestens ein zweites Mal. Jungen wählen eher harte Methoden, die ein höheres Sterberisiko bergen, wie Erhängen, Erschießen, Erstechen, Sprung aus der Höhe, Legen/Werfen auf Bahnschienen, Ertränken oder Stromschlag. Mädchen wählen eher weiche Methoden, wie die Einnahme von Medikamenten oder Drogen, das Sichzufügen von Schnittverletzungen oder das Einatmen von Gas.

Besonders gefährdet sind Jugendliche, welche die Merkmale aus Tabelle 17 zeigen. Zudem gelten alle für Depression und selbstverletzendes Verhalten beschriebenen Risikofaktoren auch für Suizidalität. Den besten Schutz vor Suizidalität bietet eine gute Eltern-Kind-Beziehung, ein intakter Freundeskreis, gute soziale Kompetenzen und die Einbindung in eine religiöse Gemeinschaft.

Tabelle 17: Faktoren für ein erhöhtes Suizidrisiko bei Jugendlichen (Baierl, 2008, S. 366)

längerfristige Faktoren		akute Faktoren
geringes Selbstwertgefühl	Isolation, wenig Freunde oder empfundene Einsamkeit	Ankündigung eines Suizids, Beschäftigung mit Suizid
Wenig sicheres Bindungsverhalten	depressive oder psychotische Eltern	akut belastende Ereignisse, zum Beispiel Streit mit den Eltern (75 %)
Traumatisierung in Kindheit (Vernachlässigung, Missbrauch, Misshandlung)	Verlust eines Elternteils durch Scheidung oder Tod	Zerbrechen einer Beziehung
psychische Störung, vor allem Depression, Schizophrenie, Sucht, Persönlichkeitsstörung	schwierige Lebensumstände (Arbeitslosigkeit, schulische Überforderung, Mobbing, Armut)	große Veränderung im Lebensalltag (Umzug, Klinikaufenthalt, Schulwechsel, Ausbildungsbeginn)
bereits erfolgter Suizidversuch	soziale Randgruppe	erlebte Kränkung oder Zurückweisung
Suizid(versuch) in Familie	Beitrag biologischer und genetischer Faktoren ungeklärt	Beginn einer antidepressiven Medikation
angespannte Familiensituation	Neigung zu impulsiven Reaktionen	Suizid im sozialen Umkreis, oder in Medien

Die häufigsten Motive für Suizidalität sind:

- Beenden einer als unerträglich erscheinenden Situation, meist kann diese anders gelöst werden, sodass überlebende Jugendliche nach einer Lösung eigentlich immer froh sind, weiterhin zu leben;
- auf eine Notlage hinweisen, die sie anders nicht zum Ausdruck bringen konnten (dies wird oft als appellatives, demonstratives oder manipulatives Verhalten abgewertet, hilfreicher wäre es, auf die dahinter liegende Not zu schauen und diesbezüglich zu unterstützen);
- niemandem zur Last fallen wollen;
- zeigen, wie sehr man jemanden liebt;
- Rache;
- Stimmen, die einen Suizid nahelegen oder befehlen (bei Psychosen).

18.2 Anzeichen für Suizidalität

Den meisten Suizid(versuch)en geht eine längere Zeit der Entscheidungsfindung voraus, sodass es fast immer Anzeichen dafür gibt, die manchmal jedoch so versteckt sind, dass sie erst im Nachhinein gedeutet werden können. Tabelle 18 nennt einige mögliche Anzeichen, auf die Sie achten können. Einen Verdacht auf Suizidalität sollten Sie immer ernst nehmen, mit Ihrem Kind besprechen und/oder durch einen Experten abklären lassen.

Tabelle 18: Mögliche Anzeichen für Suizidalität bei Jugendlichen (Baierl, 2008, S. 367)

unvorhersehbare Änderungen von Verhaltensweisen und Gewohnheiten	Ankündigung eines Suizids, ernsthaft, als Scherz oder Gedankenspiel	Äußern bedeutungsschwerer Sätze bei Verabschiedungen
Beschäftigung mit dem Thema Tod und Sterben (in Gesprächen, Liedtexten, Filmen etc.)	Aussagen wie: »Wenn ich nicht mehr da wäre, ginge es allen besser.« oder »Es hat eh alles keinen Sinn.«	Beschäftigung mit Suizidmethoden
gedankliche Beschäftigung mit einem Verstorbenen	sozialer Rückzug oder soziale Isolation	plötzliche Ausgeglichenheit nach einer konfliktreichen Zeit
Abgeklärtheit gegenüber sonst erregenden Themen	Aussöhnung mit Freunden und »Feinden«	Verschenken von persönlichen Wertgegenständen
Regeln persönlicher Angelegenheiten, zum Beispiel Zimmer grundreinigen	Reizbarkeit, Irritierbarkeit, Niedergeschlagenheit oder Ratlosigkeit	häufiges Weinen
Traurigkeit, Verzweiflung, Ängste, Hilflosigkeit, Energielosigkeit	Konzentrationsschwierigkeiten, träumen, abwesend wirken	Verlust von Interesse an Themen und Aktivitäten, die sonst gesucht wurden
Aufsässigkeit und Rebellion	Ablehnen von Hilfe trotz offensichtlicher Überforderung	Schwierigkeiten, Lob oder Zuwendung anzunehmen
verändertes Essverhalten oder Körpergewicht	Veränderungen im Schlafrhythmus	Veränderungen im Kleidungsstil
Vernachlässigung des Aussehens, manchmal bis zur Verwahrlosung	Verhalten ohne Berücksichtigung von Langzeitfolgen	riskantes bis lebensgefährliches Verhalten
erhöhter Alkohol- oder Drogenkonsum	körperliche Beschwerden	Persönlichkeitsveränderungen

18.3 Alltagsgestaltung

Da die meisten Jugendlichen mit Selbsttötungsabsichten Symptome einer psychischen Störung zeigen, ist es notwendig, diese zu erkennen, behandeln zu lassen und den Alltag entsprechend auszurichten. Zusätzlich können die folgenden Punkte hilfreich sein.

Lebensbejahung: Ob wir wollen oder nicht, geben wir unwillkürlich weiter, was wir selbst für richtig, wahr und gut halten. Wenn Sie selbst eine lebensbejahende Haltung haben, einen Sinn im Leben sehen und Suizid klar keine Lösung für Sie darstellt, sind Sie Ihrem Kind ein wertvolles Vorbild. Helfen Sie ihm, diese Haltung auch selbst zu entwickeln, eigene Antworten auf die Sinnfrage zu finden und Lebensfreude (wieder) zu entwickeln. Tod und Sterben sollten dabei keine Tabuthemen sein, sondern ebenso selbstverständlich besprochen werden können wie andere Themen auch.

Beziehung: Suizidgedanken und -versuche sind Ausdruck einer Notlage, welche Ihr Kind anders noch nicht bewältigen kann. In diesen Zeiten braucht es Ihre besondere Unterstützung und Zuneigung. Es will spüren, dass es von Ihnen geliebt, wertgeschätzt und so angenommen wird, wie es nun einmal ist. Wenn Sie sich dagegen zurückziehen, bezüglich der Suizidalität Vorwürfe machen oder zu Strafen greifen, verstärken Sie diese. Dabei gilt es, nicht zu klammern, sondern Ihr Kind auf den Weg in die Selbstständigkeit zu begleiten.

Suizidalität ansprechen: Über Selbsttötungsabsichten zu sprechen, fällt Ihnen wahrscheinlich ähnlich schwer wie Ihrem Kind. Umso wichtiger ist es, dass Sie den Anfang machen. Die Sorge, Ihr Kind dadurch erst auf den Gedanken zu bringen, ist unbegründet. Niemand bringt sich um, weil er gefragt wurde, ob er dies tun will. Suizidale Jugendliche haben meist den Wunsch nach mehr Kontakt und Aussprache mit ihren Eltern. Sie wollen deren Anerkennung und Zuwendung. Oftmals warten sie vor einem eventuellen Suizidversuch regelrecht darauf, ob sie von Eltern, Lehrern, Freunden oder andere auf diese Gedanken angesprochen werden, oder geben versteckte Hinweise. Werden diese nicht aufgegriffen, sehen sie dies als Bestätigung, dass sie nicht gemocht, wahrgenommen oder ernst genommen werden und bringen sich um so eher um.

Nehmen Sie die Leiden, Ängste und Probleme, die dann geäußert werden, ernst. Ausschlaggebend für Suizidalität ist das subjektive Empfinden Ihres Kindes und nicht, ob Sie das Problem als schwerwiegend ansehen. Nehmen Sie genauso die vorhandene Normalität, Handlungsfähigkeit und den Lebenswillen ernst. Alle Jugendlichen mit Suizidgedanken sind ambivalent. Allein dass sie noch am Leben sind, beweist, dass ein Teil von ihnen am Leben hängt. Dieser Teil hat einen Suizid bisher erfolgreich verhindern können. Erkunden Sie diesen Teil und helfen Sie herausfinden, was dieser möchte. Nachdem er bisher die Oberhand behalten hat, scheint er besonders stark zu sein und es könnte sich lohnen, danach zu schauen, wo und wie Ihr Kind diese Kraft nutzen kann. Nehmen Sie auch die Ambivalenz ernst und helfen Ihrem Kind, sich der eigenen widersprüchlichen Gefühle und Wünsche bewusst zu werden. In dieser Ambivalenz sind Jugendliche oft extrem kränkbar und es hilft, wenn Sie als wertschätzendes und zuverlässiges Gegenüber auftreten können.

Vor allem Mädchen vertrauen Suizidgedanken manchmal nur ihrem Freundeskreis, nicht aber den Eltern an. Bei begründetem Verdacht kann es hilfreich sein, sich bei Freunden und Freundinnen umzuhören. Der damit einhergehende Vertrauensbruch ist weniger schwerwiegend als ein totes oder durch einen missglückten Versuch dauerhaft geschädigtes Kind.

Sind Sie sich trotz Gespräch nicht sicher, ob Ihr Kind sich das Leben nehmen will, sollten Sie es unmittelbar bei einem Kinder- und Jugendlichenpsychotherapeuten oder einem Kinder- und Jugendpsychiater vorstellen, der dann eine Gefahreneinschätzung vornehmen und mögliche Schritte mit Ihnen besprechen kann. Falls Sie keinen schnellen Termin bekommen, haben Kinder- und Jugendpsychiatrien einen Notdienst, der rund um die Uhr und auch an Wochenenden und Feiertagen erreichbar ist. Die Kollegen werden es Ihnen dennoch danken, wenn Sie – falls möglich – zu den üblichen Arbeitszeiten auftauchen.

Risikoabschätzung: Wenn Sie sich nicht wirklich sicher sind, dass Ihr Kind nicht suizidal ist, sollten Sie immer einen Experten zu Rate ziehen. Dennoch können Ihnen die folgenden Kriterien einen ersten Eindruck vermitteln, auf was Sie achten können. Alle Hinweise sind ernst zu nehmen. Das Fehlen dieser Hinweise ist jedoch keine Garantie dafür, dass keine Suizidalität vorliegt. Ebenso kann auch bei gering eingeschätztem Risiko ein Suizidversuch erfolgen und gewollt oder ungewollt tödlich enden.

- Für ein *eher geringes Risiko* sprechen die folgenden Punkte: kein gezielter Todeswunsch; gute Absprachefähigkeit; Wahl eher weicher Methoden; Nutzung von wenig gefährlichen Substanzen oder geringer Dosierung; kein spezifischer Plan; hohe Wahrscheinlichkeit, rechtzeitig entdeckt und gerettet zu werden; stark appellativer Charakter; Jugendlicher ist nüchtern; das Vorliegen von nur wenigen Risikofaktoren und eine gute soziale Einbindung.
- Für ein *eher hohes Risiko* sprechen: klarer Todeswunsch; unklare Absprachefähigkeit; Wahl eher harter Methoden; Nutzung objektiv gefährlicher und vom Jugendlichen als gefährlich eingeschätzter Substanzen oder hohe Dosierung; detaillierte Planung; geringe Wahrscheinlichkeit, rechtzeitig entdeckt und gerettet zu werden; geringer Appellcharakter; berauschter Jugendlicher und das Vorliegen von vielen Risikofaktoren.

Als weitere Gefahrenpunkte gelten eine schwere psychische Störung, Suizidversuche in der Vorgeschichte, akute hohe Belastungen oder schwer lösbare Probleme, unzureichende Anbindung an erwachsene Bezugspersonen, Einsamkeit, Neigung zu impulshaften Handlungen, Ankündigung eines Suizidtermins oder wenn das Suizidmittel bereits beschafft wurde.

Ist im unmittelbaren Bekanntenkreis Ihres Kindes ein Suizid erfolgt oder wird ein solcher in den Medien entsprechend heiß gehandelt, kann dies einen Imitationssuizid nach sich ziehen. Je ähnlicher sich Ihr Kind dem Suizidenten fühlt, desto wahrscheinlicher wird eine solche Nachahmung. Dieser Effekt hält circa 14 Tage an. Ob Internetforen oder entsprechende Chatrooms eher helfen oder schaden, ist noch nicht genügend untersucht. Ihr Besuch sollte immer als Warnsignal aufgegriffen werden.

Überleben sichern: Bei Selbsttötungsabsichten steht die Sicherung des Überlebens an erster Stelle. Der Jugendliche braucht Unterstützung dabei, (para)suizidale Handlungen und Gedanken zu beenden. Bei akuter Suizidalität gehört dazu, Ihr Kind nicht allein zu lassen, gefährliche Gegenstände (Messer, Medikamente u. Ä.) wegzuräumen oder Fenster und Balkone geschlossen zu halten. Ebenso sind längere Phasen des Leerlaufs oder der Niedergeschlagenheit möglichst zu vermeiden. Ihr Kind sollte soweit dies möglich ist in die Planung und Durchführung aller Hilfsmaßnahmen miteinbezogen beziehungsweise über fremdbestimmte Abläufe informiert werden. Dies stärkt dessen Selbstverantwortlichkeit und Eigenständigkeit, verringert das Gefühl des Ausgeliefertseins und fördert die Kooperation. Ist Ihr Kind zu keiner Kooperation mehr fähig, sollten Sie als Erwachsener die Verantwortung übernehmen, handlungsfähig bleiben und einen sicheren Rahmen herbeiführen. Dazu kann die zwangsweise Vorstellung oder auch Unterbringung in einer Kinder- und Jugendpsychiatrie gehören. Ideal ist, wenn Sie Ihr Kind – eventuell mithilfe von Freunden oder Verwandten – dazu bekommen, freiwillig mit zu so einem Termin zu kommen. Ist dies nicht möglich und droht akute Gefahr, kann über das Ordnungsamt oder die Polizei veranlasst werden, dass Ihr Kind abgeholt und einem Experten vorgestellt wird. Auch wenn kurzfristig ein solch herber Eingriff in die Autonomie Ihres Kindes notwendig werden kann, sollten Sie langfristig darauf achten, dessen Eigenständigkeit, Selbstwirksamkeit und Selbstverantwortlichkeit zu stärken.

Keine Maßnahme bietet absoluten Schutz. Dennoch sollten Sie alles tun, um ein Überleben so wahrscheinlich wie möglich zu machen.

Lösen aktueller Probleme: Bestehende Probleme des Jugendlichen sollten unmittelbar (z. B. bei Mobbing) und langfristig (z. B. Aufbau sozialer Kompetenzen) angegangen werden. Wenn Ihr Kind positive Veränderungen erlebt, kann es glauben, dass sich die Anstrengung lohnt und es bessere Lösungen gibt, als sich umzubringen. Jetzt ist auch alles hilfreich, was zur Verbesserung Ihres Familienklimas beitragen kann. Jeder sollte seine Veränderungsmöglichkeiten prüfen. Es geht jedoch nicht darum, wer wann was falsch gemacht hat, sondern darum, wer von heute an welchen Beitrag zu einer Verbesserung leisten kann. Sofern Sie selbst in schwierigen Lebenssituationen stecken oder an einer psychischen Störung leiden, ist spätestens jetzt der Punkt erreicht, an dem Sie Hilfe annehmen sollten. Zum einen ist dies keine Schwäche, sondern ein Zeichen verantwortlichen Handelns, und zum anderen zeigen Sie so Ihrem Kind, dass es in Ordnung ist und sich lohnen kann, Hilfe anzunehmen.

Langfristig ist alles hilfreich, was Selbstwert, soziale Kompetenzen, Problemlösefähigkeiten, Stressbewältigung, emotionale Kompetenz, Aushalten von Enttäuschungen, Kommunikationsfähigkeiten, Erkennen und Befriedigen eigener Bedürfnisse, sozialer

Integration, gedanklichen Umgang mit Problemen oder die Selbstkontrolle ihres Kindes stärkt.

Aggressionen: Viele Suizid(versuch)e sind offen oder verdeckt aggressive Handlungen. Einen guten Umgang mit Aggressionen zu finden, ist daher eine bewährte Prävention. Aggressionen sind normal, oft berechtigt und lebensnotwendig. Es gilt, sie angemessen auszudrücken, weder aufzubauschen noch zu unterdrücken. Dabei helfen Gespräche ebenso wie Kreatives oder das körperliche Auspowern. Mehr zu diesem Thema finden Sie in Kapitel 17. Wichtig ist, Ihrem Kind zu vermitteln, dass alle Gefühle beachtet werden wollen und ein Umgang mit ihnen gefunden werden muss. Auch Aggressionen gegenüber den Eltern etwa sind erlaubt und sollten in angemessener Weise gezeigt werden dürfen. Ebenso sind Ihre eigenen Gefühle als Eltern erlaubt. Indem Sie angemessen mit Ihren Gefühlen umgehen, zeigen Sie Ihrem Kind, wie das geht. So kann es etwa erfahren, dass negative Gefühle ausgedrückt werden können und zum Beispiel keinen Grund für einen Beziehungsabbruch oder Gewaltdurchbrüche darstellen.

Soziale Netzwerke: Einsamkeit ist ein häufiger Grund für Selbsttötungsabsichten. Dass Sie entsprechend gute Beziehungen anbieten sollten, wurde bereits erwähnt. Helfen Sie Ihrem Kind zudem, weitere Erwachsene als Vertrauenspersonen zu gewinnen. Nicht alles kann oder muss mit den eigenen Eltern besprochen werden. Sofern diese angemessen sind (also nicht die fünfjährige Schwester oder der ständig betrunkene Onkel), sollten Sie auch Vertrauenspersonen nach Wahl Ihres Kindes zulassen und unterstützen. Auch Kontakte zu Gleichaltrigen gilt es zu fördern und etwa zu erlauben, dass Ihr Kind Freunde besucht, diese nach Hause einlädt und sich auch sonst mit diesen trifft. Hat Ihr Kind bisher keine Freunde, kann die Anmeldung in einer Organisation seines Interesses (Basketballverein, Tanzschule, Schachclub, Jugendfeuerwehr, kirchliche Jugendgruppe …) ein Forum für neue Kontakte bieten. Sie sollten sich einerseits als Bezugsperson weiter verfügbar halten und andererseits die Selbstständigkeitsbestrebungen Ihres Sprösslings unterstützen.

Absprachen und Verträge: Eine 24-Stunden-Beaufsichtigung ist selten möglich. Insofern gilt es, mit Ihrem Kind Absprachen für die Zwischenzeiten zu treffen. Dafür muss Ihr Kind jedoch zuverlässig absprachefähig sein. Die Absprachen richten sich danach, für welchen Zeitraum Ihr Kind für sich garantieren kann und was es dafür braucht, die Absprache einhalten zu können. Dazu gehören unter anderem Kontaktmöglichkeiten zu Ihnen, Rückzugsmöglichkeiten, Raumgestaltung, Zeitraum, Verfügbarkeit oder Fehlen bestimmter Gegenstände und Notfallpläne, die beinhalten, was wer tun kann, um Suizidgedanken und -impulsen sicher begegnen zu können. Prüfen Sie, ob ein einfaches Versprechen, ein Handschlag oder ein schriftlicher Vertrag jeweils mehr Sicherheit bieten. Absprachen verpflichten immer beide Seiten zu gewissen Bedingungen und Handlungen, die so konkret wie möglich formuliert werden sollten. Dabei richtet sich der Grad der Verantwortungsaufteilung nach den Selbststeuerungsmöglichkeiten und der Motivation des Jugendlichen. Falls Sie sich nicht hundertprozentig sicher sein können, dass Ihr Kind sich an die Absprachen halten will, kann und wird, sollten Sie möglichst umgehend einen entsprechenden Fachmann konsultieren.

Mit dem Tod ist nicht alles aus: Sofern sich Ihr Kind darauf einlässt, kann es sinnvoll sein, mit ihm zu besprechen, dass mit dem Tod nicht alles aus ist. Zumindest für Familie, Freunde und alle anderen geht das Leben weiter. Viele suizidale Jugendliche haben keine Vorstellung davon, dass irgendjemand sie finden wird und dies verdauen muss, dass Eltern und Freunde trauern und wie sich deren weiteres Leben durch den eigenen Tod verändern wird. Solche Gespräche sollten einfühlsam und nicht vorwurfsvoll geführt werden. Auch kann auf mögliche Folgeschäden eines missglückten Suizidversuchs hingewiesen werden, etwa eine Querschnittslähmung nach einem Sprung oder Gehirnschädigungen nach Tabletteneinnahme. Auch die Überprüfung von Jenseitsvorstellungen und was ein Suizid für das mögliche Leben nach dem Tod bedeuten würde, kann thematisiert werden. Indem den Jugendlichen selbst klar wird, dass Suizid nicht einfach bedeutet, dass »alles vorbei« ist, können sie sich oft von Suizidgedanken lösen und andere Lösungen suchen.

Spiritualität und Glaube: Ein spirituelles Weltbild und besonders die Einbindung in eine religiöse Glaubensgemeinschaft ist einer der stärksten Schutzfaktoren. Sofern Sie selbst gläubig sind, ist es wertvoll, Ihrem Kind auch diesbezüglich als Ansprechpartner zur Verfügung zu stehen. Geben Sie Ihrem Kind Ihre Antwort auf die großen Fragen des Lebens und helfen Sie ihm, eigene gültige Antworten zu finden. Auch der Besuch von Veranstaltungen ihrer Glaubensgemeinschaft oder die Vermittlung kompetenter Ansprechpartner, Glaubensvertreter oder Seelsorger kann eine gute Hilfe sein.

Nach erfolgtem Suizidversuch: Nach einem Suizidversuch gilt es zunächst, die medizinische Versorgung sicherzustellen. Sie sollten bei allen körperlichen Schädigungen Ihr Kind auf jeden Fall einem Arzt vorstellen. Sobald es der körperliche Zustand erlaubt (etwa der Kreislauf nach Tabletteneinnahme wieder stabil oder ein Blutverlust ausgeglichen ist), sollten Sie Ihr Kind bei einem Kinder- und Jugendlichenpsychotherapeuten oder einem Kinder- und Jugendpsychiater vorstellen. Dieser klärt das eventuell noch bestehende Risiko ab und bespricht mit Ihnen und Ihrem Kind, welche Maßnahmen jetzt notwendig werden. Je früher dieser Termin stattfindet und je einfühlsamer er gestaltet wird, desto eher gelingt es dem Jugendlichen, seine Situation und Beweggründe offen und ehrlich darzulegen.

In der Regel wird nach einem Suizidversuch eine ambulante oder stationäre Therapie notwendig, die dann so schnell wie möglich in die Wege geleitet werden sollte. Die Möglichkeit, dort offen über Selbsttötungsabsichten und alle damit zusammenhängenden Themen sprechen zu können, zeigt dem Jugendlichen, dass er ernst und wahrgenommen wird. Unmittelbar nach einem Klinikaufenthalt steigt das Suizidrisiko oftmals. Entsprechend eng sollten Sie Ihr Kind in den ersten Wochen begleiten, wobei das Risiko eines erneuten Suizidversuchs bis zu zwölf Monaten erhöht bleibt. Der tatsächliche Suizidversuch des eigenen Kindes ist oftmals ein Schock, nachdem Sie sich nicht scheuen sollten, selbst private wie professionelle Hilfen in Anspruch zu nehmen.

Die bisherigen Empfehlungen zur Alltagsgestaltung behalten auch nach einem Suizidversuch ihre Gültigkeit, besonders was die Beziehungsgestaltung, die Bereitschaft, mit Ambivalenz umzugehen, und den Verzicht auf Schuldzuweisungen und Strafen angeht.

18.4 Selbstfürsorge

Im Umgang mit Suizidalen werden existenzielle Themen wie Tod, Sterben, Lebenssinn oder auch Verantwortlichkeit, Hilflosigkeit und Schuld angesprochen. Diesem Anspruch entsprechend begegnen zu können, erfordert eine hohe eigene Stabilität. Es ist hilfreich, wenn Sie die Sinnfrage für sich klar beantworten können, wissen, wofür es sich zu leben lohnt, und sich insgesamt stärkende Lebensbedingungen schaffen. Scheuen Sie sich nicht, in dieser schwierigen Situation Hilfe von privat, von Therapeuten, Beratern oder Seelsorgern in Anspruch zu nehmen. Halten Sie Kontakt zu Freunden und Verwandten, mit denen Sie Ihre Situation offen besprechen können. Informieren Sie sich darüber, was Sie als Eltern überhaupt leisten können, wo die Grenzen privater Leistungsfähigkeit erreicht werden und wo professionelle Helfer und Institutionen einspringen müssen. So können Sie Ihren Part der Verantwortung voll übernehmen, müssen aber nicht mehr tragen, als überhaupt möglich ist. Bedenken Sie auch, dass es, obwohl Sie alles richtig gemacht haben, zu einem Suizidversuch oder vollzogenem Suizid Ihres Kindes kommen kann. Jemand, der sich ernsthaft umbringen möchte, kann kaum davon abgehalten werden.

Unter 0800 111 0 111 oder 0800 111 0 222 können Sie auch in akuten Krisen rund um die Uhr und kostenlos unmittelbaren Rat durch die Telefonseelsorge einholen.

18.5 Psychotherapie, Psychiatrie und Medikamente

Bei Selbsttötungsabsichten, Unklarheit, ob diese bestehen, oder nach einem Suizidversuch sollten Sie Ihr Kind immer und möglichst rasch einer Beratungsstelle, Psychologen oder Psychiater vorstellen. Verhaltenstherapie, analytische Ansätze und systemische Therapie haben sich gleichermaßen bewährt. Ob eine ambulante oder stationäre Behandlung sinnvoller ist, sollte im Einzelfall mit dem Behandler geklärt werden. Falls eine stationäre Behandlung notwendig ist, sollten Sie diese wie jeden anderen Krankenhausaufenthalt begleiten und über Besuche sowie Telefonate in gutem Kontakt mit Ihrem Kind bleiben. Es geht nicht darum, Ihr Kind in die Psychiatrie abzuschieben, sondern ihm eine notwendige Hilfe zukommen zu lassen.

Manchmal kann mit Medikamenten, besonders Antidepressiva und atypischen Neuroleptika, unterstützt werden. Die Entscheidung darüber sollte immer zusammen mit einem Kinder- und Jugendlichenpsychiater getroffen werden. Dabei ist zu beachten, dass bei einigen Medikamenten die aktivierende Wirkung vor der antidepressiven Wirkung einsetzt. In dieser Zwischenzeit ist die Suizidgefahr deutlich erhöht.

18.6 Jugendhilfe

Suizidalität allein wird selten als Grund für ambulante und noch seltener als Grund für stationäre Jugendhilfemaßnahmen gesehen. Hier sind eher die ärztlichen wie psychologischen Psychotherapeuten oder die Psychiatrie gefragt. In Einzelfällen kann eine ambulante Unterstützung des Jugendlichen oder der gesamten Familie durch das Jugendamt sinnvoll sein.

Das Kapitel »Selbstmordhandlungen« in »Auffälliges Verhalten im Jugendalter« von Wilhelm Rotthaus und Hilde Trapmann bietet weitere Informationen zum Thema. Wenn Sie tatsächlich einen vollzogenen Suizid verarbeiten müssen, kann »Warum konnten wir dich nicht halten: Wenn ein Mensch, den man liebt, Suizid begangen hat« von Karin Dioda und Tina Gomez eventuell hilfreich sein.

19 Selbstverletzendes Verhalten

19.1 Grundinformationen

Dass Jugendliche ab und an riskantes Verhalten zeigen, bei dem sie auch Verletzungen in Kauf nehmen, ist nichts Ungewöhnliches. Seltener sind Mutproben (z. B. Zigarette in der Hand ausdrücken), die zur Selbstverletzung führen können. Wiederholte gezielte Selbstverletzungen dagegen treten fast ausschließlich in Verbindung mit psychischen Störungen auf und sind insbesondere bei Borderline-Persönlichkeitsstörung (über 70 %), Essstörungen (25-40 %), Traumafolgestörungen, Störungen der Impulskontrolle, Sucht, Persönlichkeitsstörungen allgemein, dissoziativen Störungen und depressiven Störungen häufig. Über 10 % der 14-Jährigen und noch mehr der älteren Jugendlichen haben sich bereits mehrmals selbst verletzt. In der Gothic-Szene steigt diese Zahl auf bis zu über 70 %. Mädchen sind deutlich öfters betroffen als Jungen und Selbstverletzungen sind neben Essstörungen die häufigste psychische Komplikation bei Mädchen. 75 % verletzen sich häufiger als 50-mal, bei 40 % hält das Verhalten länger als fünf Jahre an, bei 15 % länger als zehn Jahre. Selbstverletzendes Verhalten beginnt meist zwischen 13 und 17 Jahren. Je früher die Betroffenen behandelt werden, desto besser ist die Prognose.

Die Selbstverletzungen stellen Lösungsversuche für unterschiedliche Miseren dar und erfüllen je nach Jugendlichem und Störungsbild ganz unterschiedliche Funktionen, die den Jugendlichen häufig selbst nicht bewusst sind, wie beispielsweise:

- *Ausdruck innerer Not*: Betroffene können ihr Leid oder ihr Problem anders noch nicht äußern. Diese Form als »Aufmerksamkeitssuche«, »demonstrativ« oder »appellativ« gering zu schätzen, käme einer neuerlichen Kränkung gleich. Wertvoller wäre, darauf zu schauen, worauf Ihr Kind aufmerksam machen will, was es Ihnen aufzeigt und welchen Appell es an Sie hat, um dem dann begegnen zu können. Allerdings stecken betroffene Jugendliche häufig in dem Dilemma, angebotene Hilfen kaum annehmen zu können oder als nicht ausreichend abzulehnen, was bei allen Helfern mit der Zeit Aggressionen auslöst. Achten Sie diesbezüglich gut auf Übertragungs- und Gegenübertragungsreaktionen (siehe Kapitel 8) und halten Sie sich bewusst, dass der Großteil der Selbstverletzungen im Geheimen geschieht und oft über Jahre verheimlicht werden konnte.

- *Abbau von als unerträglich erlebter innerer Anspannung*, die häufig durch Angst, Ärger, Schuld-, Einsamkeits- oder Versagensgefühle hervorgerufen wurde. Meist beginnt die Entlastung direkt mit Einsetzen der Selbstverletzung.
- *Wiedererlangung der Selbstkontrolle* bei drohendem Kontrollverlust oder Übererregung.
- Das *Spüren des eigenen Körpers*, von Gefühlen überhaupt oder als Bestätigung dessen, dass man selbst wirklich real ist.
- *Beendigung innerer Leere oder Depression*: Betroffene empfinden die Selbstverletzung nachträglich als zusätzliches Versagen, was zu neuerlichem selbstverletzendem Verhalten führt.
- *Vermeidung eines Suizids*: Statt sich umzubringen, verletzen Betroffene sich selbst.
- *Selbstbestrafung*: Betroffene halten sich selbst für böse, unwert oder unzureichend. Ärger und andere negativen Gefühle anderen gegenüber werden von diesen Jugendlichen häufig als sündhaft erlebt. Teilweise besteht auch ein innerer Konflikt. Eigentlich sind sie (unbewusst) auf jemand anderen sauer, erleben dies als gefährlich oder unerlaubt und lenken die Wut auf sich selbst. Oft haben sie Angst, derjenige oder andere könnten sie verstoßen, wenn sie ihre eigentliche Wut zeigen würden.
- *Auflösung eines Täter-Opfer-Konflikts*: Diese Jugendlichen schwanken dazwischen, sich als Täter oder Opfer zu fühlen. In der Selbstverletzung sind sie beides. Häufig besteht dann eine gleichzeitige Identifizierung mit Angehörigen (teilweise Generationen zurück), die Täter beziehungsweise Opfer waren. Andere haben einen Missbrauch oder Misshandlung erlebt.
- *Auflösung eines Konflikts* zwischen Gesehen-werden-Wollen und Sich-nicht-für-beachtenswert-Halten: Selbstverletzendes Verhalten geschieht im Geheimen, ist aber in der Folge für alle sichtbar.
- *Lustgewinn*, auch im sexuellen Sinn. Betroffenen hilft oft die Anleitung zum Lustgewinn durch weniger gefährliche Verhaltensweisen, etwa Selbstbefriedigung.
- *Aufwertung der eigenen Person*: Betroffene sind stolz auf ihre Fähigkeit, Schmerzen auszuhalten und besonders hart zu sein. Diese Jugendlichen tragen ihre Narben und Wunden meist offen zur Schau und haben eine besonders schlechte Prognose.
- *Machtgewinn und Manipulation*: Diese Funktion ist zunächst

eher selten und entwickelt sich erst dann, wenn die Erfahrung gemacht wurde, über Selbstverletzungen vieles in Bewegung setzen zu können.

Die Ursachen von selbstverletzendem Verhalten sind vielfältig. Man geht davon aus, dass hauptsächlich psychosoziale Faktoren bei der Entstehung eine Rolle spielen. Als Hauptrisikofaktoren gelten keine Möglichkeit der sicheren Bindung an Bezugspersonen in den ersten beiden Lebensjahren, Verlust eines Elternteils, häufige Operationen oder eine chronische Erkrankung, sexueller Missbrauch, Misshandlung, Vernachlässigung, andere Traumatisierungen, Gewalt oder impulsives Verhalten innerhalb der Familie. Diese Umstände führen zu einer höheren Anfälligkeit für selbstverletzendes Verhalten, das dann durch relativ geringe Anlässe ausgelöst werden kann.

19.2 Erscheinungsbild

Jugendliche, die sich selbst verletzen, haben oft hohe Ansprüche an sich selbst, denen sie nicht gerecht werden können, sind eher sensibel, nachdenklich und kränkbar, fühlen sich einsam, unverstanden, abgelehnt, beziehen negative Ereignisse auf sich und haben Schwierigkeiten, Lob anzunehmen oder zu glauben. Ängste bis hin zur Existenzangst, gefühlte Machtlosigkeit, Versagensängste und ein daraus entstehender abwehrender Lebensstil sind häufig zu beobachten. Meist ist das Selbstwertgefühl deutlich reduziert. Viele hassen sich oder stellen die eigene Existenzberechtigung infrage. Häufig sind eine hohe Aggressionsbereitschaft und verringerte Impulskontrolle, die als böse erlebt, unterdrückt und gegen sich selbst gerichtet wird. Die meisten haben Schwierigkeiten, Gefühle zu erleben, zu unterscheiden, auszuhalten, zu äußern und zu zeigen, haben eine eingeschränkte Empathiefähigkeit und richten sich eher an unmittelbaren Stimmungen statt an längerfristigen Wünschen und Zielen aus. Zudem sind die Fähigkeiten, Probleme zu lösen und Stress angemessen zu begegnen, meist deutlich eingeschränkt.

Etwa drei Viertel der Verletzungen geschehen an Armen und Beinen, seltener am Rumpf und kaum am Kopf. Viele Betroffene gehen auch sonst nicht besonders verantwortlich mit sich um, nehmen etwa große Risiken in Kauf, gehen über die eigenen

Grenzen hinweg oder zeigen promiskes Verhalten. Sich piercen oder tätowieren lassen zu wollen, ist sehr selten Ausdruck selbstverletzenden Verhaltens. Nimmt es jedoch extreme Ausmaße an, sollten Sie hellhörig werden.

Die meisten sich selbstverletzenden Jugendlichen tun dies durch

- Ritzen – oberflächliches bis tiefes Schneiden am eigenen Körper (circa 70 %);
- Verbrennen mit heißem Wasser, Bügeleisen, Zigaretten und anderem (30–40 %);
- sich schlagen, den Kopf an die Wand schlagen, gegen Gegenstände schlagen (circa 30 %);
- Kratzen, teilweise bis es blutet (circa 20 %), und Öffnen von verheilenden Wunden (circa 20 %);
- Haare ausreißen oder sich Knochen brechen (jeweils circa 10 %);
- sich beißen (Hände, Lippen und andere Körperteile) oder ausgeprägtes Nägelkauen;
- intensives Reiben der Haut, bis es zu Verbrennungen kommt.

Selbstverletzungen sind meist keine spontanen Handlungen, sondern beenden einen längeren inneren Kampf gegen den Drang, sich weh zu tun oder Blut zu sehen. Teilweise suchen Betroffene den Schmerz, teilweise wird dieser während der Selbstverletzung gar nicht gefühlt, was dann ein hohes Risiko für tiefe Verletzungen oder versehentliche Selbsttötung birgt. Zudem haben etwa 80 % der Betroffenen Suizidgedanken und über 50 % haben mindestens einen Suizidversuch hinter sich. 2 bis 3 % nehmen sich innerhalb von zwei Jahren das Leben (siehe Kapitel 18).

Die Selbstverletzungen gehen meist mit erheblichen Schuld- und Schamgefühlen einher, was dazu führt, dass sie oft jahrelang im Geheimen geschehen und sich Betroffene niemandem anzuvertrauen wagen. Mögliche Hinweise auf selbstverletzendes Verhalten sind unter anderem beständiges Tragen langärmeliger Kleidung, Stulpen oder Gelenkschützern, starke Vermeidung, sich in Gegenwart Dritter umzuziehen oder auch schwimmen zu gehen, Blutspuren an der Kleidung, häufige Verletzungen oder unglaubwürdige Erklärungen für kleine wie große Wunden.

Manchmal sind die folgenden Parallelen zur Sucht beobachtbar. Die Selbstverletzung beendet sofort unangenehme Zustände (Kick). Die Verletzungen geschehen immer häufiger und tiefer

(Toleranzentwicklung). Es wird ein innerer Zwang zur Selbstverletzung erlebt (Suchtdruck). Wird diesem widerstanden, treten Reizbarkeit, Ängstlichkeit oder seltener Halluzinationen auf (Entzugserscheinungen). Der Alltag wird zunehmend von Gedanken an Selbstverletzung sowie die Beschaffung der benötigten Utensilien geprägt. Das Meiste geschieht heimlich. Ist dieses Muster zu beobachten, folgt das Verhalten einer ähnlichen Dynamik wie Sucht (siehe Kapitel 10).

19.3 Alltagsgestaltung

Selbstverletzendes Verhalten tritt bei ganz unterschiedlichen Grundstörungen und in sehr unterschiedlichen Kontexten auf, die jeweils individuell berücksichtigt werden müssen. Dennoch gibt es häufige Gemeinsamkeiten, die hier beschrieben werden. Wenn das eigene Kind sich selbst verletzt, ist das eine schwere Belastung, die extrem schwer auszuhalten ist und üblicherweise bei allen Beteiligten heftige Gefühle auslöst. Sowohl Ihr Kind als auch Sie haben nun einen besonderen Unterstützungsbedarf, dem es nachzukommen gilt. Zu Beginn sollten Sie sich möglichst gut informieren, um die entstehenden Dynamiken besser erkennen, verstehen, aushalten und verändern zu können. Es gilt Mythen aufzulösen, Ängsten zu begegnen, einen Umgang mit Schuldgefühlen zu finden. Zudem sollten Sie sich darauf einstellen, dass es oft Jahre dauert, bis ein sich selbst verletzender Jugendlicher dieses Verhalten endgültig ablegen kann.

Beziehung: Nur weil Sie von den – oft jahrelang verheimlichten – Selbstverletzungen erfahren haben, ist Ihr Kind nicht plötzlich ein anderes. Es braucht nun weder eine übermäßige Schonung noch besondere Härte, sondern Ihre Bereitschaft, sich gemeinsam diesem für Sie neuen Problem zu stellen. Geben Sie Ihrem Kind Rückhalt und zeigen Sie ihm, dass es gemocht sowie wertgeschätzt wird und Sie zu ihm halten. Sich selbstverletzende Jugendliche profitieren von einer besonders tragfähigen, verlässlichen und wertschätzenden Beziehung, die angeboten, aber nicht eingefordert wird. Die Beziehung wird durch die Belastungen des selbstverletzenden Verhaltens und durch die Ambivalenz der Jugendlichen zwischen dem Bedürfnis nach extremer Nähe und heftiger Ablehnung derselben immer wieder auf die Probe gestellt werden.

Das offene Besprechen dieser Dynamiken ermöglicht häufig, einen gelasseneren Umgang mit ihnen zu finden. Es geht unter anderem darum, immer wieder eine gute Balance zwischen Nähe und Distanz sowie Freiheit und Bindung zu finden. Bei aller angebotenen Nähe benötigen die Jugendlichen weiterhin ihre Rückzugs- und Intimbereiche. Briefe, Tagebücher und E-Mails etwa sind als geheim zu achten, bei geschlossener Tür sollte angeklopft werden und Ähnliches. Das Überschreiten solcher Grenzen kann nur zur Abwehrung einer akuten Gefahr gerechtfertigt werden. Falls Internetforen genutzt werden, sollten Sie verbindlich klären, welche nur von Ihnen und welche nur von Ihrem Kind besucht werden.

Umgang mit Selbstverletzungen: Selbstverletzung ist keine Marotte, Böswilligkeit oder Charakterschwäche, sondern ernstes Symptom einer tiefer liegenden Problematik, und kann erst aufgegeben werden, wenn diese gelöst ist oder ein anderer Umgang mit ihr gefunden wurde. Dies ist selten ohne Psychotherapie möglich. Das Verhalten entzieht sich zumindest teilweise der bewussten Kontrolle. Daher führen Bestrafung, Verbote, Liebesentzug, Schuldzuweisungen und Ähnliches auch zu keiner Verbesserung, sondern erhöhen nur den Druck auf Ihr Kind und verstärken dadurch die Symptomatik. Versprechungen, sich nicht mehr zu verletzen, können meist nicht eingehalten werden, was zu neuerlichen Schuld- und Versagensgefühlen führt und sind deshalb zu vermeiden. Ideal wäre es, wenn Sie trotz allen inneren Tumults Verständnis dafür zeigen oder zumindest tolerieren können, dass Ihr Kind aktuell keine besseren Lösungsmöglichkeiten zur Verfügung hat, und es auf dem Weg, geeignetere Alternativen zu finden, unterstützen. Dabei hilft ein klarer Alltagsrahmen mit verlässlichen Regeln und Grenzen sowie eine Alltagsstruktur, die Leerlauf vermeidet, sinnvolles Tun beinhaltet und dabei auch Frei- und Erlebnisräume berücksichtigt. Oft lässt sich ein entsprechender Rahmen gemeinsam mit allen Beteiligten absprechen. Fördern Sie Normalität, wo immer dies möglich ist. Dazu gehört auch, dass Ihr Kind weiterhin seine Pflichten und Aufgaben erfüllt und nicht alle Probleme aus dem Weg geräumt bekommt. Stärken Sie die Eigenverantwortlichkeit Ihres Kindes, indem es altersangemessene Aufgaben eigenständig bewältigen darf und muss. Wägen Sie genau ab, wo Versuch und Irrtum, Scheitern und der Umgang mit Frustration für die weitere Entwicklung notwenig sind und wo Sie unterstützend eingreifen, um allzu heftige Misserfolgserfahrungen abzuwehren. Wichtig ist zudem, dass Sie konstruktive Lösungsversuche Ihres Kindes erkennen, würdigen und verstärken. Helfen Sie Ihrem Kind, die eigenen Bedürfnisse zu erkennen, zu vertreten und angemessen zu befriedigen, Probleme eigenständig zu lösen und einen guten Umgang mit Stress und Enttäuschung zu finden. So lernt es mit der Zeit, Alternativen zur Selbstverletzung zu entwickeln.

In Krisenzeiten ist es gut, Präsenz zu zeigen und Nähe anzubieten. Gefährliche Gegenstände sollten dann aus dem unmittelbaren Umfeld entfernt werden. Ein generelles Verbot von Scheren, Rasierklingen, Glasscherben und Ähnlichem ist aber wenig sinnvoll. Solange Selbstverletzungen nötig scheinen, wird Ihr Kind diese eben heimlich weiter horten und entsprechende Schuldgefühle haben. Besprechen Sie Ihr diesbezügliches Dilemma ruhig offen und ohne Anklage mit Ihrem Kind.

Nach einer Selbstverletzung muss die medizinische Versorgung sichergestellt werden. Für kleinere Verletzungen sollten Pflaster, Verbandsmaterial, Desinfektionsmittel, Salben und Ähnliches immer im Haus und Ihrem Kind zugänglich sein, sodass es sich selbst versorgen kann. Unmittelbar nach der Selbstverletzung sollten Sie natürlich Ihre Sorge und Fürsorglichkeit zeigen, sich dabei aber eher zurücknehmen, um möglichst wenig Krankheitsgewinn zu fördern. Größere Verletzungen müssen von einem Arzt gesehen und behandelt werden. Ideal ist eine Praxis, zu der Sie und Ihr Kind Vertrauen haben und welche Ihr Kind und den Verlauf der Symptomatik kennt. So kann der behandelnde Arzt am ehesten vorurteilsfrei und ohne Schuldvorwürfe abklären, inwiefern Suizidalität eine Rolle spielt oder ausgeschlossen werden kann. Dies hilft sowohl, eine ernste Gefahr zu erkennen, als auch eine unnötige Dramatisierung zu vermeiden. Bei Unsicherheit über mögliche suizidale Absichten ist immer die möglichst rasche Vorstellung bei einem Kinder- und Jugendpsychiater oder Kinder- und Jugendlichenpsychotherapeuten notwendig.

Umgang in der Familie: Überprüfen Sie, ob die Art, wie Sie miteinander umgehen und reden, selbstverletzendes Verhalten eher fördert oder diesem vorbeugt. Dadurch soll und kann keine Schuldfrage geklärt werden, sondern es werden Anhaltspunkte dafür gewonnen, wer von nun an was verändern kann, um zu einer Verbesserung beizutragen. In betroffenen Familien wird zum Beispiel häufig über andere statt mit diesen gesprochen oder Jugendliche wie Eltern überprüfen die eigenen Interpretationen und Annahmen über den jeweils anderen nicht durch Rückfragen. So entstehen viele falsche Schlüsse und Missverständnisse, die sich mit der Zeit ständig vergrößern, bis man kaum mehr vernünftig miteinander reden kann. Auch Ironie, Humor und Zweideutigkeiten werden oft falsch verstanden und als Abwertung oder Kränkung erlebt.

Eltern wie Jugendliche müssen oft erst lernen, Gefühle zu zeigen und über sie zu reden. Indem Sie Ihre eigenen Befindlichkeiten, Gefühle, Ängste, Aggressionen oder Erschöpfung zeigen und darüber reden, bringen Sie Ihrem Kind bei, wie es selbst mit diesen Erfahrungen umgehen kann. Auch negative Gefühle gegenüber Ihrem Kind und Ihre Schwierigkeiten im Umgang mit Selbstverletzungen sollten offen angesprochen werden. Zum einen vermitteln Sie diese sowieso nonverbal und zum anderen kann Ihr Kind Ihnen positive Gefühle wie Zuneigung nur dann glauben, wenn es sicher sein kann, dass diese nicht vorgetäuscht werden. Zwischen Ihnen und Ihrem Kind wird es zu Konflikten kommen und diese können auch ausufern. Wenn dies geschieht, ist es hilfreich, dies im Nachhinein, wenn sich alle wieder beruhigt haben, anzusprechen und eine Klärung zu versuchen. Weder Sie noch Ihr Kind müssen perfekt sein. Seien Sie Ihrem Kind ein Vorbild darin, wie mit Unzulänglichkeiten oder Fehlern umgegangen werden kann, wie beispielsweise eine Entschuldigung aussehen oder Vergebung geschehen kann.

Zeigen Sie ehrliches Interesse an Ihrem Kind, dessen Alltag, seinen Gedanken, Wünschen, Träumen, Sorgen und Nöten. Drücken Sie sich dabei nicht um das Thema Selbstverletzung, Narben oder Schnittwunden, bestehen Sie aber nicht darauf, dass Ihr Kind sich Ihnen offenbart. Schon das regelmäßige vorwurfsfreie Ansprechen von selbstverletzendem Verhalten (»Hast du gerade wieder den Drang, dich zu verletzen?« »Wie konntest du die letzten beiden Tage ganz ohne Ritzen auskommen?«) kann den Drang, sich wehzutun, deutlich reduzieren. Zu viel Aufmerksamkeit für aktuell geschehene Selbstverletzungen verstärkt den Drang der Wiederholung. Fragen Sie lieber regelmäßig und auch in entspannten Situationen nach. Zudem darf das selbstverletzende Verhalten nicht zum Hauptthema des Familienlebens werden. Sorgen Sie für genügend andere gemeinsame Themen und Erlebnisse, über die Sie Ihrem Kind Aufmerksamkeit schenken können. Verbringen Sie angenehme Zeiten miteinander und suchen sich Aktivitäten, die alle gern haben. Kuscheln, in den Arm genommen zu werden oder anderer angemessener Körperkontakt tut Betroffenen oft gut, wird aber andererseits häufig vehement abgelehnt.

Fördern Sie Freundschaften und soziale Kontakte außerhalb der Familie und fördern Sie Ihr Kind darin, sich seine Kontakte nicht ausschließlich mit anderen sich selbst Verletzenden zu suchen. Ob Internetforen zum Thema eher schaden oder nutzen, ist noch nicht ausreichend untersucht. Sie sollten aber keinesfalls die Hauptanlaufstelle für soziale Kontakte werden. Am besten ist, Sie diskutieren diese Problematik und entwickeln gemeinsam einen guten Umgang damit.

19.4 Alternativen zu selbstverletzendem Verhalten

Bei akutem Druck, sich selbst zu verletzen, haben sich die folgenden Methoden bewährt (Baierl, 2008, S. 398):

- sich fragen, was hinter dem Drang steht, was damit erreicht werden soll, um dann Alternativen zu finden, dies auf anderen Wegen zu erreichen – dabei kann ein Tagebuch oder ein Gespräch helfen;
- sich andere Formen der Stimulierung gönnen (extrem laute Musik, sich auf die Bassbox legen, sich durch Bewegung erschöpfen, etwas mit heftigem Geschmack essen, sich selbst sexuell befriedigen);
- körperliche Aktivitäten jeder Art (Sport, auf ein Kissen einschlagen, Wohnung putzen);
- Ablenkung (lesen, Musik hören, Hausaufgaben machen usw.);
- sich etwas Gutes tun (was auch immer Freude bereitet);
- sich Gesellschaft suchen (Freunde einladen oder besuchen, telefonieren);
- kreatives Tun (einfach so oder auch Gefühle künstlerisch ausdrücken durch Gedichte, Geschichten, Zeichnungen, Bilder, Skulpturen, Musik machen);
- sich von Gelegenheiten und Orten, die selbstverletzendes Verhalten möglich machen, fernhalten;
- konkrete Ersatzhandlungen für selbstverletzendes Verhalten ausführen:
  - Gummiband ums Handgelenk tragen und schnalzen lassen;
  - Eiswürfel oder Gefrierakku so lange halten, bis es schmerzt (in ein Tuch packen, sodass keine Erfrierungen auftreten);

- eine sehr starke Wärmecreme als Linie oder kleine Fläche auf die Haut reiben;
- kalte Dusche oder kaltes Bad nehmen;
- etwas sehr Scharfes essen (Peperoni, Chilischote, Tabasco);
- einen kleinen Stein in den Schuh stecken und etwas gehen;
- sich mit Filzstiften, Henna oder anderem rote Striche auf die Haut malen;
- sich Teig, Hennapaste oder Ähnliches auf die Haut schmieren, trocknen lassen und abzupfen (simuliert das Öffnen von verheilenden Wunden);
- den Gegenstand, mit dem man sich sonst verletzen würde, benutzen, um etwas anderes zu bearbeiten (Plastikflasche zerschneiden, in ein Holzbrett ritzen, Joghurtbecher mit heißem Wasser schrumpfen lassen);
- sich vornehmen, 15 Minuten dem Drang zu widerstehen, sind diese um, sich das erneut 15 Minuten vornehmen, bis der Druck nachlässt, in der Zwischenzeit andere Aktivitäten suchen.
- Alkohol, illegale Drogen oder Tabletten (außerhalb der eventuell verordneten medikamentösen Behandlung) sind keine geeigneten Alternativen!

19.5 Selbstfürsorge

Frische Wunden, Narben und die Vorstellung, dass sich das eigene Kind so etwas antut, sind schwer auszuhalten. Die Beziehungsgestaltung ist besonders anspruchvoll und das Problem besteht meistens über Jahre hinweg. Gefühle wie Ärger, Schuld, Depression oder Hilflosigkeit bei Eltern sind da eher die Regel als die Ausnahme. Sich in dieser Situation professionelle Unterstützung im Umgang mit dem eigenen Kind sowie für sich selbst zu holen, ist kein Eingeständnis von Unfähigkeit, sondern zeigt, dass Sie auch dort bereit sind, verantwortlich zu handeln, wo die eigenen Grenzen längst überschritten sind.

Die lange Behandlungszeit und die starken Gefühle welche Selbstverletzungen üblicherweise bei allen Beteiligten auslösen, führen sehr häufig zu gegenseitigen Aggressionen und Schuldzuweisungen zwischen Jugendlichem, dessen Eltern und professionellen Helfern. Halten Sie sich bewusst, dass dies Teil der

Störungsdynamik ist, dass eine Heilung auch bei gutem familiären Umgang und der richtigen Behandlung oft Jahre braucht und dass dies Geduld mit sich und allen Beteiligten benötigt. Halten Sie sich bewusst, dass das selbstverletzende Verhalten nicht gegen Sie gerichtet ist und auch keinen Beweis Ihrer Unfähigkeit darstellt. Auch wenn Sie alles richtig machen, wird es zu Rückfällen und erneuten Selbstverletzungen kommen. Wenn Sie Wege entwickeln, wie Sie die Selbstverletzungen und den Umgang damit aushalten können, ist sowohl die Gefahr, sich völlig zu verausgaben, als auch das Risiko, Ihr Kind irgendwann nicht mehr aushalten zu können und zu verstoßen, deutlich verringert. Selbsthilfegruppen, Beratungsstellen und Psychotherapie sind diesbezüglich wertvolle Hilfsangebote für Sie als Eltern. Achten Sie darauf, sich auch weiterhin mit Freunden und anderen Familienmitgliedern zu treffen, pflegen Sie ein Hobby und sorgen Sie für Aktivitäten außerhalb der oft angespannten Familienatmosphäre.

Laut Medienberichten litten oder leiden auch Prinzessin Diana, Johnny Depp, Collin Farell und Angelina Jolie unter selbstverletzendem Verhalten, was zeigt, dass durchaus auch angesehene und bewunderte Menschen betroffen sein können.

19.6 Psychotherapie, Psychiatrie und Medikamente

Sich selbst verletzende Jugendliche benötigen fast immer Psychotherapie. Verhaltenstherapie, analytische und systemische Ansätze haben sich gleichermaßen bewährt. Je nach zugrunde liegender Störung kann auch die Behandlung mit Psychopharmaka notwendig sein, was immer mit einem Kinder- und Jugendpsychiater abgeklärt werden sollte. Oftmals reicht die ambulante Behandlung. Ein stationärer Aufenthalt in der Kinder- und Jugendpsychiatrie wird notwendig bei einer krisenhaften Zuspitzung der Situation, wenn selbstverletzendes Verhalten immer häufiger und immer heftiger auftritt, bei Verletzungen, die bleibende Schäden hervorrufen, bei akuter oder unklarer Suizidalität, wenn ambulante Maßnahmen keinen ausreichenden Erfolg bringen, und bei entsprechend starker Ausprägung einer zugrunde liegenden psychischen Störung.

19.7 Jugendhilfe

Selbstverletzendes Verhalten allein ist sehr selten Grund für stationäre Jugendhilfemaßnahmen, aber bei entsprechender Grundstörung kann eine solche notwendig werden.

Ich kann kein spezifisches Buch zum Thema selbstverletzendes Verhalten empfehlen. Jedoch wird das Thema in fast allen Ratgebern zur Borderline-Persönlichkeitsstörung mitbehandelt. Unter www.rotelinien.de finden Sie weitere Informationen im Internet.

Anhang

Kontaktadressen

Um sich intensiver über das eine oder andere Thema zu informieren, können die untenstehenden Adressen hilfreich sein. Die genannten Institutionen haben Niederlassungen in vielen Städten. Über die angegebene Adresse können diese erfragt werden. Die im Kapitel 6 besprochenen Ansprechpartner finden sich meist gut über das Telefonbuch, Ihre Krankenkasse oder das örtliche Jugendamt.

Bundesverband der Elternkreise suchtgefährdeter und suchtkranker Söhne und Töchter e. V.
Bahnhofstr. 2
51580 Reichshof
Telefon: 02296 9 99 84 13
Fax: 02296 9 99 84 25
E-Mail: info@bvek.org
www.bvek.org

Bundesverband Psychiatrie-Erfahrener e. V.
Wittener Str. 87
44789 Bochum
Telefon: 0234 68 70 55 52
E-Mail: kontakt-info@bpe-online.de
www.bpe-online.de

Deutscher Kinderschutzbund Bundesverband e. V.
Hinüberstr. 8
30175 Hannover
Telefon: 0511 30 485-0
Fax: 0511 30 485-49
E-Mail: info@dksb.de
www.dksb.de

Für unmittelbare Beratung von Eltern oder Kindern, Jugendlicher
Kinder- und Jugendtelefon:
0800 111 0 333

Elterntelefon:
0800 111 0 550

Telefonseelsorge:
0800 111 0 111 oder 0800 111 0 222
www.telefonseelsorge.de

Romane, Jugendbücher und Spielfilme

Manchmal hilft eine Geschichte als Buch oder Film, besser zu verstehen, was in einem psychisch gestörten Jugendlichen vorgeht oder welche Dynamiken in der eigenen Familie auftreten können. Die folgenden Bücher und Filme versuchen dies jeweils. Sie sind mir entweder selbst bekannt oder von Kollegen empfohlen worden. Sie sind zunächst für Sie als Eltern gedacht, ob sie für Ihr Kind geeignet sind, sollten Sie mit dem behandelnden Therapeuten absprechen. Bedenken Sie bitte, dass sich die Rahmenbedingungen und Vorgehensweisen der Psychotherapie und Kinder- und Jugendpsychiatrie in den letzten zwanzig Jahren stark weiterentwickelt hat. Die teilweise kalt und brutal anmutenden Techniken in Büchern und Filmen, deren Handlung in früheren Zeiten spielt, können sehr abschreckend wirken. Machen Sie sich diesbezüglich mit den aktuellen veränderten Rahmenbedingungen und Vorgehensweisen vertraut. Eine Beratungsstelle, die örtliche Kinder- und Jugendpsychiatrie oder der behandelnde Kinder- und Jugendlichenpsychotherapeut beziehungsweise Kinder- und Jugendpsychiater sind dabei gute Ansprechpartner.

Diese Liste findet sich auch in »Herausforderung Alltag« (Baierl, 2008).

ADHS
- Mein Freund Twist. Ein Junge hat ADS (Susan Shreve von Klopp), Jugendbuch, 2005
- Wenn ich doch nur aufmerksam sein könnte! Ein hyperaktiver Jugendlicher berichtet (Felix Dietz), Betroffenenbericht eines 14-Jährigen, 1999

Angststörungen

Agoraphobie
- Close (Marcus Lenz), Spielfilm, 2005

Panikattacken
- Verrückt vor Angst: Noras Geschichte. Ein Mädchen in der Jugendpsychiatrie (Jana Frey), Jugendbuch, 2001

Traumatisierung
- Das Fest (Thomas Vinterberg), Spielfilm, 1997
- Die Angst in mir ist wie ein großer Fluss (Dorothy Allison), Roman, 1994
- Gestohlene Kindheit (Peter Kosminsky), Spielfilm, 1997
- Keine Geheimnisse mehr (Nina Weinstein), Jugendbuch, 1999
- Liebste Abby (Hadley Irwin), Jugendbuch, 1991
- Max in den Wolken (Karen-Susan Fessel), Jugendroman, 2005
- Nachtseite (Michael Ryan), Roman, 1996

Zwangsstörung
- Besser geht's nicht (James L. Brooks), Spielfilm, 1997
- Tyrannen im Kopf (Terry Spencer Hesser), Jugendroman, 2001

Depression
- Mein trauriges Buch (Michael Rosen), Bilder-Text-Buch, 2006

- Ich sah in den Spiegel und erkannte mich nicht (Angelika Walk), Roman, 2002

Bipolare Störung

- Mr. Jones (Mike Figgis), Spielfilm, 1992

Dissoziales Verhalten, Gewalt

- Ab in den Knast (Uwe Britten), Jugendroman, 1999
- American History X (Tony Kaye), Spielfilm, 1998
- Du hast aber Mut (Brigitte Blobel), Kinderroman, 1998
- Freiheitsstrafe. Tagebuch eines jugendlichen Gefangenen (Jan Berger), 2000
- Engel und Joe (Vanessa Jopp), Spielfilm, 2002, auch zum Thema Sucht
- Kein Wort zu niemandem (Jana Frey), Jugendroman, 1998
- Knallhart (Detlef Buck), Spielfilm, 2006
- Weil ich gut bin (Miguel Alexander), Spielfilm, 2001

Drogen

- Fix und fertig (Wolfgang Gabel), Jugendroman, 1992
- Fragt mal Alice (Anonym), Tagebuch einer 15-jährigen amerikanischen Drogenkonsumentin, 1995
- Jim Carroll. In den Straßen von New York (Scott Kalvert), Spielfilm, 1995
- Mein Leben als Kiffer (Amon Barth), autobiografischer Jugendroman, 2005
- Requiem for a Dream (Darren Aronofsky), Spielfilm, 2003
- Trainspotting (Danny Boyle), Spielfilm, 1997
- Wir Kinder vom Bahnhof Zoo (Christiane F.), Roman, 1978, auch als Spielfilm

Esstörungen

- Luft zum Frühstück. Ein Mädchen hat Magersucht (Jana Frey), Jugendroman, 2005
- So Hungry, Geschichte einer Magersucht (Gerda van Erkel), Jugendroman, 2005

Persönlichkeitsstörungen

Borderline-Persönlichkeitsstörung

- Durchgeknallt (James Mangold), Spielfilm, 2001
- Ich – mein größter Feind. Leben mit dem Borderline-Syndrom (Timm Flemming), Betroffenenbericht, 2007
- Betty Blue. 37,2 Grad am Morgen (Philippe Djian), Roman, 1988, auch als Spielfilm

Psychosen

- 23 – Nichts ist so wie es scheint (Hans-Christian Schmid), Spielfilm, 1998
- A Beautiful Mind (Ron Howard), Spielfilm, 2001
- Das weiße Rauschen (Hans Weingartner), Spielfilm, 2001
- Ekel (Roman Polanski), Spielfilm, 1965
- Ich habe dir nie einen Rosengarten versprochen. Bericht einer Heilung

(Hanna Green und Joanne Greenberg), Roman, 1978, wurde auch verfilmt
- Wahnsinn im Kopf (Lori Schiller und Amanda Bennett), autobiografische Darstellung, 1996

Selbstverletzendes Verhalten
- Cut. Bericht einer Selbstverletzung (Patricia McCormick), Jugendroman, 2004
- Die Klavierspielerin (Elfriede Jelinek), Roman, 1983, wurde auch verfilmt
- Schmerzverliebt (Kristina Dunker), Jugendbuch, 2003

Suizidalität
Bei allen Filmen und Büchern zum Thema Suizid ist genau zu prüfen, ob sie Jugendliche zu einem Imitationssuizid animieren könnten. Je mehr sich die Jugendlichen mit dem Suizidenten oder dessen Situation identifizieren, desto größer ist die Gefahr der Imitation.
- Das Jahr ohne Pit: Ein Tagebuch (Maja Gerber-Hess), Jugendbuch, 2000
- Hanna (Renate Günzel-Horatz), Jugendbuch, 2000
- Wie im freien Fall. Björns letzte Reise (Erica Brühlmann-Jecklin), Roman, 2007

Pubertät und Jugend
- Club der Toten Dichter (Peter Weir), Spielfilm, 1998
- Crazy (Benjamin Lebert), Jugendbuch, 1999, auch als Spielfilm
- Herz im Kopf (Michael Gutmann), Spielfilm, 2002

Psychiatrie
- Nun red doch endlich (Mirjam Pressler), Jugendroman, 1989
- Spiel nicht verrückt (Sonya Sones), Jugendbuch, 2007
- Wenn die Seele überläuft. Kinder und Jugendliche erleben die Psychiatrie (Marie-Luise Knopp u. a.), Berichte von Jugendlichen aus der Psychiatrie, 2002

Glossar

Das Glossar greift häufige Fachbegriffe auf, die im Umgang mit psychisch gestörten Jugendlichen verwendet werden. Die meisten Formulierungen sind dem Buch »Herausforderung Alltag« (Baierl, 2008) entnommen. Dort finden sich auch weiterführende Informationen zu allen im Elternratgeber behandelten Störungen.

Abhängigkeit
Bezieht sich hier zunächst auf die Abhängigkeit von Substanzen (Medikamente, Alkohol, illegale Drogen, Koffein ...). A. zeichnet sich dadurch aus, dass der Abhängige nicht mehr frei über den Gebrauch der entsprechenden Substanz entscheiden kann. Zeichen für Abhängigkeit sind a) ein unwiderstehliches Verlangen danach, die Substanz einzunehmen; b) die Unfähigkeit, aufzuhören, wenn damit begonnen wurde, die Substanz einzunehmen; c) die Notwendigkeit, immer größere Mengen der Substanz zu konsumieren, um dieselbe Wirkung zu erzielen.

Abhängigkeit in diesem Sinne kann sich auch gegenüber bestimmten Tätigkeiten entwickeln. Diese werden dann immer häufiger oder intensiver ausgeführt, selbst wenn die Person sich damit schadet, etwa Spielsucht oder Internetsucht.

Affekt
Gefühlszustand meist von besonderer Intensität, aber kurzer Dauer. Geschieht etwas ungeplant und aus einer starken Gefühlsregung heraus, geschieht es «im Affekt«.

Aggravation
absichtliche Übertreibung tatsächlicher vorhandener Symptome einer Krankheit oder Störung

agieren
Hier Begriff aus der → Psychoanalyse. Unbewusste Fantasien, Wünsche, Konflikte und Ähnliches werden sich von einem Menschen nicht bewusst gemacht und somit nicht bewusst erlebt oder gar benannt. Stattdessen drücken sie sich in Handlungen aus (etwa bestimmte Termine nicht wahrzunehmen, Ereignissen spezielle Bedeutungen zuschreiben), ohne dass dem Agierenden dieser Zusammenhang bewusst wird.

agitiert
erregt, innerlich und äußerlich unruhig, ruhelos

akut
aktuell, direkt, unmittelbar, kurzfristig, momentan, im Gegensatz zu → chronisch

ambulant
Als ambulant werden Angebote bezeichnet, die innerhalb weniger Stunden geschehen und keine Übernachtung mit einschließen.

Amnesie
Gedächtnisverlust oder starke Einschränkungen der Erinnerungs- und Lernfähigkeit; kann allgemein sein oder sich nur auf einen einzelnen Zeitabschnitt beziehen

Anamnese
Vorgeschichte eines Klienten

anamnestisch
Sich auf die Vorgeschichte beziehend. »Anamnestisch bekannt« heißt, aus der Vorgeschichte bekannt, kann sich auch auf die → Anamnese durch einen Kollegen oder vorhandene Akten beziehen.

anxiolytisch
Angst vermindernd, Angst lösend

Apathie
Gleichgültigkeit, Empfindungslosigkeit, Antriebslosigkeit, Lustlosigkeit, Motivationslosigkeit, emotionale Unerreichbarkeit

Assoziation
»Verknüpfung«, »Verbindung«. Verknüpfung unterschiedlicher seelischer Inhalte, die → bewusst oder → unbewusst sein können. Die Verknüpfung zeigt sich dadurch, dass von einem Inhalt zum nächsten übergegangen wird oder beide in einen Zusammenhang gebracht werden.

Assoziation, freie
Technik aus der → Psychoanalyse, bei welcher der Klient möglichst frei aussprechen soll, was immer ihm gerade in den Sinn kommt. Dies kann themenbezogen oder gänzlich frei geschehen. Aufgrund der so gefundenen → Assoziationen werden → Deutungen über die Erlebens- und Verarbeitungsweisen des Klienten getätigt.

Aura, psychotische
Bezeichnung für eine Atmosphäre, die oft in Gegenwart von psychotischen Menschen erlebt wird. Gefühle von innerer und äußerer Lähmung, Zähigkeit, Kälte Leere oder Hilflosigkeit werden ebenso benannt, wie eine verstärkt wahrgenommene zwischenmenschliche Distanz.

auslenkbar
Beeinflussbar. Gefühle etwa sind auslenkbar, wenn man stimmungsmäßig auf eine veränderte Situation reagieren kann.

Befund
Ergebnis einer ärztlichen Untersuchung

Begriffszerfall
Symptom bei → Psychosen. Wörter werden in falschen Bedeutungen gebraucht.

Beschäftigungstherapie
→ Ergotherapie

Beschluss
Kurzbezeichnung dafür, dass ein Patient gegen seinen Willen auf richterliche Anweisung in einer Klinik behandelt wird

Bewusstsein
Die Summe aller aktuellen psychischen und kognitiven Vorgänge eines Menschen, sowie das Wissen des Betroffenen über diese Vorgänge.

bipolar
»zweipolig«, auf zwei Endpunkte hin verlaufend, Bezeichnung für eine → manisch-depressive Störung bei der → depressive und → manische Episoden auftauchen

Borderline-Störung
Unsauberer Begriff, der für Unterschiedliches verwendet wird:
1) Borderline-Persönlichkeitsstörung,
2) in der → Psychoanalyse Begriff für eine Störung im Grenzgebiet zwischen → Neurose und → Psychose,
3) milde oder → atypisch verlaufende → Schizophrenie.

Compliance
Mitarbeits- und Kooperationsbereitschaft eines Patienten

Coping
Englisch für »Bewältigen«: Fähigkeit, Anforderungen gerecht zu werden

chronisch
Langanhaltend im Gegensatz zu → akut. Schmerzen gelten als chronisch, wenn sie mindestens sechs Monate immer oder die meiste Zeit über spürbar sind.

Craving
»Verlangen«: (Über)starkes Bedürfnis eine → Droge wieder zu konsumieren, nachdem ihre unmittelbare Wirkung nachgelassen hat. Zeichen von → Abhängigkeit.

Danebenreden
Aufgreifen von Gesprächsinhalten des Gegenübers in deutlich anderer Form als gemeinhin üblich. Dies geschieht unabsichtlich. Der Betroffene versteht den Sinn tatsächlich entsprechend verdreht. Mögliches → Symptom der → Schizophrenie.

DD
kurz für → Differenzialdiagnose

Delir/Delirium/Delirium tremes
Zustand, der beim → Entzug auftreten kann, vor allem bei Entzug von Alkoho-

likern zu beobachten. Der Zustand kann mit Verwirrtheit, Wahnvorstellungen und starken körperlichen Beschwerden, vor allem starkes Muskelzittern, einhergehen. Ein Alkoholdelir kann lebensbedrohlich sein und erfordert deshalb das sofortige Hinzuziehen eines Arztes.

Denkstörung, formal
Störung des Denkablaufs. Das Denken verläuft zum Beispiel extrem verlangsamt, Gedanken brechen plötzlich ab und können vom Betroffenen nicht wieder aufgenommen werden, oder es erscheinen so viele Gedanken auf einmal, dass keiner davon wirklich verfolgt werden kann.

Denkstörung, inhaltlich
Störung der Gedankeninhalte. Dazu gehören unter anderem → Zwangsgedanken, → Wahn oder die Zuschreibung von Bedeutungen zu Ereignissen, die so nicht gegeben sind.

Depersonalisation
Verlust oder Einschränkung des sicheren Gefühls, wer man ist, was einen ausmacht. Dies kann unter anderem die folgenden Aspekte beinhalten: Man hat den Eindruck, dass die eigene Person/Persönlichkeit sich auflöst, man kommt sich selbst als Fremder vor, man hat den Eindruck, einzelne Körperteile würden nicht mehr zum eigenen Körper gehören, man hält sich für einen anderen (z. B. für Jesus).

Deprivation
wörtlich: »Beraubung«, kann unter anderem Vernachlässigung, den Wegfall äußerer Reize oder auch soziale Ausgrenzung bedeuten

Derealisation
Gefühl der Unwirklichkeit, also ob alles, was passiert, nicht wirklich passieren würde

Deutung
Hier Begriff aus der → Psychoanalyse und deren zentrales therapeutisches Vorgehen. Der Analytiker nennt dem Patienten (mögliche) Bedeutung(en) der von diesem geäußerten Träume, Symptome, Versprecher und Widersprüche. Deutungen beziehen sich zum Beispiel auf unbewusste Konflikte oder Motive, auf die das Geäußerte zurückzuführen ist. Durch die Deutung sollen unbewusste Inhalte bewusst gemacht werden.

Diagnose
Ergebnis der → Diagnostik, Benennung einer festgestellten Störung beziehungsweise Krankheit

Diagnostik
Prozess der Feststellung, ob und wenn ja welche Krankheit oder Störung bei einem Menschen vorliegt. D. schließt oftmals auch die Sammlung und Auswertung von Informationen mit ein, die mit einer möglichen Krankheit oder Störung in Zusammenhang stehen können, etwa Lebensumstände oder Beziehungsmuster.

Differenzialdiagnose
1. Feststellung einer Krankheit oder psychischen Störung bei gleichzeitiger Abgrenzung zu einer dieser ähnelnden Krankheit oder Störung.
2. Begriff, der in Gutachten benutzt wird, um deutlich zu machen, dass noch diagnostische Unklarheit zwischen zwei sich äußerlich ähnelnden Störungen beziehungsweise Krankheiten besteht. In diesem Fall werden in der Regel beide aufgeschrieben und zwischen sie das Wort »Differenzialdiagnose« oder dessen Abkürzung »DD« gestellt.

Dissoziation
Abspaltung von Aspekten des → Bewusstseins oder seelischer Inhalte, auch: Spaltung des Bewusstseins. Bei → traumatischen Erlebnissen dissoziieren viele Personen ihre Erlebnisse. Dies kann beispielsweise so geschehen, dass das Erlebte so wahrgenommen wird, als ob es einem anderen passieren würde.

dissoziiert
abgespalten, Gegenteil von → assoziiert

dysphorisch
bedrückt, reizbar, freudlos

dysthym
Begriff für eine depressive Grundstimmung vergleichsweise leichter Ausprägung

Dyskinesie
gestörter Bewegungsablauf

Eigenbeziehungstendenz
Ereignisse in der Umgebung werden auf sich selbst bezogen. Alles, was geschieht, steht scheinbar in Beziehung zu einem selbst. Symptom bei → Psychosen.

EMDR
»Eye Movement Desensitation and Reprocessing«. Von Dr. Francine Shapiro entwickelte Methode zur schnellen Behandlung → posttraumatischer Belastungsreaktionen, bei der Augenbewegungen eine zentrale Rolle spielen.

Entgiftung
Vorgang zu Beginn einer Drogentherapie. Der Klient nimmt die Droge so lange nicht mehr, bis sie und ihre Abbauprodukte vollständig aus seinem Körper ausgeschieden wurden. Diese Zeit muss professionell begleitet werden, unter anderem weil → Entzugserscheinungen auftreten können, die sehr unangenehm bis lebensgefährlich sein können.

Enthemmung
Verhalten wird dadurch gesteuert, dass bestimmte Handlungsimpulse verstärkt und andere gehemmt werden. Bei der E. fallen die hemmenden Mechanismen weitgehend weg. Die Person tut somit Dinge, die sie sonst nicht tun würde. Sexuelle Impulse etwa werden in den meisten gesellschaftlichen

Situationen gehemmt. Im Zustand der E. kann es sein, dass diesen auch in dafür unpassenden gesellschaftlichen Situationen nachgegeben wird.

Entzug
Vorgang oder Zeitdauer des absichtlichen oder unabsichtlichen Nicht-mehr-Einnehmens einer Substanz, von der eine → Abhängigkeit besteht, oder einer → Droge, die zuvor in → toxischen Mengen konsumiert wurde. Als Entzugserscheinungen können psychische und/oder körperliche Symptome auftreten

Ergotherapie
Therapieform, die dazu dient, Menschen mit eingeschränkter Handlungsfähigkeit dabei zu unterstützen, ihnen wichtige Handlungen (Selbstversorgung, Arbeiten, Essen u. Ä) wieder oder besser ausüben zu können.

Es
Begriff aus der → Psychoanalyse, Bezeichnung für die Instanz des Unbewussten

Exposition
Aussetzung. Ein Klient wird einem → Reiz ausgesetzt, um einen besseren Umgang mit diesem Reiz zu lernen. Ein Mensch mit unangemessener Hundeangst kann etwa immer wieder der Begegnung mit Hunden ausgesetzt werden, um zu einem entspannten Umgang mit Hunden zu finden.

Externalisierung
Wörtlich: Verlagerung nach außen. Hier: Verlagerung innerer Erfahrungen und Abläufe in die Außenwelt. Statt zum Beispiel sich selbst als aggressiv zu erleben, werden die Personen in der Umgebung als aggressiv wahrgenommen.

extravertiert
zur Extraversion neigend

F-Diagnose
Kurzform für die Bezeichnung einer psychischen Störung gemäß dem Kapitel F der → ICD-10

Fixieren
Begriff dafür, dass ein Patient so an ein speziell dafür vorgesehenes Bett gebunden wird, dass er weder sich noch anderen Schaden zufügen kann. Eine Fixierung muss ärztlich angeordnet werden und darf nur von dafür geschultem Personal vorgenommen werden. Sie ist nur dann anzuwenden, wenn weniger intensive Eingriffe die Sicherheit des Patienten oder anderer nicht gewährleisten können. Dies ist eine Intervention, die der besonderen Dokumentation und Überwachung bedarf. Ein fixierter Patient darf nicht allein gelassen werden.

Flashback
Wiederauftreten eines Zustands, der unter Drogeneinwirkung erreicht wurde, obwohl die Droge schon längere Zeit nicht mehr genommen wurde und der Wirkstoff sich nicht mehr im Körper befindet. LSD etwa kann → Halluzina-

tionen hervorrufen. Solche Halluzinationen können noch nach Jahren unvermittelt wieder auftreten.

Forensik
Hier: Unterabteilung von Psychiatrie oder Psychologie, die sich mit Fragen des Gerichtswesens befasst, etwa Glaubwürdigkeitsgutachten oder solche zur Schuldfähigkeit. Wird auch für psychiatrische Abteilungen verwendet, die der Behandlung psychischer Störungen im Strafkontext (v. a. Gefängnis) dienen.

Fremdgefährdung
Zustände oder Verhaltensweisen einer Person, die andere Menschen gefährden, beispielsweise starke Aggressionen oder das Anzetteln von Schlägereien

frühe Störung
Störung, die ihren Beginn im Säuglingsalter oder gar davor hat. Man geht davon aus, dass grundlegende Zugänge zu sich selbst und der Welt um einen herum in dieser Zeit erlernt werden, etwa grundlegendes Vertrauen in sich oder seine Mitmenschen. Störungen, die aus dieser Zeit herrühren, beeinträchtigen auch weiterhin den Zugang der betroffenen Klienten zu sich und der Welt.

g → gesichert

Gedankenabriss
Gedanken können nicht zu Ende gedacht werden, weil sie zwischendurch einfach aufhören und der Betreffende sich nicht mehr daran erinnern kann, was er soeben noch gedacht hat. Symptom bei → Psychosen.

Gedankenblockade
Schwierigkeiten, überhaupt einen Gedanken zu entwickeln und zu halten; Symptom bei → Psychosen

Gedankeneingebung
Gefühl, dass man nicht die eigenen Gedanken denkt, sondern einem die Gedanken von jemand anderen eingegeben werden; Symptom bei → Psychosen

Gedankenentzug
Gefühl, dass Dritte einem die eigenen Gedanken entziehen; Symptom bei → Psychosen

Gedankeninterferenz
Schwierigkeiten, einen Gedanken zu Ende zu denken, da immer wieder andere Gedanken dazwischenschießen; Symptom bei → Psychosen

Gedankenlautwerden
Gefühl, dass die eigenen Gedanken für alle anderen hörbar werden; → Symptom bei → Psychosen

Gedankenübertragung
Gefühl, die Gedanken anderer lesen und/oder kontrollieren zu können, oder umgekehrt, dass diese die eigenen Gedanken lesen und/oder kontrollieren können; Symptom bei → Psychosen

Gegenübertragung
Reaktion auf die → Übertragung eines Gegenübers. Man fühlt und verhält sich dann unbewusst so, wie es der übertragenen Rolle entsprechen würde.

-gen
Endsilbe, die anzeigt, dass das Voranstehende durch etwas hervorgerufen wird. »Halluzinogen« etwa bedeutet → Halluzinationen verursachend.

Halluzination
Sinneswahrnehmung, die auf eine gestörte Informationsverarbeitung im Gehirn zurückgeht. Die betroffenen Personen haben Wahrnehmungen, die sich in der physikalischen Welt nicht wiederfinden. Sie sehen etwa Personen, die nicht vorhanden sind, oder hören Stimmen.

halluzinogen
→ Halluzinationen bewirkend/hervorrufend

Habituation
Gewöhnung. H. beschreibt, den Vorgang, dass ein → Reiz nach einiger Zeit oder wiederholten Malen der → Exposition nicht mehr dieselbe Reaktion hervorruft wie zu Anfang. Man ist etwa beim zwanzigsten Vorstellungsgespräch nicht mehr so nervös-erregt wie beim ersten.

hebephren
sich auf → Hebephrenie beziehend, an einer → Hebephrenie leidend

Hebephrenie
Untergruppe der → Psychosen, die in der Regel ohne oder ohne ausgeprägte → Halluzinationen und → Wahnvorstellungen auftritt. → Agitiertheit, läppisches Verhalten und Antriebslosigkeit sind häufigere Symptome. Beginnt meist in der Jugendzeit, selten früher.

Hilfeplangespräch
Gespräch zwischen Jugendamt, Eltern, Jugendlichen plus eventuell weiteren Fachkräften, bei dem besprochen und festgelegt wird, welche Hilfe Eltern oder Kinder unter welchen Bedingungen für einen zukünftigen Zeitraum erhalten. Im Hilfeplangespräch (HPG) wird auch der Verlauf einer bisher geleisteten Hilfe bewertet.

hirnorganisch
Sich auf das Körperliche im Gehirn beziehend. Eine hirnorganische Störung beruht auf einer körperlichen Veränderung im Gehirn (etwa durch Unfall oder Alkoholexzesse).

hyper-
über-, besonders stark ausgeprägt

Hyperarousal
Übererregung

hyperkinetisch
1. sich viel bewegen müssen, unruhig sein

2. sich auf ein → hyperkinetisches Syndrom (HKS) beziehend, an einem HKS leidend

Hypervigilanz
Überwachsamkeit: stark erhöhte Bereitschaft, auf → Reize zu reagieren und diese als gefährlich zu interpretieren.

hypo
unter-, besonders niedrig ausgeprägt

hypomanisch
Erlebens-, Denk- und Verhaltensweisen wie bei einer → Manie, aber weniger stark ausgeprägt

ICD-10
»International Classification of Diseases«: Veröffentlichung der Weltgesundheitsorganisation in der zehnten Revision, in der die diagnostischen Kriterien für Erkrankungen aufgelistet sind. Im Kapitel F werden die diagnostischen Kriterien für psychische Störungen dargestellt.

Ich
Begriff aus der → Psychoanalyse, Instanz des Bewusstseins oder des Selbsts

Illusion
Sinnestäuschung, verfälschte Wahrnehmung tatsächlich vorhandener Gegebenheiten. Im Unterschied zur → Halluzination ist also ein Sinnesreiz gegeben, der aber mit einer eigenen subjektiven Interpretation belegt wird.

Impulsdurchbruch
Bezeichnung dafür, dass einem Impuls nachgegeben wird, den man normalerweise kontrolliert hätte, kurzfristiger Verlust der → Impulskontrolle

Impulskontrolle
die Fähigkeit, eigene → Impulse zu kontrollieren, also zu entscheiden, welchen Impulsen nachgegeben wird und welchen nicht

Indikation
Anzeige dafür, dass eine bestimmte Art der Behandlung für eine bestimmte Störung erfolgversprechend ist. Bei stark ausgeprägtem → psychotischen Erleben besteht beispielsweise meist eine Indikation für medikamentöse Behandlung, bei akuten Selbstmordtendenzen besteht häufig die Indikation für stationäre Behandlung in einer Psychiatrie. »Gegenindikation« beziehungsweise »Kontraindikation« beschreibt, dass ein Verfahren für eine spezielle Störung unwirksam oder gar schädlich ist.

indiziert
Angezeigt, angesagt. Eine → Intervention ist indiziert, wenn sie bei Berücksichtigung möglichst vieler Aspekte als geeignet erscheint.

Intoxikation
Vergiftung; Zustand, in dem sich ein Gift (in der Regel eine → Droge) im Körper befindet und wirkt

introvertiert
zu → Introversion neigend

Intrusionen
Erinnerungen an → traumatische Erlebnisse, die sich einem Menschen regelrecht aufdrängen, sodass er sie nicht abwehren kann, meist in Form von Bildern oder Gefühlen

IQ
Intelligenz-Quotient: durch einen Intelligenztest ermittelte Kennzahl zur Beschreibung der Intelligenzausprägung eines Menschen. Die Zahl 100 bezeichnet dabei den Durchschnitt. Ein IQ von weniger als 85 wird als unterdurchschnittlich, ein IQ von über 115 als überdurchschnittlich gewertet. Die weitere Einteilung folgt in beiden Richtungen in Fünfzehnerschritten.

irreversibel
nicht umkehrbar, nicht wieder in den ursprünglichen Zustand rückführbar, bleibend

Katalepsie
langes Verharren in einer Körperposition, zum Beispiel bei → Psychosen

kataton
Zustand der gestörten Willkürbewegung; wird meist gebraucht, wenn Menschen sich aus psychischen Ursachen nicht oder nur schwer bewegen können

kinaesthetisch
das Körperempfinden betreffend

Klient
als hilfesuchend definierter Mensch, der entsprechende fachliche Unterstützung erhält; im Kontext dieses Buches ein Mensch, der wegen einer psychischen Störung Unterstützung erhält; vgl. → Patient

Körperschemastörung
Symptom bei Anorexie. Der eigene Körper wird als deutlich dicker oder fülliger wahrgenommen als er tatsächlich ist.

Kognition
jegliche Art der geistigen Aktivität, beispielsweise Denken, Fantasieren, aber auch Überzeugungen oder Einstellungen

kognitiv
die geistige Aktivität betreffend

Komorbidität
gleichzeitiges Vorliegen von zwei oder mehr psychischen Störungen bei einer Person

konnotieren
Mit Bedeutung belegen. Wird etwas positiv konnotiert, wird ihm eine positive Bedeutung zugeschrieben.

Kontingenz
Bezeichnung dafür, dass zwei Phänomene gemeinsam auftreten. Dies kann gleichzeitig oder zeitlich versetzt geschehen.

kontraindiziert
Ein Medikament oder eine → Intervention ist kontraindiziert, wenn deren Anwendung im gegebenen Fall entweder unwirksam oder gar schädlich und unangemessen gefährlich wäre.

Konversion
Umwandlung psychischer Konflikte in körperliche Symptome – beispielsweise in Form von Lähmungen –, die den Konflikt symbolisch zum Ausdruck bringen

Korrelat
Entsprechung. Schmerzen haben ein »körperliches Korrelat«, wenn sie auf Veränderungen im Körper zurückgeführt werden können. Dass kein körperliches Korrelat gefunden wird, heißt nicht notwendigerweise, dass auch keines vorliegt und ist in sich selbst noch kein Beweis für eine psychische Ursache.

Krankheitsgewinn
Vorteil, den ein Mensch aus dem Vorliegen einer Krankheit oder Störung bezieht. Der Gewinn kann gewollt oder ungewollt sowie bewusst oder unbewusst sein. Meist handelt es sich um einen unbewussten und unwillkürlichen Gewinn. In der westlichen Kultur können Schonung und Anteilnahme zwei Aspekte von Krankheitsgewinn sein. Ein hoher Krankheitsgewinn kann es einem Klienten erschweren, eine Störung loszuwerden.

Labilität
Instabilität, leichte und schnelle Wandelbarkeit

latent
verborgen, inaktiv, nicht offen zu Tage tretend

larviert
maskiert, verdeckt: Bezeichnung für eine → Depression, die sich überwiegend durch körperliche Beschwerden zeigt

Leidensdruck
Ausmaß, in dem ein Mensch an einer Krankheit, Störung, Verhalten oder Situation leidet. Man geht davon aus, dass Menschen mit einem hohen Leidensdruck eine größere → Veränderungsmotivation entwickeln als solche mit niedrigerem Leidensdruck.

Libido
Begriff der → Psychoanalyse: Psychische Energie, die aufbauenden (im weitesten Sinne erotischen) Lebensäußerungen zugrunde liegt. Ihr Gegenpart ist der auf Zerstörung ausgerichtete Todestrieb. Der Begriff »Libidoverlust« wird gebraucht, um zu bezeichnen, dass ein Mensch seine sexuellen Begierden nicht oder kaum mehr verspürt.

Lösungsorientierung
Therapeutische Grundhaltung, sich weniger der problematischen Aspekte einer Gegebenheit zu widmen als den möglichen Lösungswegen. Dies zeigt sich unter anderem bereits in der Wahrnehmung und Bewertung einer Gegebenheit, aber auch in dem daraus folgenden Umgang mit ihr.

Lethargie
Teilnahmslosigkeit, Trägheit, Initiativlosigkeit, Kraftlosigkeit

Logopädie
Stimm- beziehungsweise Spracherziehung

Manie
Heitere bis euphorische Grundstimmung, die den Umständen nicht angemessen ist. Eine Manie kann sich aber auch in Gereiztheit, Unruhe, Enthemmtheit und Ähnlichem mehr äußern.

manisch
sich auf eine → Manie beziehend, einer → Manie entsprechend

MAS
Multiaxiales Klassifikationsschema für psychische Störungen des Kindes- und Jugendalters, → ICD-10-Kriterien für Kinder und Jugendliche

Minussymptomatik
→ Negativsymptomatik

Modalität
1. Art und Weise, auf die etwas geschieht
2. Sinnesmodalität: Sehen, Hören, Riechen, Schmecken, Fühlen

Mutismus
psychische Störung, die sich hauptsächlich durch das Nichtsprechen äußert

Nachhallerinnerung
Wiedererleben eines schlimmen Erlebnisses aus der Vergangenheit, als ob es aktuell wieder passieren würde

Nebenwirkung
Wirkung eines Medikaments oder einer anderen Behandlung, die ursprünglich nicht beabsichtigt wurde

Negativsymptomatik
Symptomgruppe bei psychotischen Störungen, die hauptsächliche durch das Wegfallen von bisherigen Fähigkeiten gekennzeichnet sind. Dies sind unter anderem Bewegungseinschränkungen, zum Beispiel in Form von Verlangsamung, Antriebslosigkeit, Reduzierung und Abflachung des Gefühlslebens, reduzierte Ausdrucksfähigkeit und anderes mehr.

Negativismus
Vor allem im Rahmen einer → Schizophrenie auftretendes → Symptom. Aktiver Negativismus: Der Klient tut das Gegenteil des von ihm Verlangten. Passiver Negativismus: Der Klient tut nicht das von ihm Verlangte. Negativismus

kann selektiv auftreten und beispielsweise nur die Aufforderungen des Therapeuten oder Pädagogen betreffen, nicht aber Aufforderungen von anderen Betroffenen.

Neologismus
das Bilden von neuen Wörtern, die bisher so nicht existieren

Neurologie
Fachgebiet der Medizin, Lehre von den Nerven und ihrer Funktionsweise

Neuroleptikum
Medikamente mit Hauptwirkung gegen → psychotische Symptome. Ihr Haupteffekt richtet sich gegen Angst, Erregung, Verwirrung, → Halluzinationen und → Wahn. Mehrzahl: Neuroleptika

Neurotransmitter
Chemische Stoffe, die bei der Informationsübertragung im Gehirn eine wesentliche Rolle spielen. Sie werden an einem Nervenende ausgeschüttet, wenn ein entsprechendes elektrisches Signal dort ankommt, überbrücken die Distanz zum nächsten Nerv und lösen dort wiederum ein elektrisches Signal aus.

Neurose
1. Begriff aus der → Psychoanalyse. Form der psychischen Störung, die auf Lebensereignisse zurückgeht. Eine Neurose beeinflusst das Denken, Fühlen und Handeln, nicht aber das Selbst einer Person.
2. Bezeichnung für psychische Störungen, die auf keine körperlichen Ursachen zurückgeführt werden können und die nicht als Geisteskrankheit gelten.

olfaktorisch
das Riechen und Schmecken betreffend

o. p. B
kurz für »ohne → pathologischen → Befund«; Bezeichnung dafür, dass bei einer ärztlichen Untersuchung keine Anzeichen einer Krankheit entdeckt wurden

optisch
das Sehen betreffend

orientiert (allseits)
Ausdruck der psychiatrischen Diagnosestellung. Er bedeutet, dass ein Untersuchter weiß, wer er ist und wo er ist, ebenso kennt er Uhrzeit, Wochentag, Monat und Jahr.

PA
kurz für → Psychoanalyse oder psychoanalytische Therapie

paradoxe Intervention
→ Intervention, die auf den ersten Blick widersinnig erscheint, wie etwa einem Klienten zu sagen, er solle das → Symptom, das er loswerden möchte, bewusst im Alltag bei sich hervorrufen. Ja nach Schule gibt es sehr unterschiedliche paradoxe Vorgehensweisen mit unterschiedlichen Begründungen. Paradoxe

Interventionen folgen dabei jeweils der inneren Logik des Klienten. Paradoxe Interventionen werden hauptsächlich in der → systemischen Therapie genutzt, haben mittlerweile aber auch Eingang in viele andere Bereiche gefunden.

Parästhesie
gestörte oder krankhafte Körperempfindung wie zum Beispiel Kribbeln oder Taubheitsgefühle

Paragraf 35a
→ s. seelische Behinderung

Paragraf 1631
Paragraph des Bundesgesetzbuch, der das Vorgehen einer → Zwangseinweisung eines Minderjährigen mit Einverständnis der Eltern regelt. Die Zwangseinweisung muss von den Eltern beim zuständigen Familiengericht beantragt werden. Häufig bekommt ein betroffener Minderjähriger zur Wahrung seiner Rechte einen Verfahrenspfleger zur Seite gestellt.

Paranoid
unter → Verfolgungswahn leidend, Verfolgungswahn betreffend

parasuizidal
Empfindungen, Gedanken und Verhaltensweisen, die nicht direkt und gezielt zu einem Suizid führen, aber den eigenen Tod wahrscheinlicher machen oder in Kauf nehmen, werden als parasuizidal bezeichnet. Es besteht noch nicht die feste Absicht, sich umzubringen, dennoch werden Situationen herbeigeführt, die zum Tod führen können, beispielsweise in Form von riskanten Überholmanövern oder dem Ausüben von Risikosportarten.

Pathogenese
Entstehung einer Krankheit

pathologisch
krankhaft

Patient
Mensch, der als krank definiert wurde und daher eine Behandlung zur Gesundung erfährt

Perseveration
Das gedankliche Haftenbleiben an einem Begriff oder Thema. Der Begriff oder der Inhalt wird dann beständig wiederholt. → Symptom bei → hirnorganischen Störungen oder bei Psychosen.

persistierend
anhaltend, andauernd

Persönlichkeitsstörung
Gruppe psychischer Störungen, bei der einzelne Eigenschaften so ausgeprägt und unflexibel sind, dass sie die Alltagsgestaltung und das soziale Miteinander des Betroffenen erheblich einschränken.

Plussymptomatik
→ Positivsymptomatik

Positivsymptomatik
Teil der → Symptome einer → Psychose, die dem bisherigen Repertoire des Patienten etwas hinzufügen, zum Beispiel optische Halluzinationen oder das Hören von Stimmen

posttraumatisch
nach einem → Trauma auftretend

potent (niedrig-/hoch-)
wirksam, in Bezug auf Arzneimittel

potenzialorientiert
sich an dem → Potenzial eines Menschen orientierend, unabhängig, ob dieses bisher schon voll genutzt wurde oder nicht

Prävention
Verhütung, Vorsorge. Maßnahmen, die ergriffen werden, um eine Krankheit, eine psychische Störung oder ein anderes nicht gewünschtes Ereignis erst gar nicht entstehen zu lassen oder die Verschlechterung oder das Wiederauftreten desselben zu verhindern. Primärprävention betrifft alle Menschen (rechtzeitiges Abwenden des Ereignisses), Sekundärprävention richtet sich an Risikogruppen (Vermeidung dessen, dass das beginnende Ereignis sich verschlimmert), Tertiärprävention befasst sich mit bereits betroffenen Menschen (Vermeidung dessen, dass das Ereignis wieder eintritt).

Primärpersönlichkeit
Persönlichkeit vor Beginn einer psychischen Störung

problemorientiert
sich an den Problemen orientierend, wegen denen ein Mensch in Behandlung kommt

Prodrom/Prodromalphase
Ein mitunter jahrelanges Vorstadium, bevor sich eine → akute → Psychose mit den dafür typischen → Symptomen zeigt. Alle typischen Symptome können dabei in abgeschwächter Form schon auftreten. Besonders Beziehungs- und Leistungsprobleme, veränderte Stimmungen und Reizbarkeit sowie Einschränkungen in der Alltagsbewältigung sind häufige erste Anzeichen einer sich entwickelnden → Psychose. Eindeutigere → Symptome wie → Halluzinationen oder → Wahn treten meist erst gegen Ende der Prodromalphase beziehungsweise mit Beginn der akuten Phase auf.

Prozessorientierung
sich am Prozess beziehungsweise Verlauf orientierend

Psychiater
Arzt, der sich auf die Behandlung psychischer Störungen spezialisiert hat

PsychKG
kurz für Landesunterbringungsgesetz, welches unter anderem das Vorgehen bei einer → Zwangseinweisung gegen den Willen eines Minderjährigen und den Willen der Erziehungsberechtigten regelt

Psychoanalyse
Eine Richtung der → Psychotherapie. Von Sigmund Freud begründet. Die PA setzt besonders auf die Auflösung von inneren, meist unbewussten Konflikten zur Behandlung psychischer Störungen und gehört zu den von den deutschen Krankenkassen anerkannten Psychotherapieverfahren.

Psychodrama
eine Form der Psychotherapie mit überwiegend Elementen aus der Theaterarbeit und des szenischen Spiels; wird von den deutschen Krankenkassen nicht anerkannt und bezahlt

Psychoedukation
Vermitteln von Informationen über eine psychische Störung, Behandlungsmöglichkeiten und den eigenen Umgang damit; beinhaltet auch die Vermittlung von Fähigkeiten, die Störung besser zu bewältigen.

Psychologe
Bezeichnung für einen Menschen, der ein Studium der → Psychologie an einer Universität abgeschlossen hat

Psychologie
Seelenkunde, Wissenschaft von der Beschreibung, Erklärung und Vorhersage von menschlichem Verhalten und Erleben

Psychologischer Psychotherapeut
Geschützter Begriff aus dem deutschen Gesundheitswesen. Er bezeichnet einen → Psychologen (in Ausnahmefällen auch Angehörige anderer Berufsgruppen), der sich nach Abschluss des Studiums in einer Ausbildung von fünfjähriger Teilzeit oder dreijähriger Vollzeit in einem anerkannten Psychotherapieverfahren qualifiziert hat. Der Titel entspricht in etwa dem Facharzt im medizinischen Bereich.

Psychologischer Kinder- und Jugendlichenpsychotherapeut
Geschützter Begriff aus dem deutschen Gesundheitswesen. Er bezeichnet einen → Psychologen oder Pädagogen, der sich nach Abschluss des Studiums in einer Ausbildung von fünfjähriger Teilzeit oder dreijähriger Vollzeit in einem anerkannten Psychotherapieverfahren speziell für die Behandlung von Kindern und Jugendlichen qualifiziert hat. Der Titel entspricht in etwa dem Facharzt im medizinischen Bereich.

Psychomotorik
1. Zusammenspiel von psychischen Prozessen und der Bewegung beim Menschen
2. Therapieform, die das genannte Zusammenspiel zur Behandlung nutzt. Über die Bewegung sollen psychische Prozesse verändert werden.

Psychopathologie
Lehre von den psychischen Erkrankungen, wird im klinischen Alltag oft gleichbedeutend wie → Symptomatik verwendet

Psychopharmaka
Medikamente mit Wirkung auf die Psyche beziehungsweise psychische Phänomene

Psychotherapie
wörtlich: Behandlung der Seele
1. Behandlung von Menschen mit psychologischen Methoden
2. Behandlung von psychischen Störungen

Psychotherapeut
1. Person, die mit Methoden der → Psychologie behandelt
2. Person, die heilkundliche Psychotherapie ausübt
In Deutschland geschützter Begriff, der nur von → Psychologischen Psychotherapeuten, Kinder- und Jugendlichentherapeuten, Ärzten mit Psychotherapieweiterbildung und gesondert geschulten Heilpraktikern geführt werden darf.

Psychose
1. Begriff aus der Psychoanalyse. Tiefgreifende psychische Störung, die das Erleben des »Selbst« verändert oder in Frage stellt.
2. Störungsgruppe in der ICD-10, die durch deutliche Veränderungen im Denken, Fühlen, Handeln und Selbsterleben gekennzeichnet ist. Unter anderem können → Halluzinationen, → Denkstörungen, → Derealisation und → Depersonalisation auftreten.

psychotrop
auf die Psyche einwirkend

Qualität
bezeichnet in der Formulierung »in allen Qualitäten orientiert«, dass eine Person weiß, wer sie ist, ihren aktuellen Aufenthaltsort, die aktuelle Zeit und andere Rahmeninformationen weiß

Rationalisierung
Begriff aus der → Psychoanalyse; ein → Abwehrmechanismus. Handlungen werden logisch erklärt, um die ihnen zugrunde liegenden ängstigenden Motivationen nicht erkennen zu müssen

Reaktanz
Widerstand, Abwehr gegen eine innere oder äußere Einschränkung der eigenen Freiheit

Realitätsverlust
→ Symptom hauptsächlich bei → Psychosen und Gebrauch von → Drogen. Der Betroffene kann nicht mehr zwischen → Reizen der Außenwelt und solchen der Innenwelt unterscheiden. Er hat beispielsweise → Halluzinationen, die für ihn real sind und die sein Verhalten und Empfinden bestimmen.

regrediert
sich in einem Zustand der → Regression befindend

Regression
Vorgang oder Zustand des Auftretens von Gefühlen, Gedanken, Handlungen, Erlebensweisen, wie sie eigentlich jüngeren Kindern zueigen sind. Dies kann einzelne Elemente oder das gesamte Erleben betreffen. In der Psychoanalyse wird mit Regression das Zurückgehen von Teilen der Persönlichkeit auf eine frühere Entwicklungsstufe bezeichnet.

Remission
vorübergehendes Abklingen oder Verschwinden von → Symptomen einer Krankheit oder Störung

remittiert
vorübergehend abgeklungen, vorübergehend verschwunden

Residuum
Stadium im → chronischen Verlauf einer schizophrenen Störung. Nach Abklingen eines → akuten → Schubs bleiben Einschränkungen zurück, die eindeutig eine Verschlechterung zum Zustand vor dem letzten Schub darstellen. Diese können lang andauernd sein, sind jedoch nicht unbedingt → irreversibel. Die Einschränkungen bestehen in der Regel aus Komponenten der → Negativsymptomatik.

Resilienz
Widerstandsfähigkeit, Bewältigungsfähigkeit; die Fähigkeit, gesund und störungsfrei zu bleiben

Ressource
wörtlich: Hilfsmittel; Möglichkeit, Eigenschaft, Fähigkeit, die zum Erreichen eines bestimmten Zieles eingesetzt werden kann

Ressourcenorientierung
Die Grundhaltung, eine Person primär als fähig wahrzunehmen. Dies geht damit einher, sich weniger mit den Problemen oder Einschränkungen dieser Person oder einer Gegebenheit zu beschäftigen, sondern mit deren Stärken und Möglichkeiten. Vor allem beinhaltet dies eine konsequente Wahrnehmung von Gegebenheiten, die sich daran ausrichtet, welche Möglichkeiten oder → Ressourcen diese beinhalten, anstatt sie als Einschränkungen oder Ausdruck eines Defizits zu sehen.

reversibel
Umkehrbar. Man spricht von reversiblen Schäden oder Beeinträchtigungen, wenn davon auszugehen ist, dass sie beseitigt werden können.

Rezidiv
Rückfall; Wiederauftreten von → Symptomen nach einer Zeit der Symptomfreiheit

rezidivierend
Zeitweise wiederkehrend. Eine rezidivierende → Depression zeichnet sich

etwa dadurch aus, dass die → Symptome nur zeitweise auftreten und in den Phasen dazwischen abgeklungen sind.

Rigidität
Starrheit, Unbeweglichkeit; Gegenteil von Flexibilität

schizoid
abgespalten, keine oder nur sehr wenig sozialen Kontakt brauchend

schizophrenieform
wie eine Schizophrenie erscheinend, einer Schizophrenie ähnlich, zu einer Schizophrenie gehörend

Schub
Bezeichnung für eine → Episode des erneuten oder verstärkten Auftretens von Symptomen einer psychischen Störung, vor allem im Bereich der Psychosen

schwingungsfähig
Bezeichnet, dass ein Mensch sich innerlich auf → Reize und Situationen einlassen kann. Er kann in → Emotionen und → Verhalten angemessen darauf reagieren.

sedieren
beruhigen, ruhig stellen, müde machen

sediert
beruhigt, ruhig gestellt, müde

Selbstgefährdung
Zustände oder Verhaltensweisen, die den Menschen, den diese betreffen, in Gefahr bringen, zum Beispiel Selbsttötungsabsichten oder extreme Verwirrung.

Selbstkonzept
Selbstbild, Wissen um die eigene Person mit all ihren Eigenschaften

Selbstwirksamkeitserleben
die Überzeugung, durch das eigene Handeln etwas gezielt herbeiführen oder verhindern zu können

seelische Behinderung
Laut § 2 Abs. 1 SGB IX sind Menschen seelisch behindert, »wenn ihre körperliche Funktion, geistige Fähigkeit oder seelische Gesundheit mit hoher Wahrscheinlichkeit länger als sechs Monate von dem für das Lebensalter typischen Zustand abweichen und daher ihre Teilhabe am Leben in der Gesellschaft beeinträchtigt ist.« Psychische Störungen führen oft zu solchen Einschränkungen.

Setting
Äußere Rahmenbedingungen. In Pädagogik und Therapie wären dies unter anderem Räumlichkeit, Ort, Zeit, Anzahl der beteiligten Personen und Freiwilligkeit.

somatisch
körperlich, auf den Körper bezogen

somatisches Syndrom
→ Symptomatik innerhalb einer → Depression mit körperlichen Symptomen

Somatisierung
Umwandlung seelischer Konflikte und anderer seelischer Vorgänge in körperliche Beschwerden

somatoform
Bezeichnung für ein Phänomen, das sich zwar körperlich ausdrückt, sich aber überwiegend auf psychische Ursachen zurückführen lässt

Soziotherapie
Behandlung von Menschen mit psychischen Störungen durch Methoden der Sozialarbeit

Spontanremission
Verschwinden oder deutliche Verbesserung einer Krankheit oder → Störung, ohne dass eine entsprechende → Intervention durchgeführt worden wäre

stationär
Maßnahmen werden als stationär bezeichnet, wenn sie über Tag und Nacht gehen, als Übernachtungen miteinschließen.

Stimulanzien
Medikamente oder Drogen, die eine anregende Wirkung haben

Störungsorientierung
Die Behandlung richtet sich an der diagnostizierten Störung oder Krankheit aus. Je nach Störung/Krankheit erfolgt eine unterschiedliche Behandlung. Der Behandlungserfolg wird daran gemessen, ob oder wie weit die Störung/Krankheit abklingt oder nicht.

Stupor
Zustand der Erstarrung zum Beispiel bei großer Angst. Der Zustand kann nur den Körper betreffen oder auch → kognitive Funktionen. Willensentscheidungen sind im Stupor eingeschränkt bis unmöglich. Oftmals erscheinen die Personen nur äußerlich erstarrt und sind innerlich mit → Halluzinationen beschäftigt oder nehmen Reize aus der Außenwelt zwar wahr, reagieren aber nicht ersichtlich auf diese. Mögliches → Symptom bei → Schizophrenie, besonders im Zusammenhang mit → katatonen Symptomen.

Sucht
→ Abhängigkeit

Suggestibilität
Bereitschaft oder Fähigkeit, Suggestionen aufzunehmen und umzusetzen

Suizid
vollzogene Selbsttötung, Selbstmord

suizidal
sich auf → Suizid beziehend/auf Suizid ausgerichtet seiend. Ein Mensch mit Selbsttötungsgedanken oder -absichten wird als suizidal bezeichnet.

Suizident
jemand, der sich mit dem Gedanken an → Suizid beschäftigt oder einen solchen versucht, Mensch mit Selbsttötungsabsichten

Symptom
wahrnehmbare Begleiterscheinung einer körperlichen Erkrankung oder einer psychischen Störung

Symptomatik
Gesamtheit der Symptome einer Krankheit oder psychischen Störung

Symptomorientierung
Die Behandlung wird am → Symptom ausgerichtet. Je nach Symptom erfolgt eine unterschiedliche Behandlung. Behandlungserfolg wird daran gemessen, ob und wie sich das Symptom verändert.

Syndrom
Kombination von → Symptomen, die miteinander in regelhafter oder gesetzmäßiger Verbindung stehen. Symptomgruppe, die häufig gemeinsam auftritt.

System
sich von der Umwelt abgrenzende Einheit von mehreren Elementen, die sich jeweils gegenseitig beeinflussen und die einem gemeinsamen Sinn oder einer gemeinsamen Aufgabe folgen

systemische Therapie
Überbegriff für unterschiedliche Richtungen der → Psychotherapie, die den Mensch als → System ansehen. Wird teilweise mit Familientherapie gleichgesetzt, obwohl es zwar eine gemeinsame Schnittmenge gibt, beide Ansätze aber nicht identisch sind.

taktil
Auf Berührung bezogen. Kitzeln zum Beispiel ist ein taktiler → Reiz.

Teilleistungsstörung
Reizverarbeitungsschwäche im Gehirn, die sich unabhängig von der Intelligenz speziell auf einzelne Leistungsbereiche auswirkt, etwa die Lese- und Rechtschreibefähigkeit oder die Rechenfähigkeit.

Therapeut
Behandler, Heiler, Anwender eines Heilverfahrens

Therapie
wörtlich: Dienst am Kranken; Heilung, Behandlung von Krankheiten beziehungsweise psychischen Störungen

Toleranz
Hier: die Veränderungen im Stoffwechsel einer Person, die über einen längeren Zeitraum hinweg Suchtstoffe zu sich nimmt und sich dadurch an diese

gewöhnt. Je höher die Toleranz, desto mehr eines bestimmten Suchtstoffes wird benötigt, um eine gleichbleibende Wirkung zu erzielen. Dieser Vorgang wird als »Toleranzentwicklung« bezeichnet.

toxisch
giftig

Trauma
1. Extremes Ereignis oder Erlebnis, das von allen Menschen als furchtbar, schlimm und bedrohlich empfunden würde. Beispiele für Traumen sind unter anderem Naturkatastrophen, schwere Unfälle, Vergewaltigung. Im Sprachgebrauch wird der Begriff oft fälschlicherweise gleichbedeutend mit → Traumatisierung verwendet.
2. Verletzung, Wunde, Knochenbruch

Traumatisierung
durch ein → Trauma verursachter Zustand oder Entwicklung einer psychischen Störung oder seelischen Leidens

Trieb
1. Strebung oder Drang, welcher der Befriedigung lebensnotwendiger Bedürfnisse und dem Erhalt eines Lebewesens oder seiner Spezies dient
2. Begriff aus der → Psychoanalyse: Strebung, die ohne Mitwirkung des Bewusstseins entsteht und eine innere Spannung erzeugt, die dadurch abzubauen versucht wird, dass eine dem Trieb entsprechende Handlung ausgeführt wird

Trigger
Auslöser; → Reiz, der bei → traumatisierten Menschen Gefühle und Verhaltensweisen auslösen kann, als ob diese das → Trauma aktuell erleben würden

Über-Ich
Begriff aus der → Psychoanalyse, Instanz des Gewissens

Übertragung
emotionale Reaktion einer Person auf einen anderen Menschen, die sich nicht direkt auf die konkrete Begegnung mit diesem bezieht, sondern auf frühere (meist frühkindliche) Vorerfahrungen dieser Person mit anderen Menschen, oft den eigenen Eltern

Unterbewusstsein
Gesamtheit aller Informationsverarbeitungsprozesse des menschlichen Geistes, die nicht bewusst geschehen

V. a.
Abkürzung für → »Verdacht auf«

vegetatives Nervensystem
Teil des menschlichen Nervensystems, das nicht direkt über den Willen beeinflussbar ist und deswegen auch »autonomes Nervensystem« genannt wird. Das VNS steuert unter anderem Atmung, Herzschlag, Blutdruck, Pupillengröße, Verdauung und den Stoffwechsel.

Verdacht auf
wird einer → Diagnose vorangestellt, wenn der Diagnostiker begründete Hinweise auf das Vorliegen der entsprechenden Störung hat, aber noch nicht sicher sein kann, dass die Diagnose wirklich zutrifft

Verdrängung
Begriff aus der → Psychoanalyse. Bedrohliche oder sonst wie unakzeptable Wahrnehmungen, Erinnerungen, Gedanken und Fantasien werden aus dem Bewusstsein verbannt und dadurch → unbewusst. Es geht dabei nicht um ein kurzfristiges Vergessen durch Ablenkung. Der Vorgang ist von der Intention her endgültig, auch wenn verdrängte Bewusstseinsinhalte manchmal unwillkürlich wieder bewusst werden und durch spezielle Techniken auch willkürlich wieder bewusst gemacht werden können. Verdrängtes hat weiterhin Einfluss auf unser Denken, Fühlen und Handeln.

verflacht (Affekte)
Bezeichnung dafür, dass Gefühle nicht mehr in ihrer vollen Bandbreite erlebt werden können. Qualität und Ausmaß der jeweiligen Gefühle sind eingeschränkt.

Verhaltenstherapie
Richtung der → Psychotherapie, die sich hauptsächlich an den Erkenntnissen der Lerntheorie orientiert. Inneres (z. B. Gedanken und Gefühle) wie äußeres (z. B. Schlägern) Verhalten soll durch Neulernen, Umlernen und Verlernen verändert werden. Seit einigen Jahren setzt sich der Begriff → kognitive Verhaltenstherapie immer mehr durch, um zu betonen, dass den inneren Verarbeitungsweisen besondere Aufmerksamkeit gezollt wird. Verhaltenstherapie ist in Deutschland anerkannt und wird von den Krankenkassen bezahlt.

Verhaltensanalyse
Form der → Diagnostik in der → Verhaltenstherapie. Es werden nach einem bestimmen Muster die Wechselwirkungen der Faktoren bestimmt, die zur Entstehung und Aufrechterhaltung eines Verhaltensmusters oder einer psychischen Störung beitragen.

Verstärker
Reiz, der in unmittelbarem zeitlichem Zusammenhang zu einer Handlung geschieht und deren Auftretenswahrscheinlichkeit zukünftig erhöht

Verstärkerverlust
Symptom, meist im Rahmen einer Depression. Tätigkeiten oder Reize, die früher Freude oder Wohlbefinden verursacht haben werden, nun gleichgültig hingenommen oder als unangenehm oder beschwerlich erlebt.

Verstärkerentzug
Technik der Verhaltenstherapie, die dafür sorgen soll, dass einem Verhalten keine → Verstärker folgen. Dadurch, dass das Verhalten nicht verstärkt wird, verschwindet es mit der Zeit.

Verstärkerplan
Methode der Verhaltenstherapie, bei der Klienten nach genau festgelegten Re-

geln → Verstärker für gewünschte Verhaltensweisen bekommen. In der Regel können Punkte erworben werden, die entweder unmittelbar gegen einen kleineren → Verstärker eingetauscht werden oder gesammelt und gegen einen größeren Verstärker eingelöst werden können.

Verstärkung
durch einen → Verstärker hervorgerufener Anstieg der Wahrscheinlichkeit, das eine Handlung zukünftig wieder ausgeführt wird; positive Verstärkung: dem Verhalten folgt ein als angenehm empfundener Reiz; negative Verstärkung: nach dem Verhalten fällt ein als angenehm erlebter Reiz weg

Vigilanz
Wachsamkeit, Bereitschaft und Fähigkeit, auf → Reize zu reagieren

visuell
die optische Wahrnehmung, das Sehen betreffend

VT
Abkürzung für → Verhaltenstherapie

Vulnerabilität
Wörtlich: Verletzlichkeit. Generelle Anfälligkeit dafür, eine Krankheit oder psychische Störung zu entwickeln. Dabei spielen biologische, soziale und individuelle Faktoren eine Rolle.

Wahn
Unzutreffende Annahmen und Vermutungen über Ereignisse sowie entsprechende Einstellungen zu diesen. Diese beruhen stark auf inneren Verarbeitungsmustern und wenig auf im Außen überprüfbaren Komponenten. Daher sind sie der rationalen Diskussion kaum zugänglich. Wahnphänomene können einzeln bei ansonsten unauffälligen Menschen auftreten, sind aber häufiger im Rahmen von → Psychosen anzutreffen. Häufige Wahninhalte sind die Idee, verfolgt und bedroht zu werden, zufällige Ereignisse in der Außenwelt mit sich persönlich in Beziehung zu setzen sowie die Überzeugung, in seinem Denken, Fühlen und/oder Handeln von anderen auf oft wundersame Weise kontrolliert zu werden.

Widerstand
Hier: Begriff aus der → Psychoanalyse: Das (in der Regel unbewusste) Sichwehren dagegen, dass etwas Unbewusstes bewusst wird. Widerstand kann sich gegen alles richten, was ein derartiges Bewusstwerden hervorrufen könnte. Von Außen betrachtet sieht dies beispielsweise so aus, dass sich eine Person gegenüber Aussagen oder Handlungen eines anderen Menschen abgrenzt, dies teilweise auch gut begründen kann, ohne sich aber über den eigentlichen Grund dieser Abgrenzung bewusst zu sein.

Z. n.
kurz für »Zustand nach«, etwa in der Diagnosestellung eines Kindes, das sexuell missbraucht wurde: »Z. n. sexuellem Missbrauch«

ZNS
Abkürzung für zentrales Nervensystem. Bezeichnung für die Nerven von Rückenmark und Gehirn. Das ZNS steuert unter anderem alle bewussten und willkürlichen Informationsverarbeitungsprozesse beim Menschen.

zerebral
= cerebral
1. das Gehirn betreffend
2. vom Gehirn ausgehend

Zielorientierung
Das Vorgehen innerhalb einer → Psychotherapie orientiert sich vorwiegend daran, welche Ziele durch sie erreicht werden sollen.

Zwangseinweisung
Einweisung in eine (psychiatrische) Klinik gegen den Willen des Patienten. Darf nur bei akuter Fremd- oder Selbstgefährdung veranlasst werden. Das Vorgehen wird im → Paragraf 1631 BGB (bei Einwilligung der Erziehungsberechtigten) oder im jeweiligen Landesunterbringungsgesetz (→ PsychKG) (gegen den Willen der Erziehungsberechtigten) geregelt.

Zwangsgedanken
Beständig wiederkehrende Gedanken und Vorstellungen, die sich Betroffenen aufdrängen

Zwangshandlung
Beständig wiederkehrende Verhaltensweisen, die sich dem Betroffenen aufdrängen und die als unsinnig, beängstigend und negativ erlebt werden. Werden sie unterlassen, sind starke Angstgefühle die Folge, sodass die Verhaltensweisen immer wieder ausgeführt werden.

Zwangsimpulse
beständig wiederkehrende Verhaltensanregungen, die sich dem Betroffenen aufdrängen und die als unsinnig, beängstigend und negativ erlebt werden.

Literatur

Ausfelder, T. (2000). Stark ohne Stoff: Alles über Drogen. München. Ellermann.

Baek, S. (2007). Essstörungen. Was Eltern und Lehrer tun können. Bonn. Balance.

Baierl, M. (2008). Herausforderung Alltag. Praxishandbuch für die pädagogische Arbeit mit psychisch gestörten Jugendlichen. Göttingen: Vandenhoeck & Ruprecht.

BApK (Hrsg.) (2007) Mit psychisch Kranken leben. Rat und Hilfe für Angehörige. Bonn: Psychiatrieverlag.

Barnow, S., Freyberger, H. J., Fischer, W., Linden, M. (Hrsg.) (2000). Von Angst bis Zwang. Ein ABC der psychischen Störungen: Formen, Ursachen und Behandlung. Bern: Huber.

Bäuml, J. (2008). Psychosen aus dem schizophrenen Formenkreis: Ein Ratgeber für Patienten und Angehörige. Berlin u. Heidelberg: Springer.

Bundeszentrale für gesundheitliche Aufklärung (2004). Kinder stark machen – zu stark für Drogen. Köln: BZgA.

Dilling, H., Mombour, W., Schmidt, M. (2004). Internationale Klassifikation psychischer Störungen, ICD-10. Kapitel V (F). Klinisch-diagnostische Leitlinien (5. Aufl.). Bern: Huber.

Dioda, K.; Gomez, T. (2006). Warum konnten wir dich nicht halten: Wenn ein Mensch, den man liebt, Suizid begangen hat. Stuttgart: Kreuz.

Dörner, K., Plog, U. (1996). Irren ist menschlich. Bonn: Psychiatrie-Verlag.

du Bois, R. (2000). Jugendkrisen: erkennen – verstehen – helfen. München: C. H. Beck.

Erner-Schwab, C. (2005). Psychotherapie für Kinder. Ein Leitfaden für Eltern und andere Erziehende. Zürich: Atlantis projuventute.

Hallowell, E. (1996). When You Worry About the Child You Love: Emotional & Learning Problems in Children. New York: Simon & Schuster.

Honkanen-Schoberth, P. (2003). Starke Kinder brauchen starke Eltern. Der Elternkurs des Deutschen Kinderschutzbundes (2. Aufl.). Berlin: Urania.

Kerns, L. L. (1997). Hilfen für Depressive Kinder. Ein Ratgeber. Bern: Huber.

Klicpera, C., Gasteiger-Klicpera B. (2006). Emotionale und verhaltensbezogene Störungen im Kindes- und Jugendalter. Wien: WUV.

Korczak, J. (2005). Wie man ein Kind lieben soll. Göttingen. Vandenhoeck & Ruprecht.

Knopp, M. L., Ott, G. (2003). Total durchgeknallt: Hilfen für Kinder und Jugendliche in psychischen Krisen (2. Aufl.). Bonn: Psychiatrie-Verlag.

Kraiker, C., Peter, B. (Hrsg.) (1998). Psychotherapieführer. München: Beck.

Kriz, J. (2007). Grundkonzepte der Psychotherapie. Schlüsselbegriffe. Weinheim: Beltz PVU.

Margraf, J. (Hrsg.) (2000). Lehrbuch der Verhaltenstherapie. Berlin: Springer.

Mattajat, F., Lisofsky, B. (Hrsg.). (1998). Nicht von schlechten Eltern: Kinder psychisch Kranker. Bonn: Psychiatrie-Verlag.

Mücke, K. (2003). Probleme sind Lösungen. Systemische Beratung und Psychotherapie – ein pragmatischer Ansatz. Lehr- und Lernbuch. Potsdam: ÖkoSysteme.

Neuhaus, C. (2007). ADHS bei Kindern, Jugendlichen und Erwachsenen. Symptome, Ursachen, Diagnose und Behandlung. Rat und Hilfe. Stuttgart: Kohlhammer.

Nevermann, C., Reicher, H. (2001). Depressionen im Kindes- und Jugendalter: Erkennen, Verstehen, Helfen. München: Beck.

Pauli, R., Steinhausen, H.-C., Gehrmann, K. (2005). Ratgeber Magersucht: Informationen für Betroffene, Eltern, Lehrer und Erzieher. Göttingen: Hogrefe.

Petermann, F., Döpfner, M., Schmidt, M. (2008). Ratgeber Aggressives Verhalten: Informationen für Betroffene, Eltern, Lehrer und Erzieher. Göttingen: Hogrefe.

Rahn, E. (2005). Borderline. Ein Ratgeber für Betroffene und Angehörige. Bonn: Psychiatrie-Verlag.

Reddemann, L., Dehner-Rau, C. (2007). Trauma. Folgen erkennen, überwinden und an ihnen wachsen (3. Aufl.). Stuttgart: Trias.

Remschmidt, H., Schmidt, M., Poustka, F. (2001). Multiaxiales Klassifikationsschema für psychische Störungen des Kindes- und Jugendalters nach ICD-10 der WHO: mit einem synoptischen Vergleich von ICD-10 und DSM-IV (4. vollst. überarb. Aufl.). Bern: Hans Huber.

Rosner, R. (2006). Psychotherapieführer Kinder und Jugendliche. München: Beck.

Rothenberger, A., Steinhausen, H.-C. (2005). Medikamente für die Kinderseele: Ein Ratgeber zu Psychopharmaka im Kindes- und Jugendalter. Göttingen: Hogrefe.

Rotthaus, W., Trapmann, H. (2004). Auffälliges Verhalten im Jugendalter: Handbuch für Eltern und Erzieher. Bd. 2. Dortmund: Verlag Modernes Leben.

Schrappner, C. (2001). Was tun mit den »Schwierigen«? Erklärungs- und Handlungsansätze der Kinder- und Jugendhilfe im Umgang mit »schwierigen« Kindern und Jugendlichen. Überarbeitete Fassung des Festvortrages anlässlich des 25-jährigen Jubiläums des Heidehauses am 17.08.2001 in Neuwied.

Strauch, B. (2004). Warum sie so seltsam sind. Gehirnentwicklung bei Teenagern. Berlin: Bvt.

Schuster, G. (2002). Verflixte Schönheit – Tipps für schlaue Mädchen. München: Kösel.

Seyfahrt, K. (2000). Super Schlank!? – Zwischen Traumfigur und Essstörungen. München: Kösel.

Welter-Enderlin, R., Hildenbrand, B. (2006). Resilienz – Gedeihen trotz widriger Umstände. Heidelberg: Carl-Auer-Systeme.

Wrangel, C. von (1998). Wenn die Kinderseele aufschreit: Ängste Zwänge, Essstörungen, Psychosen, Verhaltensauffälligkeiten. Hilfen für Eltern, Lehrer und Ärzte. Frankfurt a. M.: Societätsverlag.

Wüschner, P. (2003). Pubertät: Das Überlebenstraining für Eltern. Frankfurt a. M.: Eichborn.
Wüschner, P. (2005). Grenzerfahrung Pubertät. Neues Überlebenstraining für Eltern. Frankfurt a. M.: Eichborn.

Webseiten

www.beratung-therapie.de
www.borderline.at
www.drugcom.de
www.drug-out.de
www.eltern.de
www.elternimnetz
www.familienhandbuch.de
www.gewaltpraevention-elternarbeit.de
www.ginko-ev.de
www.jugend-hilft-jugend.de
www.jugend-hilft-jugend.de/suchtinfo/eltern.html
www.kinder-respektvoll-erziehen.de
www.kompetenznetz-schizophrenie.de
www.meb.uni-bonn.de/giftzentrale/slangidx.html
www.praevention.at
www.psychiatriegespraech.de
www.psychosoziale-gesundheit.net
www.rotelinien.de
www.rotetraenen.de
www.starke-eltern.de
www.traumapaedagogik.de
www.ulrich-sachsse.de
www.zwang.ch
www.zwaenge.de